国家社会科学基金项目（17BGL252）
最终研究成果

多情景模拟下统一碳交易

对我国出口竞争力的传导效应评估与政策研究

武群丽 等著

中国财经出版传媒集团
经济科学出版社
Economic Science Press

图书在版编目（CIP）数据

多情景模拟下统一碳交易对我国出口竞争力的传导效
应评估与政策研究/武群丽等著．－－北京：经济科学出
版社，2022. 12

ISBN 978 - 7 - 5218 - 4307 - 1

Ⅰ. ①多…　Ⅱ. ①武…　Ⅲ. ①二氧化碳 - 排污交易 -
影响 - 出口贸易 - 国际竞争力 - 研究 - 中国　Ⅳ.
①F752. 62②X511

中国版本图书馆 CIP 数据核字（2022）第 218045 号

责任编辑：孙丽丽　胡蔚婷
责任校对：杨　海
责任印制：范　艳

多情景模拟下统一碳交易对我国出口竞争力的传导效应评估与政策研究

武群丽　等著

经济科学出版社出版、发行　新华书店经销

社址：北京市海淀区阜成路甲 28 号　邮编：100142

总编部电话：010 - 88191217　发行部电话：010 - 88191522

网址：www. esp. com. cn

电子邮箱：esp@ esp. com. cn

天猫网店：经济科学出版社旗舰店

网址：http：//jjkxcbs. tmall. com

北京季蜂印刷有限公司印装

710 × 1000　16 开　20. 75 印张　350000 字

2022 年 12 月第 1 版　2022 年 12 月第 1 次印刷

ISBN 978 - 7 - 5218 - 4307 - 1　定价：83. 00 元

（图书出现印装问题，本社负责调换。电话：010 - 88191545）

（版权所有　侵权必究　打击盗版　举报热线：010 - 88191661

QQ：2242791300　营销中心电话：010 - 88191537

电子邮箱：dbts@ esp. com. cn）

课题组成员名单

种伟翰　李春香　张汝可
张红杰　顾舒婷

▶ 前 言 ◀

温室气体排放引发全球气候变化是 21 世纪人类面临的最重要的环境危机之一，2020 年 9 月，习近平总书记在第七十五届联合国大会上提出："中国二氧化碳排放力争于 2030 年前达到峰值，努力争取 2060 年前实现碳中和"，为中国减排之路明确了未来的任务与时间表。关于强制性碳减排对一国出口产品竞争力的影响始终存在"污染天堂假说"和"波特假说"两种不同意见，前者认为影响是负面的，会增加减排国家出口产品中的环境成本，降低国际竞争力；后者则认为减排会倒逼减排国家提高生产效率，从而产生成本下降、竞争力提升的正面作用。两种观点的一致性在于，认为降低成本是保证出口竞争力的关键。1997 年，《京都议定书》创立了实现国际合作减排的联合履行机制（JI）、排放贸易机制（ET）和清洁发展机制（CDM），奠定了国家间开展碳交易的制度基础。这一制度是利用市场机制实现碳资源在国际范围内的有效配置，有助于在达成减排目标的同时，降低总体减排成本。但是由于该机制包括的内容非常复杂，涉及温室气体种类划定、减排目标规划、控排行业和企业布局、总量配额分配等，不同的设计方案最终产生的经济影响差异巨大。因此，国际上建立碳交易制度的国家无一例外地采取了分阶段、分步骤实施的谨慎态度。中国从 2011 年开始陆续在北京、上海、广东、深圳、天津、重庆、湖北等 7 个省市开展碳排放权交易试点，2021 年 7 月覆盖全国的统一碳交易市场率先在发电行业展开，未来会陆续推广至更大范围。未来统一碳市场会呈现怎样复杂的制度设计，不同的制度规则对我国出口竞争力会产生怎样的影响和冲击，需要我们对碳市场交易模式展开深入、细致的情景模拟，并对出口竞争力可能受到的传导性冲击进行科学有效的预判，这对于建成和完善中国统一碳市场无疑具有重要的理论价值和现实意义。

本书主要分为四个部分：第一部分主要概述了总体研究设计和研究内容、梳理了相关研究成果、阐释了碳配额交易的基础理论与各国政策实践。第二部分基于多政策情景，模拟碳交易对我国出口竞争力的"成本传导效应"。利用参数法、非参数法和递归动态 CGE 等多种不同的模拟技术，分别模拟了中国主要工业行业和省级行政区域的边际减排成本；通过构建行业间/区域间碳交易市场出清模型，模拟并比较多种碳交易政策情景下的市场均衡价格、均衡交易量及其所对应的减排成本与福利效应。第三部分基于多政策情景，模拟碳交易对我国出口竞争力的"价格传导效应"。构建相对成本变化率模型，将碳交易引起的绝对成本变化转化为相对成本变化；考虑出口产品市场的不完全竞争性，构建成本－价格不完全传导模型，估算不同产品的出口成本加成率与成本－价格不完全传导系数，分析出口成本变化计入出口价格的不同方式；构建价格－出口竞争力传导效应模型，计量出口价格变化对出口量和出口额的影响。在理论建模的基础上，模拟并比较多种碳交易政策情景对出口竞争力的实际冲击。第四部分提出了一种基于公平与效率双重考量的新型的初始碳配额分配机制。

基于碳交易对我国出口竞争力传导效应的多情景模拟研究，得到如下主要结论：

（1）随着减排目标约束增强，碳交易价格呈上升趋势，与之相对应的碳市场福利效应也逐步显现。这一结论得到参数法和非参数法等不同模拟技术支持，同时适用于行业间碳交易和区域间碳交易等不同模拟情景。

（2）免费配额比例下降引起均衡碳价降低，福利总量收缩。这一结论得到参数法、非参数法和 CGE 模型等模拟技术的支持，在行业间碳交易和区域间碳交易模拟中结论相同。

（3）既定减排目标下，按照历史排放量原则、人口数量原则或者 GDP 占比原则在不同区域之间进行免费配额分配，不会影响碳市场的均衡价格。这一结论在本书中得到参数法、CGE 模拟技术的支持。

（4）在同一减排目标约束下，按照历史排放量原则和历史产出原则对出口工业行业分配免费配额，在前者情景下出口工业行业更多依赖自主减排，对碳市场的依赖程度较低，市场出清时的均衡交易量小于后者，碳交易的成本节约效应不显著，造成相比后者行业出口成本上升幅度更高。

（5）按照碳强度基准线对出口工业行业分配免费配额时，市场均衡交易量和福利效应总量按照高基准线－中基准线－低基准线顺序依次递增，表明碳强度约束越高，出口行业对碳市场依赖程度越强，碳市场的成本节约效应越显著。需要注意的是，出口成本上升幅度也按此顺序依次递增，表明碳强度约束越高，减排难度越大，出口成本大幅上升会抑制出口竞争力。因此，在开放经济条件下，碳市场机制设计必须兼顾发挥成本有效性和保护出口竞争力的双重作用。

（6）中国工业品出口市场确实存在成本－价格不完全传导效应，当减排约束引起出口成本上升时，迫于国际市场的竞争压力出口商仅将成本变化的 20% ~ 90% 计入价格，其余部分则通过削减成本加成率的方式自行消纳。

（7）在中国统一碳市场的初建阶段，按照历史产出量与高碳强度基准线相结合的原则对出口工业行业进行免费碳配额分配，更有利于保护出口产品竞争力。

（8）相比按照历史排放量、人口数量和 GDP 占比等传统原则进行区域免费碳配额分配，本书提出的 WV－ZSGDEA 双层分配模型在福利总量和福利分配上都显示出更多优势，是一种兼顾了效率与公平的创新分配模式。

▶ 目 录 ◀

第一部分 绪 论

第四部分　中国统一碳交易政策创新研究

第一部分　绪　　论

第1章 引　言

1.1　研究背景及意义

20世纪以来，人类经济社会的高速发展引发了严重的环境危机。根据政府间气候变化专业委员会（Intergovernment Panel on Climate Change，IPCC）2014年发布的对自然气候变化的第五次评估报告称，全球海陆表面平均温度在1880~2012年间升高了0.85℃，整体呈线性上升趋势。在过去一个世纪里，全球的海平面因为冰层融化等原因已经上升了19厘米。随着全球变暖的程度加深，洪涝、干旱等气候灾害将更加频繁；另一方面，全球变暖导致的海平面上升，严重威胁着沿海地区的安全。IPCC报告明确指出，二氧化碳的排放及累积是全球气候变暖的主要原因，目前大气中的二氧化碳的浓度已经达到过去80万年来的最高水平，因此，世界各国应严格控制温室气体排放，以此减缓气候变化和全球变暖。

为了应对气候变化带来的潜在威胁，1997年来自全球149个国家和地区的代表在日本京都签订了《京都议定书》，其中规定了附件一国家的强制减排义务，并第一次提到排放权交易的履约机制（ET）。该机制基于配额交易，其原理是允许发达国家之间相互交易碳排放权配额，即一个发达国家如果超额完成其减排义务，可以将多余的排放权以贸易的方式转让给另外一个未能完成自身减排义务的国家。也就是说，附件一国家可以通过交易转让以成本有效的方式获得温室气体排放权。

随着减排行动在全球的开展，温室气体市场化交易机制在各国纷纷建立。2002年，英国建立了全球第一个碳排放交易体系（UK ETS），2005年欧盟排放交易体系（EU ETS）建立，成为全球首个跨国的碳排放交易市场。2003年澳大利亚建立了新南威尔士州减排交易体系（NSW GGAS），同年美国针对东北部10个州发电厂建立了区域温室减排行动（RGGI），2008年新西兰建立了主要针对农业减排的碳排放交易体系（NZ ETS），2012 年美国建立了覆盖加州所有主要行业的加州碳排放交易体系（CAL ETS），2015 年澳大利亚建立了实行渐进性碳价格机制的碳排放交易体系（AU ETS）等。

尽管我国作为发展中国家，在《京都议定书》第一承诺期内并未被强制要求进行温室气体减排工作，但是随着我国经济发展，中国已经成为世界上最大的能源消耗国和二氧化碳排放国，中国不得不面对"后京都"时代的减排压力。根据 BP 世界能源统计年鉴，2016 年全世界总计二氧化碳排放量为 33432 百万吨，其中中国大陆排放二氧化碳就达到了 9123 百万吨，占世界排放量的 27.29%。作为负责任、有担当的大国，2007 年我国政府出台《中国应对气候变化国家方案》，明确到 2010 年中国的减排目标、减排原则、减排的重点行业和相应的具体措施。2009 年哥本哈根气候大会上，我国政府承诺 2020 年中国的碳强度将比 2005 年下降 40% ~ 45%。2014 年 11 月，国家主席习近平和美国总统奥巴马就气候问题联合发表了《中美气候变化联合声明》，首次提出中国二氧化碳排放量将于 2030 年达到峰值并将努力尽早达到峰值，同时继续提高新能源消费占能源消费的比例，力争在 2030 年之前将该比重提高到 20%。2015 年巴黎气候变化大会上，中国政府提出新的减排目标，明确 2030 年的单位国内生产总值二氧化碳排放将比 2005 年下降 60% ~ 65%。2020 年 9 月 22 日，习近平总书记在第七十五届联合国大会上进一步提出："中国二氧化碳排放力争于 2030 年前达到峰值，努力争取 2060 年前实现碳中和。"党的十九届五中全会把碳达峰、碳中和纳入"十四五"规划和 2035 年远景目标纲要。

中国的减排承诺直接量化了碳减排责任，参照发达国家经验，建立碳排放权交易市场有利于优化资源配置，最大限度降低减排成本，碳市场成为中国碳减排制度建设的一项重要内容。从 2011 年开始，中国陆续在北京、上海、广东、深圳、天津、重庆、湖北等 7 省市开展碳排放权交易试点。截至 2017 年底，7 个试点碳市场共纳入 20 余个行业、近 3000 家重点排放企业和单位，累计成交量达到 2 亿吨二氧化碳当量，累计成交额达到 45.1 亿元人民币。2017 年 12 月 18 日国家发展和改革委员会发布《全国碳排放权交易市场建设方案（发电行业）》，进一步明确全国统一碳交易市场首先在电力行业运行。根据该建设方案，电力行业的全国统一碳交易市场将用大约三年左右的时间逐步建立和完善。2021 年 7 月 16 日发电行业全国碳排放权现货交易正式启动，第一个履约周期纳入发电行业重点排放单位 2162 家，年覆盖约 45 亿吨二氧化碳排放量。

　　碳排放权的市场化交易意味着环境成本将被内部化到生产成本中，已建立碳市场的国家担心相比环境标准较低的贸易伙伴国，碳交易会增加本国生产成本，并降低出口竞争力。为此，各国通过限定交易气体种类、渐进式安排减排目标、控制交易覆盖产业范围以及优化配额分配等政策手段，以期最大限度降低可能的危害。关于环境管制对一国出口竞争力的影响，学界一直存在两大争论。一种观点认为，环境标准相对高于贸易伙伴的国家由于产品中包含了更多的环境成本，将丧失比较优势并引起产品竞争力下降，甚至造成产业向他国转移，我们将其称为"污染天堂假说"（Pollution Haven Hypothesis，PHH）。另一种以波特（Porter）为代表的观点认为，环境管制的压力会迫使企业改进技术、创新管理，从而降低成本并获得竞争优势，我们将其称为"波特假说"（Porter Hypothesis，PH）。

　　虽然两种假说意见相左，但普遍认可的是单纯从短期来看，更为严格的环境管制政策确实会降低一国相较低环境标准贸易伙伴国的比较优势。这种影响通过一个两阶段的"成本传导效应"和"价格传导效应"机制发生作用。"成本传导效应"指环境管制政策造成环境成本内部化并引起出口产品成本上升。早期研究鲜有对成本传导效应的量化评估，一个很重要的原因是对环境要素展开经济计量非常困难，经验分析中环境变量多以污染物的物理量或者已处理污染物的处理费用进行衡量，并不能真实体现环境成本。近年来，碳交易市场的价格发现功能为成本传导效应的模拟评估提供了更多可能。但是，由于我国碳市场尚在初期阶段，有关成本传导效应的研究不多，目前仅有少数基于既定交易规则的模拟性研究，不足以为构建和完善碳交易市场提供充分的决策参考。"价格传导效应"指减排成本进一步通过计入出口价格的方式影响产品竞争力。目前对价格传导环节的关注很少，只有个别研究利用一般均衡模型对此进行过模拟（Wei Li，Zhijie Jia，2016）。但是，一般均衡模型多限于研究完全竞争市场，假定价格等于边际成本，模拟中要求减排成本完全计入价格（Felipe Feijoo，Tapas K. Das，2014）。然而，现实的国际市场多是不完全竞争的，出口商为追求利润最大化会运用边际成本加成的方法进行策略性定价。面对相同的减排成本，竞争力强的产品出口商会将减排成本完全计入价格并转嫁出去；竞争力弱的产品出口商则只能被迫降低加成比例，以自我吸收减排成本的方式维护市场份额，从而引起不完全价格传导。忽略价格传导的不完全性也是"污染天堂假说"和"波特假说"难以形成一致性检验结论的重要原因。如何对价格传导效应进行更为贴近现实的模拟和测度成为一个亟待解决的理论难题。

对外贸易一直以来都是拉动中国经济增长的"三驾马车"之一，2020年中国对外贸易依存度和出口贸易依存度分别在 31.34% 和 17.48% 的较高水平。中国未来的经济增长必须充分发挥国内、国际两大循环机制的作用，必须统筹经济增长和环境改善两个方面的艰巨任务。未来随着全国统一碳排放权市场逐步向更多行业和更广泛区域拓展，碳减排对我国出口贸易的影响也必将逐步显现出来。未雨绸缪，如何妥善设计中国统一碳排放权交易机制，涉及该机制覆盖温室气体种类划定、减排目标规划、纳入控排范围的行业和企业布局、完善配额分配机制等。市场构建的复杂性和对出口竞争力影响的显著性要求我们必须对碳市场各种可能的交易模式展开深入、细致的情景模拟，并对出口竞争力可能受到的传导性冲击进行科学、有效地预判，这对于建成和完善中国统一碳市场无疑具有重要的理论价值和现实意义。

1.2 研 究 内 容

本书分为四部分，共 10 章内容。

第一部分 总论

第 1 章 引言。 阐明课题的研究背景以及理论与现实研究价值，对研究报告的总体框架、研究内容和研究方法进行概述，并提出研究的创新价值以及尚存在的不足之处。

第 2 章 文献综述。 对碳交易市场初始配额分配方式、边际减排成本估算方法、碳交易市场福利测度模型以及环境政策对于出口贸易影响等相关理论研究成果进行了系统梳理，厘清了相关研究发展脉络、前沿观点以及当前研究的不足。

第 3 章 相关基础理论与政策实践。 对碳交易市场的理论渊源、构成要素、交易方式、福利效应以及影响出口竞争力的传导机制进行了理论分析，并对主要国家的政策实践进行了分析和对比。

第二部分 多情景模拟下统一碳交易对我国出口竞争力的"成本传导效应"评估与政策研究

此部分利用多种不同方法从行业和区域两个维度测算边际减排成本，并通过模拟多种碳市场交易机制情景下的交易均衡，考察不同市场机制的成本有效性及福利效应，据此判断碳交易对出口产品成本变化可能产生的影响。

第 4 章 基于参数法的成本传导效应评估与政策研究。构建包括期望产出和非期望产出的二次型方向性距离函数，通过线性规划方法求解二次型函数中各参数，提出依据相关参数求解非期望产出边际减排成本的估算模型。依据该参数模型，从行业和区域两个维度对中国各行业和各省级行政区域的二氧化碳边际减排成本进行实际测算，并模拟多种情景的碳交易市场运行机制，计算和比较不同市场机制设计的成本有效性和福利效应。

第 5 章 基于非参数法的成本传导效应评估与政策研究。构建包括期望产出和非期望产出的动态方向性环境生产前沿函数，利用期望产出与非期望产出之间的动态关系，定义非期望产出的边际减排成本为增加一单位非期望产出引起的期望产出变化量，据此建立了求解二氧化碳影子价格的非参数方法。利用该方法，从行业和区域两个维度分别测算了中国各行业和各省级行政区域的二氧化碳边际减排成本。

第 6 章 基于递归动态 CGE 模型的成本传导效应评估与政策研究。构建包括碳交易政策模块的动态递归可计算一般均衡模型，从行业维度模拟并比较多种碳交易市场机制情景下的交易均衡及其福利效应。构建全国边际减排成本曲线的区域分解模型，计算中国各省级行政区域的边际减排成本曲线，并从区域维度模拟并比较多种碳交易市场机制情景下的交易均衡与福利效应。

第三部分 多情景模拟下统一碳交易对我国出口竞争力的"价格传导效应"评估与政策研究

此部分研究碳减排成本计入出口价格的方式，即成本 – 价格的传导效应，并进一步探查这一传导效应对出口竞争力的影响。为此，需要做两方面工作：一是将第二部分测算的绝对减排成本转化为相对减排成本变化率；二是测算成本变化转化为价格变化的实际比率。

第 7 章 相对成本变化率再估算。利用投入产出表构建碳交易完成之后各行业基于碳减排成本的能源成本变化率及出口产品总成本变化率计算模型。以参数法估计的行业边际减排绝对成本作为基础数据来源，模拟估算并比较了多种碳交易政策情景下中国 39 个工业大类出口产品的相对成本变化率。

第 8 章 成本 – 价格不完全传导效应评估。以不完全竞争市场为基本假设，以成本加成率、成本 – 价格传导效应系数为核心概念，研究构建出口商成本 – 价格不完全传导效应模型。基于碳市场多种交易机制情景假设，模拟估算了不同市场机制下碳交易对行业出口价格的实际影响。

第9章 价格-出口竞争力传导效应评估与政策比较。以需求价格弹性系数概念为核心，构建了价格-出口量（额）估算模型，研究碳交易引起的出口价格变化对出口竞争力的影响。基于碳市场多种交易政策模拟，估算并比较了不同市场运行机制对行业出口量和出口额的影响。

第四部分 中国统一碳交易政策创新研究

第10章 一种新型的初始碳配额双层分配模式。碳交易市场运行机制的初始与核心环节是碳配额的分配，不同分配模式既影响市场运行效率，也影响市场参与者的收益公平。在兼顾公平与效率的前提下，创新性构建了初始碳配额 WV-ZSGDEA 双层分配模式。以省域间碳交易市场为例，模拟双层分配模式下的福利效应及其分布，与传统分配模式下的结果进行对比显示：新型双层分配模式效率更高，公平性更强。

1.3 研究方法与技术路线

1.3.1 研究方法

（1）文献法。通过广泛阅读和整理文献，本书汇集了相关领域大量研究成果，为系统建立整体研究方案、构建理论模型和参数赋值等提供了可资借鉴的方法和信息。

（2）计量经济学方法。本书利用多种计量经济学方法对行业和区域的边际减排成本曲线进行了拟合。

（3）仿真法。本书利用参数、非参数及一般均衡等多种仿真技术，对行业和区域的二氧化碳边际减排成本、碳交易市场均衡以及碳减排造成的出口竞争力变化等进行了细致的仿真估算。

（4）比较法。比较研究主要应用于不同模拟技术下的二氧化碳边际减排成本比较、行业间及区域间的成本传导效应和价格传导效应比较、不同碳交易机制情景下出口竞争力传导效应比较。

1.3.2 技术路线

技术路线图（见图1-1）。

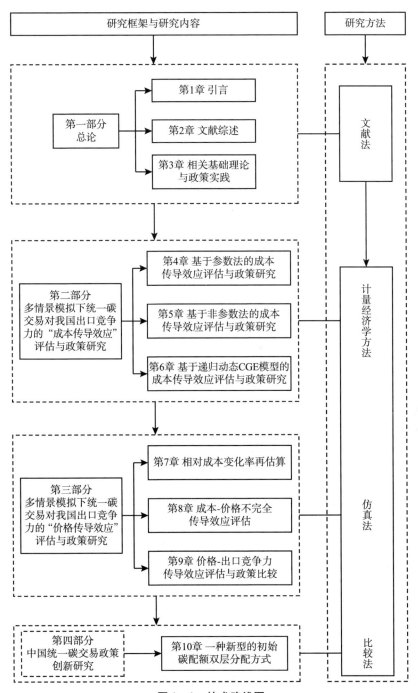

图1-1　技术路线图

1.4 创 新 点

（1）建立了碳配额交易机制多情景模拟新范式。我国碳市场正处于起步阶段，不同碳配额交易机制如何影响经济多属未知。本书通过创新研究思路与方法，建立了多种碳市场模拟的科学范式，分析了不同减排目标、不同配额分配方案、不同行业和区域覆盖范围等多种情景下交易市场的均衡过程和均衡结果，深化了该领域研究，丰富了相关理论。

（2）提出了碳交易对出口竞争力传导效应评估新思路。从成本传导效应和价格传导效应两阶段衡量和评估多种碳交易机制设计对中国出口竞争力的影响。同时，打破传统研究中将碳减排成本完全纳入出口价格的研究思路，建立了成本－价格不完全传导机制模型，根据产品在国际市场的竞争力和市场势力模拟测算减排成本进入出口价格的实际比率，并最终计算对出口竞争力的影响。

（3）开创了统一碳交易机制设计新视角。通过模拟与比较多情景下碳交易对我国出口竞争力的实际影响，从国际贸易视角为中国构建统一碳交易市场机制提供了新的理论和实证参考。

1.5 不 足 之 处

（1）碳交易对出口竞争力的传导效应需要经过两个阶段，一个是成本传导效应阶段，即减排目标约束下受碳交易影响的出口产品成本变化；二是价格传导效应阶段，即出口产品成本变化在一定程度上纳入出口价格之后，引起的出口量（额）的实际变化。显然，第一阶段成本传导效应的模拟结果会直接影响第二阶段价格传导效应的估算。本书在第二部分呈现了参数法、非参数法和可计算一般均衡法等不同模拟技术下，减排成本变化的估算结果，但之后没有在第三部分将所有模拟技术下的成本变化逐一映射到出口价格变化中，而只是选择将参数法下的成本估算结果纳入价格传导效应进行模拟。这样做主要是考虑其他两种模拟技术下的成本变化在代入价格传导效应时研究方法并没有不同，为了将研究重点放在理论和模型的创建方面，故不再进行重复模拟。但这样做不可避免地会在一定程度上损失研究逻辑的严密性和模拟结果的多种可能性。

（2）目前关于统一碳交易的模拟研究，多是以不同行业或不同地区作为交易主体，围绕行业间交易或区域间交易的情景展开分析。本书虽然对两种交易情景下的成本传导效应分别都做了研究，但是由于地区出口产品细分数据可得性较差，在模拟价格传导效应时，只选择了行业间交易的情景，而舍弃了对区域间碳交易数据的进一步分析。未来随着统一碳交易市场覆盖区域和覆盖行业逐步扩大，总体减排目标最终还是会首先落实到各省级行政区域，再由各省级单位落实到区域内的各行业。所以，未来区域间的碳交易模拟仍然是一个亟待推进的研究方向。虽然报告最后针对省域间的配额分配方案提出了一些新的思路，但是不同省份减排目标设定、创新性配额分配方案设计以及各省份由此受到的出口竞争力的影响等都还需要有更多、更细致和更深入的研究。

第 2 章 文 献 综 述

碳配额交易如何影响一国贸易竞争力是一个受国内、国际两方面因素影响的综合性问题，研究领域涉及面广、研究内容和研究方法复杂。整个研究涵盖初始碳配额分配原则设定、边际减排成本估算、市场福利效应测度、环境政策对于贸易竞争力影响解析等广泛领域中的问题。

2.1 初始配额分配原则相关研究

无论是全球范围内的减排活动，还是一国国内的二氧化碳减排活动，排放权初始分配问题都是减排活动的基础和核心问题。配额分配的本质是对排放权这一稀缺资源进行的再分配，根据科斯定理，在一个交易成本为零或者可以忽略不计的完全竞争市场上，无论资源的初始分配形式如何，最终都会达到最有效率的均衡状态。在这种理想情景下，一些学者认为碳排放权的初始分配原则对碳交易市场的效率没有影响。哈恩与斯蒂文斯（Hahn and Stavins, 2011）验证了多种分配方式下，碳交易市场总能达到最有效率的减排成本。因此，提出配额的初始分配方式并不影响碳交易市场的总效益。

但是在实际非完全竞争的碳排放权交易市场中，交易成本无法忽略不计。作为不完全竞争市场，排放权的初始分配会影响交易的市场效率及参与者福利。如何更加公平地对碳交易市场参与者进行初始配额的分配，以有效地实现减排目标是一个非常重要的问题。蒂滕贝格（Tietenberg, 2000）提出在总量控制交易体系下，最广泛采用的配额初始分配方式为祖父法（根据历史排放量免费分配）和拍卖法。其他一些分配方式还包括费雪（Fischer, 1994）提出的基于产出的免费分配，伍恩多克（Kverndokk, 1995）提出基于人口数量的免费分配，卡马乔－奎纳（Camacho-Cuena, 2012）提出免费分配和拍卖法相结合的复合分配方法等。波林格与兰芝

（Bohringer and Lange，2003）研究了基于历史排放和历史产出两种分配方式后认为，在闭合贸易系统中，基于历史排放的分配准则优于历史产出准则，而在开放的贸易系统中，两种分配方式相结合更好。唐（Tang，2015）基于 Multi-agent 模拟不同分配方式的政策效果发现，基准线法比祖父法产生了更强烈的政策效果。许伯勒（Hübler，2016）等通过比较全部配额免费发放与全部配额拍卖两种情景发现，虽然两者会产生相似的影响，但是后者比前者对碳交易部门造成的产量损失更大。基于免费配额比例，李等（Li et al，2016）运用动态 CGE 模型建立了 10 种碳交易情景。结果表明，免费配额比例对 GDP 等宏观经济指标不会产生明显的影响，但碳交易价格会随免费比例的下降而提高。林等（Lin et al，2017）分析了排污权交易配额的递减准则对宏观经济和环境的影响，结果表明历史排放量准则有利于促进社会减排，而历史强度准则则更有利于促进资源优化配置。

国内的学者在国外的研究基础上，提出了关于初始配额机制的更多不同角度的研究方向。李凯杰等（2012）采用了均衡分析框架分析了免费分配、拍卖分配和混合分配三种初始分配的经济效应。丁丁等（2013）则定性地从对减排主体影响、市场公平性和减排成本三个维度分析了免费分配和拍卖分配两种机制的差别。宣晓伟（2013）通过分析国际上各个排放权交易市场的实践经验，对国内碳交易市场开展碳排放权分配提供启发。潘勋章等（2013）认为目前对排放权分配方案的研究大多侧重于排放权在各国国内的排放主体之间的分配，而对国家间的减排成本研究相对较少。因此，其重点分析了典型的 12 种配额分配方案对各国间的排放权分配和减排成本的影响。孙振清等（2014）指出政府和企业在碳配额分配上存在信息不对称的问题，企业为多获取初始配额会高报碳排放量，或者企业为不纳入交易体系而不上报真实数据，政府很难对其进行监管。张益纲（2015）则针对世界主要的碳排放交易体系，如欧盟、美国、澳大利亚等来分别研究其配额分配方式的发展演变。研究结果表明，采用免费分配方式在排放权体系建立的初期更有利于保证经济增长。但同时，拍卖分配也是未来实现更高减排效率的必然选择。吴洁等（2015）采用了多区域能源－环境－经济 CGE 模型来分析不同的初始配额分配方式下，碳市场对各地区宏观经济和重点减排行业的影响，并得出不同行业应该采取不同分配机制的结论。时佳瑞（2016）基于动态递归 CGE 模型比较基于产出和基于历史排放的免费配额准则发现，基于历史排放量的配额分配方式会造成更大的经济损失。

2.2 边际减排成本估算相关研究

二氧化碳边际减排成本，指的是减少一单位非期望产出二氧化碳排放所导致的期望产出减少的机会成本。一般有两类估算方法：一类是基于宏观经济—能源模型的估算法，另一类是基于微观生产效率模型的估算法。

2.2.1 宏观经济－能源模型

这类方法一般是首先构建局部均衡或一般均衡模型，之后通过增加减排量等约束条件来得到相对应的边际减排成本（Kesicki and Strachan，2011）。该类模型又可以进一步分为三种：分别是"自下而上"的模型，"自上而下"的模型，以及两种模型的耦合。

"自下而上"的模型更多关注能源部门，采用非加总数据，通过线性规划和设置一定约束实现最优技术集，可用于估计国家层面和国际层面的二氧化碳边际减排成本。威兰科特（2008）等利用自下而上的 MARKAL 模型将全球分为 15 个地区，计算了各地区的碳边际减排成本。韩一杰等（2010）利用 MARKAL － MACRO 模型在不同减排目标及不同 GDP 增长率的模拟情景下，测算了我国 2010～2020 年实现减排目标所付出的增量成本。"自下而上"模型构建过程中，由于过多依靠前提假设且参数估计复杂，结果往往参差不齐，缺乏一致性。

"自上而下"的模型主要指一般均衡分析模型（Computable General Equilibrium，CGE），采用所有部门加总的数据，通过模拟经济系统在受到外部干扰后的新均衡状态来推导出边际减排成本。德拉鲁等（Delarue et al.，2010）根据系统专业知识来构建最优化模型，自上而下地估计了碳边际减排成本。吴等人（Wu et al，2014）运用 CGE 模型建立了中国多区域动态一般均衡模型，估算了中国各省市在碳减排目标约束下的动态边际减排成本并模拟了边际减排成本曲线（MAC）。马丹莫汉·戈什（Madanmohan Ghosh，2014）、吴力波（2014）利用自上而下的可计算一般均衡模型（CGE）来得出二氧化碳的边际减排成本及 MAC 曲线。由宏观经济模型推导得出的碳边际减排成本可以显示不同部门的减排潜力，并发现能源政策对各部门和宏观经济总体的影响。但是，从模型的估算精度上看，由于

CGE 模型对阿明顿贸易弹性系数和替代弹性系数（Fischer and Morgenstern，2006）的设定，以及经济在遭受外部干扰重新达到均衡时的调整方向和路径假设等的不同，CGE 模型最终推导的碳边际减排成本分布会受到很大影响（Wei，2014）。

"耦合模型"是对"自下而上"和"自上而下"两种模型的混合。陈文颖（2004）利用混耦合模型 MARKAL‑MACRO 来估计不同情景下的中国碳边际减排成本，其中的耦合模型由一个动态线性规划模型 MARKAL 和一个宏观经济学模型 MACRO 组合而成。

2.2.2 微观投入 – 产出模型

该类模型通常经过设定详细的生产技术和经济约束等限制性条件来定义生产可能集，即给定市场和技术条件下，碳排放量减少带来的机会成本。近年来方向距离函数在该领域求解边际减排成本获得了大量的关注和应用。距离函数方法是由谢泼德（Shephard，1970）首先提出，秋等人（Chung et al.，1997）和费尔等（Färe et al.，1993）拓展而来。在多投入、多产出的生产效率模型下构建环境生产技术，利用距离函数与收入函数的对偶关系，通过估算产出的边际转换率推导出非期望产出二氧化碳的边际减排成本。利用距离函数法估算边际减排成本的优势在于无须投入和产出的价格信息，只需知道二氧化碳的实际排放量即可，对于原始数据的要求较低。

距离函数又可以进一步分为投入型及产出型，根据二氧化碳是否为投入量进行划分。多数人认为二氧化碳是在生产过程中产生的非期望产出，因此更倾向于产出距离函数。产出距离函数按照函数形式分为三种：谢泼德距离函数（许倩楠，2014）、双曲线距离函数（汪秋月，2015）、方向性距离函数（袁鹏，程施，2011；邢贞成，2017）。谢泼德距离函数必须同时增加或减少期望与非期望产出；双曲线、方向性距离函数均可在增加期望产出的同时减少非期望产出。因此，相对于谢泼德距离函数而言，其他两种距离函数更适合研究当前环境减排政策（Zhou P.，Zhou X.，Fan L. W.，2014）。同时，与双曲线距离函数相比，方向性距离函数因为采用加法与乘法的混合方式，能够更好地分离得到期望与非期望产出的内在关联性（Cuesta R. A.，Lovell C. A.，Zofío J. L.，2009），优势更加明显，应用也更为广泛。

从方向性距离函数的估算方法来看，现有的研究有两类：非参数方法和参数化方法。非参数方法通常采用数据包络法（DEA）进行估计（涂正革，谌仁俊，2013）；而参数化方法一般采用二次型或超越对数等方向性距离函数形式，通过线性规划（吉丹俊，2017）或者随机前沿方法（王思斯，2012）估算出相应的参数，进而估算边际减排成本。马等（Ma et al.，2015）认为 DEA 方法由于不可进行微分，所得结果较为单一。相比而言，参数化方法灵活性更强，不仅处处可微，容易进行代数运算，而且采用超越对数的随机前沿模型可同时考虑随机冲击和技术非效率对产出前沿的影响，选取不同的方向向量时边际减排成本结果会有差异，从而政策内涵更加丰富。但是，参数法也存在不足。首先，函数形式的设定正确与否以及模型和数据能否匹配，都会极大地影响估算的准确性。其次，参数模型将数据连续化处理后最终所求的结果只是一个平均的边际减排成本，无法得出经济个体的边际减排成本值（Tu et al.，2009）。

经验研究广泛采用了上述多种不同的方法，对边际减排成本展开估算。费尔在 1993 年的论文中选择了对数型的谢泼德产出距离函数来描述环境生产技术，并第一次提出计算非期望产出边际减排成本的数学公式。在费尔的工作之后，许多补充和发展边际减排成本模型的论文开始出现。帕克和李姆（Park and Lim，2009）基于超越对数的距离函数对韩国火电厂的碳边际减排成本进行了估计；魏楚（2014）用参数化的二次型函数构建方向距离函数和收益函数之间的对偶关系求得 104 个地级市污染物的边际减排成本；陈德湖等（2016）运用二次型方向距离函数研究了中国30 个省份 2000 ~ 2012 年碳边际减排成本及其差异的时空演化特征。另外，还有学者采用了参数化的方法对二氧化碳边际减排成本进行了估计〔Song et al.，2016，Du et al.，2015，Lee et al.，2013，Tang et al.，2016，Zhang et al.，2014，Du and Cai，2012〕。

陈等人（Chen et al.，2018）采用数据包络分析中的超效率 SBM 模型（Super - SBM）对中国 30 个省份的碳排放边际减排成本进行度量，为中国推行全国性的碳交易市场提供定价参考。李等人（Lee et al.，2002）利用非参数方向距离函数对韩国火力发电行业污染物的边际减排成本和环境效率进行了测算和评价。涂正革（2009）利用非参数模型方法估算了二氧化硫的边际减排成本，发现其边际减排成本取决于排放水平和生产率水平。乔伊和张（Choi and Zhang，2012）运用非径向基于松弛变量的数据包络分析（DEA）模型来估计二氧化碳排放的边际减排成本。陈诗一（2010）利用参数化和非参数化两种方法对方向性环境产出距离函数进行估计，并测算了工业分行业的二氧化碳边际减排成本。同时，有些学者也都运用非参数的方法对二氧化碳边际减排成本进行了测算（Wang et al.，2018，Yuan et al.，2012，Wang et al.，2011，Zhou et al.，2011，Wang et al.，2016）。

表 2-1 列举了利用不同方法估算污染物边际减排成本的重要文献。

表 2-1   估算边际减排成本的文献

作者及年份	研究方法	非期望产出	研究内容
费尔等（Färe et al.，1993）	P-SODF	BOD TSS PART SO$_X$	30 家美国造纸厂
博伊德（Boyd，1996）	NP-DDF	SO$_2$	29 家美国燃煤电厂
海路和维曼（Hailu and Veeman，2000）	P-SIDP	BOD TSS	加拿大造纸行业
李正东等（Lee et al.，2002）	NP-DDF	SO$_X$ NO$_X$ TSP	43 家韩国燃煤燃油电厂
费尔（Färe，2005）	P-DDF	SO$_2$	209 家美国电力企业
迈斯特史特和亚曼内（Matsushita and Yamane，2012）	P-DDF	CO$_2$	日本电力行业
李正东等（Lee et al.，2014）	NP-DDF	CO$_2$	23 家韩国电厂
张兴平等（Zhang et al.，2014）	P-DDF，P-SODF	CO$_2$	30 个中国省市
布塞马尔特等（Boussemart et al.，2018）	NP-DDF	CO$_2$	119 个国家
李明洪和张宁（Lee and Zhang，2012）	P-SIDF	CO$_2$	30 个中国制造业企业
王建军等（Wang et al.，2014）	NP-DDF	CO$_2$	30 个中国省市
杜立民和毛捷（Du and Mao，2015）	P-DDF	CO$_2$	1158 家中国电厂
何晓萍（He，2015）	P-SODF	CO$_2$	29 个中国省市
周讯等（Zhou et al.，2015）	P-SODF/SIDF NP-DDF	CO$_2$	上海 ETS 试点市场中的制造业
王苏风等（Wang et al.，2016）	NP-non radial DDF	CO$_2$	30 个中国省市
谢洪明等（Xie et al.，2016）	P-DDF	SO$_2$	中国制造业
杜立民等（Du et al.，2016）	P-meta DDF	CO$_2$	中国燃煤电厂
谢百臣等（Xie et al.，2017）	P-SIDF	CO$_2$	中国非化石能源

注：P-代表参数化方法，NP-代表非参数化方法，SODF 代表 Shephard 产出距离函数，SIDF 代表 Shephard 投入距离函数，DDF 代表方向性距离函数。

2.3　市场福利效应测度相关研究

碳交易市场的福利效应一般体现为对经济和环境两方面的影响，这种影响既可以是针对宏观总量的，也可以是针对中观产业和区域的，抑或针对微观企业的。哈莫林等（Hermeling et al.，2013）构建了一个可计算一般均衡模型来研究欧盟碳排放权交易市场对欧盟、美国和中国的 GDP、碳排放以及部门产出的影响。崔连标等（2013）基于省际碳排放交易模型，探讨了在各省实现碳减排目标的过程中，碳交易市场所发挥的成本节约效应。藤森等（Fujimori et al.，2015）基于全球可计算一般均衡模型，对有无碳交易机制时减排造成的社会福利损失进行了定量研究。结果表明，相比无碳交易情景，碳交易体系下全球的福利损失可从 0.7% ~ 1.9% 下降到 0.1% ~ 0.5%。唐等（Tang et al.，2016）探讨了不同惩罚措施和补贴措施对我国经济和环境的影响，结果显示，碳交易市场在有效促进我国碳减排的同时会对经济产生一定的冲击。杨等人（Yang et al.，2016）研究了碳市场环境下碳价、碳减排、技术进步和经济增长之间的关系。结果表明，碳市场有利于增加技术投资，进而促进技术进步和经济增长。孙睿等（2014）基于 CGE 模型模拟了不同总量减排目标情景下，碳价引入对宏观和产业部门层面经济产出、能源消费和碳减排的影响，以及合理的碳价水平。结果表明，碳价越高，减排效果越显著。任松彦等（2015）模拟分析了碳强度约束目标下广东省碳交易市场的实施效应，证明了实施碳交易市场可显著降低减排成本。范英等（2016）研究了中国统一碳市场对区域经济及二氧化碳减排效率的影响。结果显示，全国统一碳市场的建立有利于缩小区域经济差异和降低减排成本，且有利于提高碳减排效率。

碳交易政策的实施最终要落实到产业层面，近年来一些学者开始关注碳交易市场的产业效应。N. 瑞文斯（Rivers，N.，2010）评估了碳交易机制下部门竞争力可能受到的影响。结果表明，竞争力的影响可以通过使用基于产出的许可证回收，或通过使用边境税调整实现最小化。丛和魏（Cong and Wei，2010）研究了不同的配额分配准则对碳价及电价的影响。戈隆贝克（Golombek，R.，2013）分析了碳交易市场对电力市场的传导性影响，发现燃气发电生产对配额分配机制非常敏感。姚云飞等（2012）从经济全局成本有效的角度，基于 CEEPA 模型研究了一定减排约束下我国主要排放部门的宜分担的减排责任及减排行为，发现基于排放量进行减排责任分配可以实现整体成本有效性，但煤炭和运输仓储部门应作出一定调整。随着减排目标的增加，应逐渐增加运输仓储部门和减少煤炭部门的减排配额比例，短期内不应对各部门设置较高的减排目标。刘等人（2015）分析了针对能源密集型行业实施绿证政策的影响。结果表明，绿证政策有利于提高能源密集型行业的技术投资。傅京燕等（2017）通过构建拓展的投入产出模型，模拟评价了中国各部门引入碳价格的短期影响，并针对能源密集型和贸易暴露型行业采取相应的缓解和补偿措施。王鑫等（2015）研究了碳交易机制中免费配额发放的范围和比例对主要工业部门的影响。闫冰倩等（2017）对投入产出价格模型进一步拓展，构建了在碳交易机制下的全局价格传导模型，并分析碳交易市场对国民经济各部门产品价格、产出和利润的影响程度。刘学之等（2017）以 2020 年减排目标为约束目标，针对我国石化行业的经济总量、能源消费结构等进行了预测，对科学制定碳排放配额的分配方案提供了借鉴和参考。

2.4　环境政策对出口贸易影响的相关研究

碳交易市场，其实质上以市场经济为依托的政府对于国家总体排放进行管控的一种环境管制。关于环境管制对一国出口贸易的影响，学界一直存在两大争论。一种观点认为，环境标准高于贸易伙伴的国家由于产品中包含了更多的环境成本，将丧失比较优势并引起产品竞争力下降，甚至造成产业向其他各国转移，简称为"污染天堂假说"［鲍莫尔（Baumol,W. J. , 1988）］。佩辛（Pething, 1976）、西伯特（Siebert, 1977）、麦奎尔（McGuier, 1982）等较早地研究了环境规制贸易效应，通过比较静态分析法进行分析，虽然结论存在一定差异，但大多认为环境规制会引起企业生产成本上升（李怀政，2011）。G. M. 格鲁斯曼和 A. B. 克鲁格（Grossman,G. M. and Krueger, A. B. , 1992）运用引力模型等方法研究环境规制对出口的影响，证明严格的环境规制会削弱出口竞争力；还有一些研究从贸易模式角度分析碳税对产业竞争比较优势的影响及其引致的问题，提出发达国家严格的环境规制对贸易模式具有重大影响，如果环境政策差异足够大，比较优势模式将被颠覆（Taylor B. , 1999）；在 H－O 模型理论框架下，研究结论大多认为发展中国家在污染密集型产品上具有比较优势，而发达国家在非污染密集型产品上具有比较优势。针对中国的研究，魏涛远和格罗姆斯洛德（2002）、朱启荣（2007）、李玉楠和李廷（2012）、傅京燕和李丽莎（2010）等研究认为中国开征碳税等提高环境规制强度，影响出口贸易竞争力，不利于经济发展。总体来看，该观点认为环境规制对出口贸易会造成不利影响，主要理由是成本提高、价格上升，因此各国都存在部分行业，特别是污染密集型行业，反对提高环境标准的政策，担心影响其竞争力和出口贸易。

另一种以波特为代表的观点认为，环境管制的压力会迫使企业改进技术、创新管理，从而降低成本并获得竞争优势，简称为"波特假说"[P. 林德（Linde P，1995）]。波特提出如果新的环境规制标准是建立在激励基础之上而且受规制厂商能够适应新的环境标准并积极进行创新活动，可以提升厂商的国际竞争力，而且从国家的层面来看，还有利于催生环保产业，刺激生产污染检测和控制设备产业的发展；兰克尔（Frankel，2003）指出如果将来世界商品生产都倾向于环境友好型产品，那么首先进行环境友好型技术创新的国家将会在未来的全球竞争中获得比较优势。国内黄德春和刘志彪（2006）在 Robert 模型中引入了技术系数，研究表明环境规制在给一些企业带来直接费用的同时也会激发创新，部分或全部地抵消这些费用成本，这暗合了波特的观点——环境规制能使受规制的企业受益；还有陆旸（2009）、王传宝和刘林奇（2009）、李小平等（2012）、李怀政等（2013）提出适度提高环境规制水平可以获得出口竞争优势。由此可见，该观点认为高耗能是技术无效率的表现，严格的环境规制将倒逼企业进行技术创新，提升产品出口比较优势，以此获得长期竞争力。

还有一些学者存在折中的观点。一种折中的观点是污染天堂假说反映管制政策的短期影响，而波特假说则反映长期影响。科尔霍宁等人（Korhonen et al.，2015）发现，短期内环境规制对北欧国家造纸业的国际竞争力存在不利影响，但是长期看来，存在有利影响，而环境规制能否取得预期目标主要取决于政策的实施力度。也有研究者将管制政策与传统要素禀赋结合起来分析，认为当管制对出口的负面影响超越了传统禀赋的竞争优势时，会出现污染天堂假说现象；相反，则会出现波特假说现象（2003）。王兵等（2008）通过分析 APEC 国家或者地区的全要素生产率增长发现，在不考虑环境规制时，APEC 国家或者地区的全要素生产率年均增长 0.44%；在面临碳排放总量约束时，保持碳排放量不变或者下降，年均增长 0.55%，因此说明 APEC 国家的碳约束，推动了技术进步，存在波特效应。鲁巴什金纳等人（Rubashkina et al.，2015）实证分析了环境规制对欧洲制造业创新与生产率的影响，发现环境规制促进了创新活动的产出，因此仅仅支持弱波特假说，而不支持强波特假说。

综合现有假说的主要观点，可以发现多数研究都将关注点放在环境成本内部化对出口产品的成本影响方面，以出口产品成本变化替代出口竞争力的变化。这就忽略了一个重要问题，即当国际市场呈现不完全竞争格局时，出口商面对成本变化会依据其产品实际竞争能力，采取策略性定价行为，不同程度地将出口成本变化计入价格，并最终影响其出口竞争力。因此，这里可能存在一个成本－价格的不完全传导效应。忽视出口商的策略性定价行为，很可能是"污染天堂假说"和"波特假说"有关经验分析结论不一致的一个重要原因。

2.5　本 章 小 结

初始碳配额分配、边际减排成本估算、市场福利效应测度、环境规制政策对出口贸易的影响等问题研究是顺应本书问题展开的逻辑顺序，需要密切关注并逐一探讨的关键领域。本章首先梳理了初始碳配额分配相关文献，就多种分配原则下宏观产出、碳价以及排放量等的模拟分析结果或实证检验结论进行了分析，不仅为本书提供了参考性分配方案，同时也提供了多种分析技术。

边际减排成本估算的方法从大类上可以划分为宏观经济－能源模型和微观投入－产出模型，其中每一类又包含多种不同的分析技术。文献研究的结果表明，这些分析技术因为前提假设和参数估计的不同可能导致分析结果参差不齐，即使相同的分析技术下由于模型本身设定的调整方向和路径不同，结果也会有很大差别。鉴于此，本书的研究方案设计即从两大类分析模型中选择了宏观 CGE 模型和微观参数法、非参数法等多种不同方法，对碳边际减排成本进行估算，以便能够包容结论的多种可能性。

关于碳市场福利效应的理解可以有多种不同角度，但现有文献更多是将其定义为碳市场的成本有效性，也即实现既定减排目标时市场交易机制所具有的成本节约效应。本书研究即采纳这一概念界定，对碳市场的福利效应进行测度。

　　环境规制政策对出口的影响有正反两方面观点，一种"污染天堂假说"认为更严格的环境规制政策会降低本国出口竞争力，另一种"波特假说"则从更长远的角度衡量，认为环境规制政策会倒逼本国生产者降低生产成本，从而提升出口竞争力。但是既有研究都忽视了出口市场的不完全竞争性，以及可能存在的"成本－价格不完全传导效应"。

第3章　相关基础理论与政策实践

3.1　碳配额交易概念

　　碳配额交易（Carbon Quota Trading）是指交易主体在指定市场进行碳排放配额买卖的活动，是通过市场化手段实现碳排放权资源优化配置的有效途径。1997年，《京都议定书》确定了联合履行机制（JI）、排放贸易机制（ET）和清洁发展机制（CDM），成为碳交易机制的制度基础。在碳交易市场中，所有控排交易主体首先被设定一个二氧化碳可排放配额总量，该总量由政府根据一定时期经济发展状况、环境容量需求等宏观因素来决定。之后，总排放许可会按照一定原则作为初始配额分配给各控排者，并由其依据所获得的排放配额安排生产和进行实际碳排放控制，各主体的最终排放量之和不允许超过提前设定的可排放总量。但是，个体控排者排放量与初始配额可以不等，差额部分允许在个体之间进行买卖。排放量大于初始配额的主体，可以向市场上其他单位购买排放权，以避免超量排放的经济惩罚；排放量小于初始配额的主体，则可以向市场上的其他单位出售剩余配额来获得经济补偿。每个控排主体根据市场形成的碳交易价格和自身的减排成本选择最优排放量，并决定配额供给量或需求量。碳排放权交易不仅有效激励了技术先进、减排成本低的企业更多地进行碳减排，同时也降低了整个社会的总减排成本。

3.2　碳配额交易政策的理论渊源

3.2.1　庇古税

　　二氧化碳排放问题本质上是经济学上的一个外部性问题，碳排放的负外部性造成了在环境保护中资源配置的低效与不公。庇古税是控制环境污染负外部性行为的一种经济手段，起源于 20 世纪初经济学家庇古（Arthur C. Pigou）在其 1920 年出版的《福利经济学》中的概念。他认为，政府应按污染者生产活动所产生的边际社会成本对污染者征收等价的税额，使污染者不仅把私人成本纳入生产成本，而且把生产造成的外部性即污染的社会成本纳入其生产成本，将外部成本内部化，实现社会资源配置帕累托最优，简称为"庇古税"（1920）。如图 3-1 所示，在完全竞争市场条件假设下，排污者要实现利益最大化，就需满足边际成本 = 边际收益 = 市场价格，即 $MC = MR = P$ 这一条件，而二氧化碳排放会带来负外部性，使得社会边际成本 MSC 大于私人边际成本 MPC，即曲线 MSC 在曲线 MPC 的上方。为了实现环境资源的合理配置和充分利用并使得其达到环境资源配置的帕累托最优状态，私人边际成本（MPC）与社会边际成本（MSC）必须相等即达到图中的 Q_1 点。因此，为将负外部性成本内部化，政府可通过征收税额为 t 的碳税。

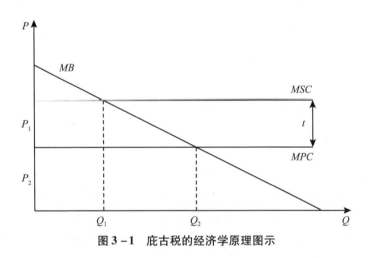

图 3-1 庇古税的经济学原理图示

从经济学角度看，庇古税更注重公平从而使资源配置更加有效合理。与行政命令减排等污染控制工具相比，庇古税的政策成本更低。

3.2.2 科斯定理

科斯在 1960 年发表的《论社会成本问题》中提出，只要将排污行为看作是一种归属明确的产权，并允许其在市场上进行交易，就可以实现整个社会减排成本最低，即在交易成本为零或者极小的情况下，明晰产权就可以实现环境资源配置的帕累托最优。

科斯定理主要由三组定理组成，科斯第一定理认为，如果交易费用为零，不管初始产权如何安排，当事人之间的谈判都会实现财富最大化，即市场达到帕累托最优。这意味着在经济社会中，任何原始形成的产权制度安排总是最有效的，然而这种情况在现实社会中并不存在，所以这也为科斯第二定理的出现奠定了基础。

科斯第二定理认为，在交易费用大于零的经济社会中，产权分配的不同会影响资源配置的效率。这意味着交易是有成本的，不同的产权界定制度下的交易成本不尽相同，因此资源配置的效率也会有差异，所以为了提高资源配置的效率，产权制度的选择显得至关重要。

科斯第三定理描述了产权制度的选择方法，认为如果不同产权制度下的交易成本相等，则制度本身成本的高低决定产权制度的选择，若某一种产权制度非建不可，且这种产权制度不同的设计实施方式会带来不同的成本，那么这种成本也需考虑。若某一种产权制度设计和实施的成本大于实施的收益，则该项制度没有建立的必要，最后，如果即使现存制度不合理，若某一项产权制度建立的成本无穷大或建立的收益小于成本，那么这项产权制度的改革是没有必要的。

然而，作为一种公共资源，大气资源产权很难明确，于是根据科斯定理，国际上政府之间通过谈判将排放额度进行分配，使温室气体排放权成为一种稀缺资源，并通过建立许可额度的碳交易市场，竞争性形成碳排放权的交易价格，从而建立了一种处理环境外部性问题的有效方式。

显然，科斯定理更加注重效率问题，借助于市场的力量实现社会效益的最大化，一定程度上与庇古税有互补之处，两种方式可以相互组合以实现帕累托最优。

3.3　碳配额交易市场的构成要素

碳配额交易市场一般包含以下构成要素：

（1）交易气体种类。《京都议定书》规定，国家间联合应对气候变化框架覆盖六种温室气体，每种气体按照引起全球变暖的潜能折算为二氧化碳当量，对其总值进行减排统称碳减排。实践中，各国根据经济和环境的实际情况将不同气体纳入交易范围。欧盟碳排放交易体系（EU ETS）在第一阶段交易气体仅限于二氧化碳，第二阶段扩大到氧化氮和全氟碳化物等其他温室气体。新西兰碳排放交易体系（NZ ETS）、美国区域温室气体减排行动（RGGI）和美国加州碳排放交易体系（CAL ETS）目前交易范围覆盖所有六种温室气体。中国试点的 7 个省市仅针对二氧化碳交易。

（2）控排主体范围。发达国家的交易实践基本都经历了一个控排主体范围逐步扩大的过程。EU ETS 第一阶段主要涵盖电力等能源密集型行业，之后逐步扩大。CAL TES 在 2012 年成立之初控排范围仅限于年排放量在 25×10^{15} 吨二氧化碳当量以上的少数企业，2015 年扩大到覆盖加州六种温室气体总量的 85%。RGGI 主要针对发电量在 25 兆瓦以上的化石燃料电厂。中国试点省市也都根据各自的行业结构特点选择了不同行业或企业纳入控排范围。

（3）总量配额。碳排放的总量配额取决于具体的减排目标，需要考虑环境容量、经济发展和技术进步等各种因素。联合国政府间气候变化专门委员会（IPCC）报告，如果 2050 年全球温室气体浓度稳定在 450ppm 二氧化碳当量，则有 50% 的可能性地球升温控制在 2℃（简称 450 目标，IPCC 同时规定有较低的 550ppm 二氧化碳当量和 650ppm 二氧化碳当量目标）。国际能源署（2009）研究表明满足 450 目标条件下，中国 2020 年碳排放总量相对于 2007 年将增加 38%。各发达国家根据 450 目标提出了相应的减排路线图（傅加峰，2010）。由于中国不属于《京都议定书》附件一国家，没有绝对减排要求。因此，中国提出至 2020 年碳强度相对于 2005 年下降 40% ~ 45%（简称 2020 目标），以及 2030 年下降 60% ~ 65%（简称 2030 目标）的相对减排目标，以及在 2030 年碳排放总量达到峰值的承诺。

（4）配额分配。减排目标约束下的排放总量一般按照免费、拍卖、固定价格及混合分配等原则分配给控排企业，其中免费部分又分为按照历史排放水平和按照行业基准线分配两种。一般认为免费配额更适用于短期，因为稀缺租分配给私有部门，可以减少经济波动（Stavins，R.，2008）。但这显然违背了"污染者付费"原则（王清华，2013），因此长期内拍卖具有更高效率（EU. Guidence document No.2，2014）。免费配额适用于历史法还是基准法，主要取决于行业特点和市场特征（丁丁、冯静茹，2013）。在实践中，EU ETS 前两阶段免费配额按照历史法分配，第三期为提高效率规定拍卖配额占比至少达到 50%，免费配额的分配原则也改为按照先进设施的排放效率设定行业基准线。RGGI 全部配额都通过拍卖方式发放，中国试点省市目前基本采用免费配额，少量拍卖部分主要为实现履约要求。

（5）配额储蓄与价格干预。EU ETS 和 AU ETS 允许第二期配额储蓄并在第三期跨期使用，这样在一定程度上避免了期末配额集中出售引起的价格波动（张益刚、朴英爱，2015）。同时，AU ETS 在 2015～2018 年期间对排放权价格进行了浮动区间控制。欧盟则提议从 2021 年开始建立一个"市场稳定储备机制"，通过对过剩配额的收储与投放稳定碳价（刘慧，2015）。

3.4 碳配额分配理论

3.4.1 配额分配的原则

初始碳排放配额分配制度是碳交易体系的核心，配额分配是否合理将直接影响到企业的减排积极性和持续性。因此，政府应该根据碳交易市场上减排主体自身的减排成本和实际条件，兼顾配额分配对于减排主体的公平性、效率性和可接受性等，制定合理的分配方案。

根据《全国碳排放权交易管理条例》，国务院规定国内碳排放权交易及配额分配将以行政区域为单位来划分，即初始分配机制以省市为单位。省域之间的配额分配则可以有不同的选择：如果考虑各省经济实力，可以根据各省市 GDP 总量来分配初始配额；如果考虑每个人的公平性，则应当根据各省市的人口总数来分配；如果考虑对经济的影响，则应当根据各省市历史排放量来分配初始配额。目前，虽然国际上并没有普遍公认的合理方案，但许多碳排放权分配原则已经被提出。

（1）效率和公平原则：配额分配的公平原则包括了地域、行业、企业规模等不同维度上的公平。如果考虑效率最大化原则，即企业以最小的成本来实现最大的减排目标，那么就应该在较小的边际减排成本的行业中进行减排，配额分配上倾向于技术水平高的企业，以达到资源最优配置。兼顾效率和公平两者的配额分配机制才是最佳的。由于中国各省市的经济发展并不均衡，东部沿海地区经济发展水平高，而内陆地区和西部地区仍处在城市化工业化的进程中。因此，在配额分配时，地域公平应当占据主要地位。同时，还要考虑到不同行业的收益对成本的敏感程度不同，为了引起较少的经济波动，针对其采取的配额分配方式也应该不同。对于同一行业内的不同企业，也应公平对待，不因其规模大小或进入市场时间的差别而分配不同配额。

（2）市场竞争力保护原则：碳减排政策的推行必定会逐步加大企业的运营成本，而减排带来的收益却是全社会共享的。根据国外经验，水泥、钢铁、石油、电力等传统制造业和贸易敏感型行业往往会受减排冲击比较大。尤其是在碳排放权市场建立的初期，容易导致传统制造业和贸易敏感型行业投资减少，产量萎缩，就业缩减。在这方面，美国清洁能源与安全法案规定可以通过免费分配部分配额、给予进出口津贴和降低税率等方式来为这部分企业提供帮助，这一做法值得中国政府借鉴。同时，企业自身也应优化生产和管理结构，提前做好减排准备。

（3）总体目标实现原则：环境效应和二氧化碳总量减排是设计配额分配制度的最终目标，当减排企业被超额分配了碳排放权，或者当市场碳配额总量供过于求，导致排放成本下降时，政府就难以实现节能减排的目的。2009 年以来欧盟碳排放权交易体系就出现了类似问题，配额供给持续扩大，减排目的未能实现。

3.4.2 配额分配的方法

国际上普遍遵循的配额分配方式主要包括免费分配、拍卖、固定价格销售以及混合分配法等。

在免费分配的情况下，政府会根据特定计算方法为企业免费分配碳排放权配额。计算方法包括祖父制、移动平均制和基准线制。祖父制是基于企业在过去一段时间的历史排放量来进行分配，适合新型的碳排放权交易市场。移动平均制则是以最近 2～3 年内排放量的平均值为基础来分配，适用于受市场供求影响较大的企业，但由于对数据要求较高，基于这一方法的免费配额的研究和实践较少。基准线制是基于当期企业内碳排放强度来进行分配，在行业内具有较强的公平性。

国际上现行的温室气体排放权配额分配就是依据《京都议定书》中确立的祖父条款，其核心是以 1990 年为基准年，以该年的排放量为基准排放量，不考虑未来的排放需求。配额分配机制中祖父法的主要优点是：配额免费发放能刺激市场主体参与交易的积极性，避免了排放主体抵制参与交易。因为分配给特定排放主体的排放权数量是以其历史排放水平为基准来分配的，即使不进行市场交易，配额也可以大体上满足企业的生产需求，不会对企业未来的经营带来过大的冲击。如果企业降低了排放，企业还可以出售剩余的排放权配额来获得利润，使得企业能够充分享受碳交易市场的灵活性。基于以上这些优点，免费发放配额祖父法成为各国政府在碳交易市场设立初期接受程度最高的配额发放方式，有效地避免了对经济生产造成较大冲击。但是在欧盟碳交易市场的 7 年实践过程中，这一方法也暴露了不少问题。第一，企业历史排放总量主要以企业自报为依据，或者由当地政府进行总体核算，这两种情况都容易导致企业虚报历史排放量。第二，如果企业在碳交易市场设立前就开展了减排行动，反而会导致自身获得配额量减少，会打击企业自主减排的积极性。第三，不同行业不同地区在一国排放量中占比差别很大，相应地减排潜力也有区别，祖父法的分配方式没有考虑减排潜力的差异化，不能很好地调动企业减排的积极性，难以充分有效地配置资源。第四，免费发放的情况下政府自上而下地确定配额数量，在初期往往会产生配额发放过多的情况，难以保证减排目标的实现，政府在后期往往再调整配额总量。由此，交易价格会产生较大的波动，不利于市场参与者进行稳定交易。

通过拍卖的方式来分配配额，在公平和效率方面比免费发放祖父法有所进步，可以使得碳交易市场更好地有效配置资源。拍卖法相比于免费发放祖父法有以下优点：第一，在拍卖的情景下，政府能够更好地基于整体减排目标来提供稳定的政策框架，有利于市场参与者进行稳定预期，合理安排减排行动。第二，拍卖法能够鼓励企业对减排技术的研发和推广，因为企业自主减排的行为可以降低自身购买配额的成本，由此对于减排行动更具有积极性，不存在免费配额情况下对自主减排企业的打击。第三，拍卖发放配额使得政府获得拍卖收入，可以用来支持不发达地区的减排行动，或鼓励新能源或先进技术的开发等。第四，拍卖中形成的价格能够有效地反映减排主体对于配额的需求程度，提供了排放配额的成本参考，能够引导减排资源的优化配置。拍卖法虽然更符合"污染者付费"的原则，但是需要参与企业拿出实际货币来购买配额，企业会有较大的抵触心理。同时，公开拍卖制度下，规模大的企业更愿意，同时也更有能力为配额竞拍，往往处于相对垄断的地位，有一定的自由定价能力。规模小的企业会被动面临排放权价格，一旦拍卖价格过高，同时企业内部又无力通过技术手段减排，小企业将不得不缩小生产规模，面临更加激烈的竞争。所以，小企业往往不愿意接受拍卖制度。现实中拍卖法的实际应用相对较少，目前的实践经验主要来源于美国区域温室气体减排行动和欧盟碳排放权交易体系。

固定价格销售制度往往被作为配额分配的补充性措施，不常见于碳交易市场中。澳大利亚曾引入了固定价格购买法，在 2012～2015 年间为配额价格固定期，参与主体向政府购买超出部分的排放权额度。在 2015 年以后，澳大利亚才慢慢过渡到市场交易价格。澳大利亚之所以采取这一策略，是由于欧盟碳交易市场在建立初期遭遇了剧烈的碳价波动，考虑到这一风险，于是采取了循序渐进的、逐步市场化的定价策略。这种方法有利于稳定价格，避免碳价的大幅波动，但如何确定合理的固定价格则是一个棘手的问题。

综合各种方法的优劣，新西兰根据本国的行业特点，对不同的行业采取不同的配额分配标准，实行了一种新的以行业为基准的混合配额分配方案。对于出口工业、渔业、林业这三个行业，碳排放密度相对其他行业较大，政府将免费为其发放配额，而其他碳密度相对较小的行业，则需要从市场或政府手中购买排放权配额。这种方法结合了几种分配方法的优点，但是政策的复杂性会带来政策实施和政府监管的难度。

对于中国来说，新型的全国统一碳排放权交易市场正在开始建立，应充分借鉴学习国外的配额分配经验，随着时间推移循序渐进，不断更新合适的碳配额分配制度，在实现碳减排目标的前提下，充分考虑到现有企业的接受能力，并注重保护业务快速增长的新兴企业。

3.5 碳配额交易市场福利效应测度理论

碳配额交易机制的构建源自经济主体的减排成本差异，其实质是将减排目标约束下的二氧化碳排放配额货币化为一种经济资源，并通过市场交易实现优化配置。低成本者超配额减排，并将结余的配额以高于内部减排成本的价格出售；高成本者超配额排放，并以低于内部减排成本的价格购买不足的配额。最终，经历市场交易后买卖双方经济福利水平均高于独立实现减排目标时的水平。因此，福利效应是构建和完善碳配额交易机制的主要依据，蒙戈纳里等人（Montgonery，W. D.，1972）指出配额交易的福利效应是交易价格因高于出售者减排成本和低于购买者减排成本而节约的社会总成本。依此，经济福利效应测度需要估算交易者边际减排成本和拟合交易价格。

3.5.1 边际减排成本估算

边际减排成本一般通过估算污染物影子价格的方法得到。早期研究者利用生产函数和成本函数通过参数估计得到污染排放的影子价格（Aigner, D. & Chu, S. F., 1968；Pollak, R. A. et al., 1984）。之后，费尔等人（Färe et al., 1993），科金斯和辛顿等（Coggins and Ssinton et al., 1996）将影子价格概念转化为降低一单位污染物排放造成的产量损失，并利用 Shephard 距离函数进行估算。相比之前的方法，Shephard 距离函数降低了对数据信息的要求，但期望产出和非期望产出同比例缩放的约束仍脱离现实。为此，研究者利用参数或非参数的方向性距离函数克服了这一缺陷，该方法允许污染物减排的同时增加产出（Cuesta, 2009；Kaneko et al., 2009；汪克亮、杨宝莲, 2011；陈诗一, 2011）。除了上述计量模型，近年来一些学者考虑到碳交易价格因进入企业生产成本，进而与产品生产、消费、贸易等经济子系统可能形成的相互作用，利用系统仿真方法求解边际减排成本。系统仿真模型一般分为三类：一类是自上而下的可计算一般均衡模型 CGE（Klepper G. & Peterson S., 2006；牛玉静、陈文颖, 2013；姚云飞, 2012；吴立波, 2014），该类模型充分考虑了宏观子系统的详细结构，具有较高的仿真性，但缺点是无法估计生产部门的技术细节，几百个参数的赋值没有统一标准，同时相比计量模型可以分析不完全竞争和经济非均衡的情况，CGE 模型仅限于完全竞争市场的均衡分析。另一类系统仿真模型是自下而上的能源系统模型（Blanchard O. et al., 2002；Loeschel A. et al., 2002），该类模型关注能源部门内部成本有效的技术替代，但由于将能源需求作为外生变量，该模型忽视了能源部门与其他宏观子系统之间的联系和互动。第三类模型属于耦合模型，它主要是通过耦合自上而下和自下而上模型建立的（高鹏飞等, 2004；温丹辉, 2014）。

3.5.2 交易价格模拟

碳交易市场价格一般通过计量模型或闭合的系统仿真模型模拟，巴克尔等人（Barker, et al., 2006）利用宏观计量模型模拟了全球实现 IPCC - 550 目标情景下，考虑和不考虑技术进步时 2020 年的碳交易价格分别为 51.7 美元/吨二氧化碳和 88.1 美元/吨二氧化碳（Kemfert, C. and Truong, P. T., 2007）利用一般均衡模型，模拟了 IPCC - 650 目标下，全球针对二氧化碳

和多种温室气体的交易价格在 2020 年将分别达到 24.2 美元/吨二氧化碳
和 12.1 美元/吨二氧化碳。IIASA（2007）利用能源系统仿真模型模拟了
IPCC－470 和 IPCC－480 两种减排交易情景下的全球碳价。

3.5.3　福利效应测度

减排情景确定时，一旦形成交易价格就可以通过计算价格与交易各方
自主减排成本的差额进行经济福利效应测度。UBS SAL（2009）估算了碳交
易价格对 300 多家企业的盈利影响，PCGCC（2011）分析了美国温室气体
排放交易体系对制造业福利的影响。

图 3－2 在已知交易主体边际减排成本曲线和市场均衡价格的情况下，
给出了一种比较简单的经济福利测度方法。MAC_1 和 MAC_2 分别是两个参与
者的 MAC 曲线。横轴代表二氧化碳减排量，纵轴代表二氧化碳的边际减排
成本，MAC 曲线下区域的面积代表减排量为 Q 时的总减排成本。

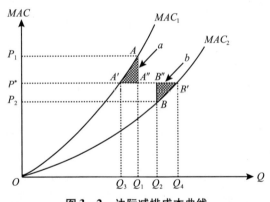

图 3－2　边际减排成本曲线

在碳交易进行之前，参与者 1 的强制减排量为 Q_1，对应的边际减排成
本为 P_1，即 MAC_1 上的 A 点。此时，参与者 1 独立完成减排任务的总成本为
OAQ_1 的面积，其面积计算公式为：

$$TC_1 = \int_0^{0Q_1} MAC_1 dQ \qquad (3.1)$$

类似地，在碳交易进行之前，参与者 2 的强制减排量为 Q_2，对应的边
际减排成本为 P_2，也就是 MAC_2 上的 B 点。因此，参与者 2 完成减排任务的
总成本为 OBQ_2 的面积，计算公式为：

$$TC_2 = \int_0^{0Q_2} MAC_2 dQ \qquad (3.2)$$

在市场上进行碳交易后，市场均衡价格为 P^*，介于 P_1 和 P_2 之间。此时，参与者 1 根据 MAC_1 曲线选择的最佳减排量为 Q_3，少于原来的强制减排量 Q_1。因此，参与者 1 为完成 Q_1 的减排任务，必须成为碳交易市场的需求者，并在碳交易市场上购买排放权 Q_3Q_1，支付成本为 $A'Q_3Q_1A''$，对应的总减排成本为 $OQ_1A''A'$，比参与碳市场之前的减排成本少 $AA'A''$（阴影部分 a）。这意味着参与者 1 相比自主减排时经济福利增加了阴影部分 a。类似地，参加碳交易之后，参与者 2 根据 MAC_2 曲线会选择的最佳减排量为 Q_4，大于原来的强制减排量 Q_2。因此，如果仍然只要求参与者 2 完成相当于 Q_2 的减排任务，则参与者 2 可以成为碳交易市场的供给者，在碳交易市场上卖出排放权 Q_2Q_4，并获得销售收入为 $B''Q_2Q_4B'$，对应总减排成本为 $OB'Q_4 - B''Q_2Q_4B'$，比参与碳市场之前的减排成本少 $BB'B''$（阴影部分 b）。这意味着参与者 2 相比自主减排时经济福利增加了阴影部分 b。表 3-1 详细列示了两个参与者在碳市场交易前后的福利变化。

表 3-1 碳交易市场的福利分析

项目	参与者 1（配额需求方）	参与者 2（配额供给方）
强制减排量	Q_1	Q_2
交易之前的总减排成本	$\int OAQ_1$	$\int OBQ_2$
交易值	$(Q_1 - Q_3) \cdot P^*$	$(Q_4 - Q_2) \cdot P^*$
交易之后的总减排成本	$OQ_1A''A'$	$OB'Q_4 - B''Q_2Q_4B'$
福利所得	a	b

3.6 碳配额交易对出口竞争力影响解析

3.6.1 两大假说

1. 污染天堂假说

污染天堂假说，又被称为污染避难所假说，通常指环境标准相对高于贸易伙伴的国家由于产品中包含了更多的环境成本，将丧失比较优势并引起产品竞争力下降，甚至造成产业向他国转移。

从当前我国工业行业发展现状来看，全国统一的碳交易市场建立后，减排成本增加了厂商的生产成本，厂商为了能够在激烈的市场竞争中存活下来，便会将这种额外的生产成本转嫁到消费者身上，这种转嫁到消费者身上的成本负担会以产品价格上涨的形式呈现，但是当产品价格上涨程度超过了消费者的支付意愿，那么消费者便不会再消费该厂商生产的产品，从而导致该厂商利润下滑。为维持初始超额利润，厂商将会寻找环境标准相对较低的国家或地区作为新生产工厂的地址，以此降低自己的生产成本。因此，碳交易市场的建立有可能会导致我国工业出口贸易发生污染天堂假说现象。

2. 波特假说

波特假说，是指环境管制的压力会迫使企业改进技术、创新管理，从而降低成本并获得产品竞争优势。也就是说，当碳交易市场建立后，起初高昂的减排成本会让厂商产生负担，为减少由于碳减排造成的经济损失，厂商会将更多的资金用于技术创新，而技术创新会提高生产效率，有利于生产成本的降低，并且新技术的使用使得新生产的产品质量得到提高，这样厂商所生产的商品在国际市场上的竞争力反而有所提高。此外，强有力的环境约束也会让厂商将更多的精力放在提升自身生产率，并带动整个行业的生产效率得到提高，增强这类行业在市场上的盈利能力。

3.6.2 成本—价格不完全传递理论

围绕两大假说开展检验性研究的数量颇多，但由于模型假设、指标选取及数据来源等方面的差异，并未能形成统一的结论。上述两大假说都认为碳交易可以通过影响生产成本进而影响出口，但交易后的减排成本进一步通过计入价格的方式影响出口，很多研究并未充分考虑到现实中成本与价格之间存在不完全传导性。忽略价格传导的不完全性也是"污染天堂假说"与"波特假说"难以形成一致性检验结论的重要原因。

现实中的国家市场多是不完全竞争市场，出口厂商为了追求自身利润最大化和维持市场份额的稳定，通常会运用边际成本加成的方式进行策略性定价。建立碳交易市场后，当两个减排主体面对相同的减排成本时，竞争力强的产品出口商会将减排成本完全计入价格转嫁给消费者；而竞争力弱的出口商则只能被迫降低成本加成率，以自我吸收一部分减排成本的方式维护市场份额，从而引起价格—成本不完全传递。

3.6.3　成本加成率的测算方法

为了得到出口厂商的成本 – 价格传导率，需要对厂商的历史成本加成率进行测算。成本加成率，顾名思义就是成本的加成，通常是指商品的价格与其边际成本之间的偏离程度。在完全竞争市场中，厂商的边际收益等于边际成本，则厂商的成本加成率为 1。而在不完全竞争市场中，厂商的边际收益通常会高于边际成本，获得超额利润，成本加成率会大于 1，并且加成率越大，表明厂商将获得更高的垄断利润。

关于成本加成率的估算可以总结为三种。

（1）会计法。该方法主要利用企业财务数据，对企业产品的价格及边际成本进行粗略估算，从而计算得到企业加成率。该方法简单明了，操作方便，数据容易收集，在早期研究中很多学者用该方法对行业成本加成率进行测度。但是该方法缺乏严格的经济基础，会计变量与经济变量也存在较大差异性。

（2）需求法。基于勒纳指数来链接边际减排成本与需求价格弹性间的函数关系，通过估计需求函数得到需求价格弹性，进而得到企业的加成率。

（3）生产法。该方法基于生产函数，利用要素投入及产出等相关数据对企业成本加成率进行测算。该方法最早由霍尔提出，他利用索罗余值的性质，推导了不完全竞争市场下行业成本加成率的计算方法。很多国内外学者都是以其研究框架为基础进行深入研究，罗杰（Roger）有效解决了产出与投入要素同步增长的偏差，克莱特（Klette）则放松了原始模型中生产规模报酬不变的假设，但他们都仅局限于行业成本加成率的研究。而后有学者创造了 DLW 方法（De Loecker and Warzynski），放松了一些假设条件的约束，以较少的假设条件提供了一个可以测算企业层面成本加成率的一般性框架。在 2016 年，德·里克（De Loecker）等对 DLW 模型进行了扩展，可以估算到产品层面的成本加成率。

3.7　碳配额交易政策实践

3.7.1　国外碳配额交易政策实践

目前，碳配额交易已经成为世界各国实现减排目标的重要手段，当前世界上著名的碳排放交易体系包括欧盟碳排放交易体系（EU ETS）、美国加州碳排放交易体系（CAL ETS）、美国区域温室气体减排行动（RGGI）、澳大利亚碳排放交易体系（AU ETS）和新西兰碳排放交易体系（NZ ETS）等，最具有代表性的碳交易市场发展情况如表3-2所示。

目前，全球碳交易市场主要可以分为以项目为基础的市场和以配额为基础的市场两类。以项目为基础的碳市场主要以联合履行机制（JI）和清洁发展机制（CDM）为主要形式，市场主体是减排单位和认证主体。基于配额的交易市场以排放许可权交易为主要内容，又可以分为强制性交易和自愿减排交易两种主要形式。强制性交易市场的参与主体主要是《京都议定书》下有减排义务的国家，通过碳市场上的交易平台开展配额交易，代表性的碳交易市场有欧盟碳排放交易体系（EUETS）和美国西部气候倡议（WCI）等。对于自愿减排交易市场，排放权的买方通常是一些为履行社会责任而自愿减排的大规模企业，代表性的市场有美国芝加哥气候交易所（CCX）和日本自愿碳排放交易体系。

欧盟是第一个国际性碳交易平台，也是现阶段规模最大的全球性碳交易市场。欧盟自2005年起开始实施碳交易制度，经过10多年的发展，现已成为影响范围最广、发展最成熟的碳交易市场，并且已经完成规划中的前两个阶段（2005~2007年和2008~2013年），现已步入第三阶段（2014~2020年）。在欧盟碳交易体系中，关注的行业主要是碳排放量高的行业，如石油、煤炭、钢铁、电力等行业。在配额分配方面，拍卖配额的比例逐渐提高（见表3-2）。

表3-2　　　　　　　国际主要碳交易市场发展阶段及机制设计

碳交易体系	碳减排目标	交易主体	分配方式	交易客体
欧盟碳交易体系（EUETS）	到2020年温室气体排放较1990年减少20%	能源密集型行业、航空、化工、制氨、电解铝	祖父法与拍卖相结合，免费配额比例逐渐下降	欧盟排放许可（EUA）1吨二氧化碳当量
区域温室气体减排行动（RGGI）	2020年碳排放量较2000年下降10%	2015年之前为大型工业、电力行业；2015年之后将民用、交通和其他工业领域加入	开始时免费分配与拍卖相结合，目前几乎全部拍卖	《京都议定书》规定的六种温室气体及三氟化氮、其他氟

续表

碳交易体系	碳减排目标	交易主体	分配方式	交易客体
日本东京都排放权交易体系	2020 年温室气体排放量较 2000 年下降 25%	城市办公建筑业	祖父制免费发放，且免费配额比例逐年降低	二氧化碳
澳大利亚碳排放交易体系（AU ETS）	2020 年温室气体排放量较 2000 年降低 5%，2050 年降低 80%	能源、交通、工业、矿业	免费分配与有偿分配相结合	二氧化碳、甲烷、二氧化氮、炼铝过程中产生的氢氟碳化物

芝加哥气候交易体系（Chicago Climate Change，CCX），于 2003 年成立。CCX 是一种新型的自愿性碳交易平台，各企业遵循自愿原则加入其中，采用互联网为主要交易平台，参与企业则以注册会员的方式加入其中。

日本碳交易体系则独具特点，分为国家级和地方级两大类交易市场，各层级交易系统相互独立，目前并未形成统一运行的体系。这一分层机制设计的原因在于各地区经济发展与碳减排目标有较大差异，有利于各地方政府根据各地情况制定政策目标，但同样地，不利于中央政府发挥整体调控的作用，不利于资源的充分流通。

区域温室气体减排行动（RGGI），是美国针对东北部 10 个州的发电行业的减排行动，是少数的只包含一个行业的温室气体排放交易市场。其中，配额大多数通过拍卖的方式发放，少数配额由政府定价出售，作为拍卖发放的补充方式。

作为一个新兴市场，近年来国际碳交易市场的规模不断扩大。全球碳交易市场在 2015 年的碳交易数量已经达到 61.98 亿吨二氧化碳当量，对应的成交金额达到 828.73 亿美元。

3.7.2　中国碳配额交易政策实践

为应对气候变化和实现经济低碳转型，我国在"十二五"时期规划中明确提出逐步建立碳排放权交易市场。目前，我国在国际上参与的主要是清洁发展机制（CDM），现已成为 CDM 项目的最大供应方。根据世界银行测算，中国可供的 CDM 项目占世界总需求的 50% 以上。我国自 2011 年起开始探索碳交易市场的建立，并开展碳交易试点。2013 年 6 月 18 日，我国第一个碳交易试点——深圳碳交易试点正式运行。随后，北京、天津、上海、湖北、重庆、广东碳交易试点陆续启动。随着碳交易试点工作的不断开展，中国目前已成为全球第二大碳交易市场。2017 年底，中国启动了全国碳排放交易体系。

碳配额交易市场机制一般包括总量设置、配额分配、覆盖范围以及惩罚机制等内容。对于行业覆盖范围，由于中国各地区经济发展和行业结构的差异，各试点省市纳入交易体系的行业类别也不同，但几乎都覆盖了电力、热力、建材、水泥、石化、钢铁等高耗能行业。广东省碳交易市场覆盖行业较为集中，仅有电力、钢铁、水泥和石化等四个行业，相比之下，上海和深圳纳入行业较为分散。各试点地区具体行业覆盖范围见表 3 - 3。

表 3 - 3　　　　　　中国碳配额交易试点覆盖行业范围

地区	覆盖行业范围
北京	电力、热力、制造业、建筑业以及其他工业
天津	钢铁、石化、化工、电力、热力、油气开采
上海	钢铁、石化、化工、电力、有色、建材、纺织、造纸、航空、港口、机场、铁路、商业、金融等 16 个行业
湖北	钢铁、化工、水泥、电力、有色、玻璃、造纸等高能耗、高排放行业
重庆	电解铝、电石、铁合金、烧碱、钢铁、水泥等高能耗行业
广东	电力、钢铁、水泥和石化四个行业，再逐步在第二阶段扩展到陶瓷、纺织、有色、塑料、造纸等工业行业
深圳	工业、交通业及建筑业

对于配额分配，当前主要的配额分配方式有拍卖和免费分配两种方式，免费分配又可以分为历史排放量法和历史强度法。在我国"两省五市"碳交易试点体系中，只有天津、广东、深圳三地采取了免费发放与拍卖相结合的方式，三地有偿配额比例分别为 5%、3% 和 10%。而北京、上海、湖北和重庆在试点期间则采取了配额全部免费发放的政策，在免费配额发放方式上，大部分试点地区侧重采用历史法（"祖父原则"），如北京、广东、湖北和重庆。各地在充分考虑了不同行业的发展特点的基础上，针对不同行业制定了不同的免费配额分配方法，详情如表 3 - 4 所示。

表 3-4 中国碳配额交易试点免费配额分配方法

地区	免费配额分配准则
北京	历史排放法：制造业、其他工业和服务业 历史强度法：供热企业和火力发电行业
天津	历史排放法：钢铁、石化、化工、油气开采既有产能 历史强度法：电力和热力
上海	历史排放法：除电力以外的工业和建筑业 历史强度法：无
湖北	历史排放法：除电力以外的工业 历史强度法：无
重庆	根据历史量与主管部门核定碳排放水平
广东	历史排放法：水泥和钢铁行业部分生产流程、石化 历史强度法：无
深圳	历史排放法：无 历史强度法：部分电力企业

从目前碳交易市场规模看，2016 年底中国二氧化碳核证自愿减排量（CCER）的交易总量达到 3955 万吨，交易金额约为 10.9 亿元，各省市平均价格区间为 18.24 元/吨二氧化碳～52.68 元/吨二氧化碳。2017 年底，7 个试点市场加上最近刚刚建立的福建碳交易市场已经累计完成 1.35 亿吨的碳排放权交易量，交易金额约达到 27.64 亿元，平均交易价格 32.20 元/吨二氧化碳。比较 2016 年和 2017 年的交易情况，试点市场的排放权交易总量在短短一年内增长了 2.4 倍，表明中国目前碳交易市场的发展潜力十分深厚。

3.8 本章小结

本章系统梳理了课题研究涉及的核心概念、基础理论、基本方法，以及国内外主要政策实践。1997 年《京都议定书》首次提出国家间碳排放贸易机制（ET），开启了以交易性环境管制政策实现国际碳减排的先河。这一制度设计的思想渊源来自早期的庇古税和科斯定理，庇古税从公平的角度证明私人负外部成本内部化的合理性，科斯定理则从效率的角度证明产权明晰条件下市场化手段对于处理负外部成本的有效性。实践中，碳配额交易制度包括市场交易的气体种类、受管制的控排主体范围、市场总体减排目标设定、配额总量在控排管制对象之间的分配方法、配额跨期使用以及碳价干预机制等多重构成要素，要素的多种组合以及制度设计的复杂性决定了科学的理论效果模拟和严谨的政策效果预判具有十分重要的研究价值和现实意义。

碳市场制度设计的有效性总体体现为市场所实现的福利总量及其分布，福利总量是指实现既定减排目标时交易环境下社会减排总成本相对于无交易环境下总减排成本的节约额，成本节约越多证明市场效率越高。福利分布则反映了成本总节约额在不同控排主体之间的分配情况，分配越均衡证明市场公平程度越高。利用参数法、非参数法、一般均衡分析、能源系统模型及多种耦合方法可以测度市场出清条件下的社会福利总量及其在交易主体之间的分布。

以福利效应体现的生产成本变化计入出口产品价格时，会影响产品的国际竞争力。"污染天堂假说"和"波特假说"给出了国际竞争力变化的两种可能的结果，相同的是两类学说都忽视了国际市场竞争可能引起的出口商环境成本 – 出口价格的不完全传递。成本 – 价格的不完全传递效应取决于出口商计价时的成本加成率，会计法、需求法和生产法提供了成本加成率的实际测算方法。

国内外碳交易政策实践从市场构成要素角度展示了各个国家或各个地区碳交易市场的历史演进与现实选择，为后续研究中多政策情景模拟提供了具有现实性的参考方案。

第二部分　多情景模拟下统一碳交易对我国出口竞争力的"成本传导效应"评估与政策研究

这一部分，我们分别采用参数法、非参数法和可计算一般均衡模型等不同的模拟技术估算市场参与方的减排成本，通过设置碳市场的不同机制方案，模拟多种机制情景下的交易均衡，并依据均衡下的福利效应变化分析和评估不同交易机制的成本有效性。

从目前宏观减排任务的实际落实方式看，总量减排目标一般有两种分解方式：一是以行政区域为基本单元进行任务目标的层层分解。例如，"十三五"期间我国低碳发展总体目标为"2020年碳强度相对于2015年下降18%"，该任务目标首先被分解到各省级行政区域（如北京17%，甘肃14%，陕西13%等），之后再由各省级主管部门将任务目标进一步下沉分解到所辖的行政区域。另一种分解方式是按行业分解，即各级行政区域依据分解到的任务目标编制涉及工业、建筑、交通等不同行业和领域的细分目标。鉴于此，为全面评估碳交易政策对经济不同领域的影响，我们在每一章的研究中都分别选择了以行业和区域作为碳交易覆盖的控排主体和交易单元，模拟构建了行业间碳交易市场和区域间碳交易市场两大不同类型的市场，从行业和区域两大视角全面评估了多种碳市场机制设计的成本有效性。

第4章　基于参数法的成本传导效应评估与政策研究

4.1　基于参数法的边际减排成本模型

4.1.1　方向性距离函数

本章建立一个"多投入－多产出"的生产模型，并将投入变量记为 x，期望产出变量记为 y，非期望产出变量记为 b，则生产可能集 $P(x)$ 可以表示为：

$$P(x) = \{(b,\ y),\ x\ 能生产\ (b,\ y)\} \tag{4.1}$$

该生产可能集满足以下5个条件：

（1）生产可能集 $P(x)$ 是一个闭集，即 $P(0) = \{0,\ 0\}$，也就是当不进行生产投入时，期望产出与非期望产出就不可能产生；

（2）投入具有强可处置性，也就是说当 $x' \geqslant x$ 时，$P(x) \in P(x')$；

（3）非期望产出具有弱可处置性，如果 $(b,\ y) \in P(x)$，并且 $0 \leqslant \theta \leqslant 1$，则 $(\theta b,\ \theta y) \in P(x)$，说明减少非期望产出的同时期望产出也必将减少；

（4）期望产出具有强可处置型，$(b,\ y) \in P(x)$，如果 $y' \leqslant y$，则 $(b,\ y') \in P(x)$，该假设说明减少期望产出不需要同时减少非期望产出；

（5）期望产出和非期望产出满足零结合假设，如果 $(b,\ y) \in P(x)$ 并且 $b = 0$，则 $y = 0$，该假设表示生产期望产出，非期望产出不可能不生产，两者是联合生产的。

定义一个方向性距离函数来表示生产可能集，首先需要构造方向向量 $g = (g_b,\ g_y)$，其中，g_y 表示非期望产出变动的方向及大小，g_b 表示非期望产出变动的方向及大小，并且一般为负值。因此，方向性距离函数可以被定义为：

$$\vec{D}_0(x,\ b,\ y;\ g_b,\ g_y) = \max\{\beta:\ (b+\beta g_b,\ y+\beta g_y) \in P(x)\} \quad (4.2)$$

其中，$\beta = \vec{D}_0(x,\ b,\ y;\ g_b,\ g_y)$。如果方向性距离函数的值为 0，则表示生产单元在生产前沿面上，它是技术有效的；而如果方向性距离函数的值大于 0，则表示生产单元的生产是无效率的，并且值越大，这种无效率程度就越大。

根据方向性距离函数自身的定义，其需要满足以下 6 个性质：

（1）如果 $(b,\ y) \in P(x)$，则 $\vec{D}_0(x,\ b,\ y;\ g_b,\ g_y) \geqslant 0$，即方向性距离函数的值不小于 0；

（2）$\vec{D}_0(x,\ b,\ y;\ g_b,\ g_y)$ 关于 x 递增，也就是当期望产出与非期望产出不变时，投入增加生产单元的无效率程度也就越大；

（3）$\vec{D}_0(x,\ b,\ y;\ g_b,\ g_y)$ 关于 b 递增，也就是当投入与期望产出不变时，非期望产出的增加会导致生产单元的无效率程度增大；

（4）$\vec{D}_0(x,\ b,\ y;\ g_b,\ g_y)$ 关于 y 递减，也就是当投入与非期望产出不变时，生产单元的无效率程度随着期望产出的增加而减少；

（5）由于生产可能集必须满足零结合假设，也就是说当期望产出为 0，非期望产出大于 0 时，该情况技术上是不可能实现的；

（6）对于任意正数 α，$\vec{D}_0(x,\ b+\alpha g_y,\ y+\alpha g_y;\ g_b,\ g_y) = \vec{D}_0(x,\ y,\ b;\ g_b,\ g_y) - \alpha$。该性质也被称为平移性质。这个性质表明，如果一个企业期望产出增加 αg_y，同时非期望产出减少 $-\alpha g_b$，那么方向性距离函数减少了 α，也就是说这个企业生产效率得到了提高。

选取二次型函数来表示参数化方向性距离函数。在方向向量的选取上，不同的方向向量表示不同的生产单元到达生产前沿面的途径，所得非期望产出的边际减排成本也有所不同。一般来说，平缓的方向向量侧重于减少非期望产出，所得边际减排成本更高；反之，陡峭的方向向量侧重于增加期望产出，所得边际减排成本更小。常用的方向向量有 $(-1, 0)$、$(0, 1)$、$(-1, 1)$，其中，$(-1, 0)$ 表示减少非期望产出的同时保持期望产出不变、$(0, 1)$ 表示增加期望产出的同时非期望产出保持不变、$(-1, 1)$ 表示期望产出增加的同时非期望产出同比例减少。相比较而言，三个方向向量所得边际减排成本从小到大依次为 $(0, 1)$、$(-1, 1)$，$(-1, 0)$（见图 4-1）。

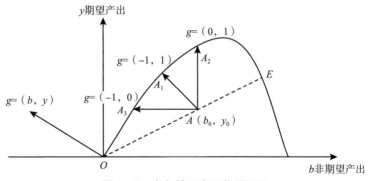

图 4 - 1 方向性距离函数原理图

本章选取的方向向量为 $g_1 = (-1, 1)$，该方向向量有利于节约参数，满足转移特性，最为符合当前的减排政策环境。因此，方向性距离函数的具体函数形式如下：

$$\vec{D}_0(x, b, y; -1, 1) = \alpha_0 + \sum_{n=1}^{N} \alpha_n x_n + \sum_{i=1}^{I} \beta_i y_i + \sum_{j=1}^{J} \gamma_j b_j +$$

$$\frac{1}{2} \sum_{n=1}^{N} \sum_{n'=1}^{N} \alpha_{n,n'} x_n x_{n'} + \frac{1}{2} \sum_{i=1}^{I} \beta_i' y_i^2 + \frac{1}{2} \sum_{j=1}^{J} \gamma_j' b_j^2 +$$

$$\sum_{n=1}^{N} \sum_{i=1}^{I} \mu_{in} x_n y_i + \sum_{n=1}^{N} \sum_{j=1}^{J} \eta_{jn} x_n b_j + \sum_{j=1}^{J} \sum_{i=1}^{I} \psi_{ij} y_i b_j$$

$$(4.3)$$

其中，N、I、J 分别为投入变量、期望产出能量、非期望产出变量的个数。

4.1.2 非期望产出的边际减排成本

令 $l = (l_1, \cdots, l_N)$、$p = (p_1, \cdots, p_I)$ 和 $q = (q_1, \cdots, q_J)$ 分别表示投入、期望产出以及非期望产出的价格量。已知投入量、期望产出、非期望产出，因此生产的利润函数可以表示为：

$$R(l, p, q) = \max_{x,y,b} \{py + qb - lx, (b, y) \in P(x)\} \quad (4.4)$$

因为非期望产出具有弱处置性，减少非期望产出必定会减少期望产出，从而导致利润的减少，因此，非期望产出的价格为负，非期望产出与利润负相关，从而得出减排是需要成本的。

因为生产单元 (b, y) 总是在生产前沿的面上或者内部，即 $\vec{D}_0(x, b, y; g_b, g_y) \geq 0$。因此，利润函数也可以表示为：

$$R(l, p, q) = \max_{x,y,b} \left\{ py + qb - lx, \vec{D}_0(x, b, y; g) \geq 0 \right\} \quad (4.5)$$

当 $(b, y) \in P(x)$ 时，沿着方向向量使得在生产前沿面内部的生产单元到达生产前沿面。因此，下式成立：

$$(b + \beta g_b, y + \beta g_y) = \Big\{ (b + \vec{D}_0(x, y, b; g) \cdot g_b, y + \vec{D}_0(x, y, b; g) \cdot g_y) \in P(x) \Big\} \tag{4.6}$$

因此，利润函数还可以表述为：

$$R(l, p, q) \geq (q, p)\Big(b + \vec{D}_0(x, y, b; g) \cdot g_b, y + \vec{D}_0(x, y, b; g) \cdot g_y\Big) - lx \tag{4.7}$$

或者写成：

$$R(l, p, q) \geq (py + qb - lx) + p\vec{D}_0(x, y, b; g) \cdot g_y + q\vec{D}_0(x, y, b; g) \cdot g_b \tag{4.8}$$

不等式的左边表示所得的最大利润，不等式的右边等于实际的利润与消除生产单元无效率后的额外收益的总和。此额外收益由两部分组成，其中一部分是由期望产出的增加带来的收益，即 $p\vec{D}_0(x, y, b; g) \cdot g_y$；而另一部分的额外收益是由于非期望产出的减少，从而避免了减排支出，即 $q\vec{D}_0(x, y, b; g) \cdot g_b$。

整理不等式，可得：

$$\vec{D}_0(x, b, y; g) \leq \frac{R(l, p, q) - (py + qb - lx)}{pg_y + qg_b} \tag{4.9}$$

如果一个生产单元沿着给定的方向向量从生产前沿内部到达生产前沿上，该生产单元就从无效率变为有效率的，不等式也会成为等式。因此，方向性距离函数也可以表示为：

$$\vec{D}_0(x, b, y; g) = \min_p \Big\{ \frac{R(l, p, q) - (py + qb - lx)}{pg_y + qg_b} \Big\} \tag{4.10}$$

根据数据包络定理，我们可以得到如下等式：

$$\nabla_y \vec{D}_0(x, b, y; g) = \frac{p}{pg_y + qg_b} \leq 0 \tag{4.11}$$

$$\nabla_b \vec{D}_0(x, b, y; g) = \frac{q}{pg_y + qg_b} \geq 0 \tag{4.12}$$

上式相除得到：

$$q = p \cdot \frac{d\vec{D}_0(x, b, y; g_b, g_y)/dx}{d\vec{D}_0(x, b, y; g_b, g_y)/dy} \tag{4.13}$$

上述等式为非期望产出影子价格的表达式。根据等式发现，可以通过期望产出的价格求解非期望产出的影子价格，非期望产出的影子价格表示当生产单元在生产前沿面上，即生产单元有效时，每减少一单位的非期望产出造成期望产出的减少量，这与非期望产出边际减排成本的含义是一致的。

因此，当假设期望产出的价格为 1，则非期望产出的边际减排成本为：

$$
q = \frac{\mathrm{d}\vec{D}_0(x,\ b,\ y;\ g_b,\ g_y)/\mathrm{d}b}{\mathrm{d}\vec{D}_0(x,\ b,\ y;\ g_b,\ g_y)/\mathrm{d}y}
$$

$$
= \frac{\sum\limits_{j=1}^{J}\gamma_j + \sum\limits_{j=1}^{J}\gamma_j' b_j + \sum\limits_{n=1}^{N}\sum\limits_{j=1}^{J}\eta_{jn}x_n + \sum\limits_{j=1}^{J}\sum\limits_{i=1}^{I}\psi_{ij}y_i}{\sum\limits_{i=1}^{I}\beta_i + \sum\limits_{i=1}^{I}\beta_i' y_i + \sum\limits_{n=1}^{N}\sum\limits_{i=1}^{I}\mu_{in}x_n + \sum\limits_{j=1}^{J}\sum\limits_{i=1}^{I}\psi_{ij}b_j} \tag{4.14}
$$

4.1.3 方向性距离函数的参数估计

基于安吉尔等（Aigner et al.，1968）提出的线性规划求解方法，建立如下的 LP 模型，最终求解得出式（4.3）中的参数。在满足同一前沿和方向性距离函数六个基本性质的约束下，令各生产单元无效率值总和最小。

$$
\mathrm{Min}\sum_{t=1}^{T}\sum_{h=1}^{H}(\vec{D}_0(x,b,y;\ -1,1) - 0)
$$

$$
\mathrm{s.\,t.}\begin{cases} \vec{D}_0(x,\ b,\ y;\ -1,\ 1) \geqslant 0 \\[2mm] \dfrac{\partial\vec{D}_0(x,\ b,\ y;\ -1,\ 1)}{\partial y} \leqslant 0 \\[2mm] \dfrac{\partial\vec{D}_0(x,\ b,\ y;\ -1,\ 1)}{\partial b} \geqslant 0 \\[2mm] \dfrac{\partial\vec{D}_0(x,\ b,\ y;\ -1,\ 1)}{\partial x} \leqslant 0 \\[2mm] \vec{D}_0(x,\ 0,\ y;\ -1,\ 1) < 0 \\[2mm] \beta_i - \gamma_j = -1 \\[1mm] \beta_i' = \gamma_j' = \psi_{ij} \\[1mm] \mu_{in} = \eta_{jn} \\[1mm] \alpha_{nn'} = \alpha_{n'n} \end{cases} \tag{4.15}
$$

其中, $t=1$, …, T 表示不同年份, $h=1$, …, H 表示不同行业。

约束条件（1）表示方向性距离函数值大于等于 0，即生产单元必定在生产前沿上或者生产前沿的内部；约束条件（2）~（4）分别表示方向性距离函数关于 x、b 递增、y 递减，即仅仅增加投入、增加非期望产出、减少期望产出会造成生产单元无效率值的增加；约束条件（5）表示生产过程中需满足零结合假设；约束条件（6）~（9）确保在生产过程中增加期望产出的同时同比例减少非期望产出、方向性距离函数满足平移性质以及二次项函数的对称性。

4.2　行业成本传导效应多情景模拟评估与政策比较

本节选取中国主要工业行业作为生产单元和碳交易覆盖的控排主体，在测算和拟合行业边际减排成本曲线的基础上，通过设置减排目标和配额分配方案的不同场景，模拟多种情景下行业间碳交易市场的均衡，并依据福利效应变化分析并评估不同交易机制设计在各行业呈现出的成本有效性。

4.2.1　行业边际减排成本测算

1. 行业选取

以工业内部的二位数代码行业作为研究对象，区间设定为 2005 ~ 2016 年。由于中国《国民经济行业分类》自 1984 年首次发布后，分别于 1994 年、2002 年、2011 年和 2017 年进行过四次修订，期间涉及前后行业分类标准不一致的问题。本书选取 2011 年版的《国民经济行业分类》作为基准分类，对各时期的行业数据进行了相应调整。2011 年的国民经济行业分类标准将工业分为三个门类（采矿业；制造业；电力、热力、燃气及水的生产和供应业），41 个大类和 193 个门类。

具体处理方式，以 2002 年的行业调整为例：

（1）行业名称不一致的处理。本书以 2011 年版的《国民经济行业分类》为标准，选取工业二位数代码行业最新的名称。将 2002 年版的《国民经济行业分类》中"饮料制造业""通信设备、计算机及其他电子设备制造业""废弃资源和废旧材料回收加工业"，分别命名为"酒、饮料和精制茶制造业""计算机、通信及其他电子设备制造业""废弃资源综合利用业"。

（2）部分二位数代码行业的拆分与合并。2011 年版的《国民经济行业分类》将"橡胶制品业"和"塑料制品业"合并为同一大类"橡胶和塑料制品业"，将"交通运输设备制造业"拆分为"汽车制造业"和"铁路、船舶、航空航天和其他运输设备制造业"。为了更详尽地反映出各工业行业间的情况，选择拆分后的行业作为研究对象，即分别研究"橡胶制品业""塑料制品业""汽车制造业"以及"铁路、船舶、航空航天和其他运输设备制造业"等行业。

（3）新增行业的处理。"石油和天然气开采业"中的"与石油和天然气开采有关的服务活动"并入了新增的"开采辅助活动"中，由于调入和调出数值较小，选择忽略不计，故将 2012～2016 年"开采辅助活动"重新并入"石油和天然气开采业"。新增"金属制品、机械和设备修理业"，该新增的二位数代码行业都是其他四位数行业部分调入构成的，暂不作为单独行业进行考虑。

（4）四位数代码行业整体调入调出。"19 皮革、毛皮、羽毛及其制品和制鞋业"中，调入的原"1820 纺织面料鞋的制造""2960 橡胶靴鞋制造""3081 塑料鞋制造"，分别来源于原"18 纺织服装、服饰业""29 橡胶制品业""30 塑料制品业""24 文教、工美、体育和娱乐用品制造业"中。调入原"工艺美术品制造"，来源于原"42 工艺品及其他制造业""31 黑色金属冶炼和压延加工业"中。调入原"3591 钢铁铸件制造"，来源于原"35 通用设备制造业""33 金属制品业"中。调入原"3592 锻件及粉末冶金制品制造""3663 武器弹药制造""3792 交通管理用金属标志及设施制造"，分别来源于原"35 通用设备制造业""36 专用设备制造业""37 交通运输设备制造业""34 通用设备制造业"中。调入原"文化、办公用机械制造"，来源于原"41 仪器仪表及文化办公用机械制造业""37 铁路、船舶、航天航空和其他运输设备制造业"中。调入原"3669 航空、航天及其他专用设备制造"，来源于原"36 专用设备制造业"。

（5）部分四位数代码行业处理。研究涉及四位数代码行业在两位数代码行业间的调整处理，对于部分调入和调出不能拆分整合，或由于调入调出引起变动极小的部分四位数行业，研究中选择暂不做处理。

解决行业分类标准不一致的问题后，本书将工业分为 40 个行业，见表 4-1。

表 4－1 中国工业二位数代码行业分类

门类	序号	代码	行业名称
采矿业	1	06	煤炭开采和洗选业
	2	07	石油和天然气开采业
	3	08	黑色金属矿采选业
	4	09	有色金属矿采选业
	5	10	非金属矿采选业
	6	12	其他采矿业
制造业	7	13	农副食品加工业
	8	14	食品制造业
	9	15	酒、饮料和精制茶制造业
	10	16	烟草制造业
	11	17	纺织业
	12	18	纺织服装、服饰业
	13	19	皮革、毛皮、羽毛及其制品和制鞋业
	14	20	木材加工及木、竹、藤、棕、草制品业
	15	21	家具制造业
	16	22	造纸及纸制品业
	17	23	印刷业和记录媒介的复制
	18	24	文教、工美、体育和娱乐用品制造业
	19	25	石油加工、炼焦及核燃料加工业
	20	26	化学原料及化学制品制造业
	21	27	医药制造业
	22	28	化学纤维制造业
	23	29	橡胶制品业
	24	29	塑料制品业
	25	30	非金属矿物制品业
	26	31	黑色金属冶炼及压延加工业
	27	32	有色金属冶炼及压延加工业
	28	33	金属制品业
	29	34	通用设备制造业
	30	35	专用设备制造业
	31	36	汽车制造业
	32	37	铁路、船舶、航空航天和其他运输设备制造业

续表

门类	序号	代码	行业名称
制造业	33	38	电气机械及器材制造业
	34	39	计算机、通信及其他电子设备制造业
	35	40	仪器仪表制造业
	36	41	其他制造业
	37	42	废弃资源综合利用业
电力、热力、燃气及水的生产和供应业	38	44	电力、热力的生产和供应业
	39	45	燃气生产和供应业
	40	46	水的生产和供应业

2. 数据来源与处理

本书的时间跨度为 2005 ~ 2016 年，根据我国工业行业实际的投入产出情况，选取资本存量、劳动力、能源消耗作为投入变量，工业增加值作为期望产出，二氧化碳排放量为非期望产出。

（1）资本存量。

首先，依据式（4.16）中的永续盘存法对各工业行业的资本存量进行估算，

$$K_t = I_t + (1 - \delta_t) K_{t-1} \tag{4.16}$$

其中，K_t、K_{t-1} 分别表示第 t、$t-1$ 年的资本存量；I_t 表示第 t 年的新增投资额；δ_t 表示第 t 年的折旧率。为得到各期的资本存量，首先需要知道资本存量的基期值、新增投资额、分行业的折旧率以及固定资产投资价格指数等，所涉及的数据均来源于各年《中国统计年鉴》以及 2004 年、2008 年、2013 年《中国经济普查年鉴》。

①基期资本存量。

采用陈诗一（2010）估算的 38 个工业行业 2004 年资本存量值，根据行业分类调整步骤得到本书对应的 40 个工业行业 2004 年的基期资本存量。

②新增投资额。

2004 ~ 2011 年分行业固定资产投资数据缺失，以工业固定资产投资总额按照各行业占规模以上工业生产总值比例进行估算，在以固定资产投资价格指数（2005 = 100）进行平减后得到分行业固定资产投资实际值。

③折旧率。

借鉴陈诗一（2010）的方法，以 2005 ~ 2016 年二位数代码工业行业的

固定资产原值和净值数据，推算 2005～2016 年各行业当年折旧率。具体计算公式如下：

$$累计折旧_t = 固定资产原值_t - 固定资产净值_t$$
$$本年折旧_t = 累计折旧_t - 累计折旧_{t-1}$$
$$折旧率_t = 本年折旧_t / 固定资产原值_{t-1} \qquad (4.17)$$

最终得到 2005～2016 年 40 个工业大类行业的折旧率。

（2）劳动力。

采用工业企业平均从业人数表示劳动投入，基础数据来源于 2005～2011 年《中国统计年鉴》、2012～2016 年《中国劳动统计年鉴》以及 2004 年、2008 年、2013 年《中国经济普查年鉴》。

（3）能源消耗。

选取能源消费量表示能源投入，数据来源于 2006～2017 年《中国能源统计年鉴》。

（4）期望产出。

选用工业增加值表示期望产出，数据来源于 2005～2017 年《中国统计年鉴》。

（5）非期望产出。

将工业生产中排放的二氧化碳作为非期望产出，考虑了工业使用最广泛的八大能源品种：原煤、焦炭、原油、汽油、煤油、柴油、燃料油和天然气，计算出工业各行业的二氧化碳排放量，具体计算公式为：

$$CO_2 = \sum_{i=1}^{n} CO_{2,i} = \sum_{i=1}^{n} Q_i \times \beta_i \times \gamma_i \times \frac{44}{12} \qquad (4.18)$$

其中，$CO_{2,i}$ 表示第 i 种能源的二氧化碳排放量；Q_i、β_i、γ_i 分别表示第 i 种能源的能源消费总量、标准煤折算系数以及碳排放系数，数据来源于 2006～2017 年《中国能源统计年鉴》及《IPCC 国家温室气体清单指南》（见表 4-2）。

表 4-2　　　　　　八大能源品种的折标准煤系数和碳排放系数

品种	原煤	焦炭	原油	汽油	煤油	柴油	燃料油	天然气
折标	0.7143	0.9713	1.4286	1.4714	1.4714	1.4571	1.4286	13.3
碳排	0.7559	0.855	0.5857	0.5535	0.5741	0.5921	0.6185	0.4483

注：除天然气的折标准煤系数单位为 tce/10^4 平方米，其余能源品种的折标准煤系数单位为 tce/t；各能源品种二氧化碳排放系数单位为 tc/tce。

表 4 – 3 描述了最终形成的投入 – 产出数据集的统计特征。

表 4 – 3　　　2005 ~ 2016 年 40 个工业行业投入 – 产出变量的统计特征

	变量	单位	观测值	均值	标准差	最小值	最大值
投入变量	资本存量	亿元	480	12471.62	16151.29	6.22	122433.35
	企业从业平均人数	万人	480	316.43	263.85	0.40	1136.41
	能源消费量	万吨	480	6435.72	12466.98	41.00	69342.00
产出变量	工业增加值	亿元	480	4202.71	4155.12	2.92	23811.68
	二氧化碳排放量	万吨	480	23343.71	62235.52	0.76	381628.30

资料来源：课题组计算整理。

从标准差来看，标准差最大和最小的变量分别是二氧化碳排放量和企业从业平均人数，说明 2005 ~ 2016 年间，各行业的二氧化碳排放量变化最剧烈，企业从业平均人数变化最为平缓。从最大值与最小值来看，2005 ~ 2016 年 40 个工业行业投入 – 产出变量差距较大，其中二氧化碳排放量的差距最大。

3. 测算结果与分析

本书涉及的投入产出变量数据较多且量纲不同，因此在模型运行程序之前，首先对各变量取对数值，以避免出现模型不收敛的问题。

利用 MATLAB 软件编程并计算出 2005 ~ 2016 年中国工业各行业每年的边际减排成本，输出结果均为负值，这意味着减排是需要成本的。为了分析简便，在研究过程中对边际减排成本取绝对值。

（1）测算结果的描述性统计。

从平均值来看，各工业行业碳边际减排成本总体保持着一个年均 11.5% 的高速度逐年递增。截止到 2016 年，工业行业的平均边际减排成本已经达到 6009.95 元/吨。其中，2011 年行业平均成本陡增，主要原因是其他采矿业边际减排成本的大幅度增加。

从标准差、最大值与最小值来看，行业间的边际减排成本具有极大的差异性，且随着时间差异越来越明显，行业标准差从 2005 年的 2517.7 增长到 2016 年 15397.9，增幅达到 511.58%（见表 4 – 4）。

表4-4 2005~2016年40个工业行业的边际减排成本描述性统计表

年份	平均值	标准差	最大值	最小值
2005	1803.3	2517.7	11377.5	6.2
2006	1749.9	2620.3	14265.4	5.3
2007	1985.6	3289.7	19034.6	5.0
2008	2302.6	4002.5	22875.4	4.6
2009	2541.1	4625.4	27419.6	3.5
2010	2468.5	4870.7	29530.5	3.1
2011	4729.6	11876.0	71872.2	2.7
2012	3382.9	6583.4	39139.3	1.8
2013	3631.8	7347.4	44366.9	0.9
2014	4240.5	9024.6	54560.8	0.7
2015	4868.6	10845.2	65749.9	0.7
2016	6010.0	15397.9	96280.9	0.6
2005~2016	3309.5	6322.4	37466.5	3.0

资料来源：课题组计算整理。

（2）测算结果的一般水平。

本书所得二氧化碳边际减排成本均值与中国已有研究成果相关情况汇总为表4-5。对比发现，不同的研究对象、研究层面、时间范围、测算方法等，都会对计算结果造成重大影响。与陈诗一（2010）的研究结果相比，本书所得二氧化碳边际减排成本变化趋势基本一致，但数值偏小，这主要是因为研究中对方向性距离函数加入了关于投入变量的递减约束。从各研究看，中国省域二氧化碳边际减排成本一般小于全域或省域工业行业边际减排成本值，从而证明工业相对于其他部门减排难度较高（见表4-5）。

表4-5 二氧化碳边际减排成本研究汇总表

项目	作者	研究对象	样本	方法	价格（元/吨）
1	本研究	全国-工业	40	P/Q-DDF	3309.53
2	袁鹏（Yuan P.）等（2012）	全国-工业	24	N/DDF	16360
3	陈诗一（2010）	全国-工业	38	P/T-DDF N/DDF	32687 26829

项目	作者	研究对象	样本	方法	价格（元/吨）
4	周讯等（2015）	上海 – 工业	10	P/T – SIDF P/T – SODF P/Q – DDF N/DDF	678 395 582 1908
5	陈立芸等（2014）	天津 – 工业	28	N/DDF	766
6	乔伊等（2012）	全国 – 省份	30	N/SBM – DEA	56
7	张兴平等（2014）	全国 – 省份	30 30	P/T – SODF P/Q – DDF	24 80
8	王群伟等（2011）	全国 – 省份	28	N/DDF	475
9	何晓萍（2015）	全国 – 省份	29	P/T – DDF	104

注：N 为非参数方法；P 为参数方法；T 为超越对数形式；Q 为二次函数形式；SODF 为谢泼德输出距离函数；SIDF 为谢泼德输入距离函数；DDF 为方向性距离函数；DEA 为数据包络分析。

4.2.2　行业碳边际减排成本的差异性分析

研究测算所得的二氧化碳边际减排成本发现，工业行业间存在明显的差异性。为深入剖析行业间二氧化碳边际减排成本的差异，本书首先将 40 个工业行业分为 4 类，进而分析类间行业成本的不同，从而提出共同但有区别的减排建议。

4.2.2.1　行业分类及特征

1. 行业分类

国家发展和改革委员会应对气候变化司司长苏伟（2015）提出"'十三五'时期我们将继续制定控制温室气体排放的强度控制目标，并且在强度上要提高要求，同时研究并逐步引入碳排放总量控制目标，实现强度和总量'双控'。"因此，本书以碳排放强度和排放总量两个减排控制目标对 40 个工业行业进行分类。不同于以往学者采用两指标的绝对值量进行的主观分类（吕可文等，2012；张新林等，2017），本书利用 SPSS 软件，采用碳排放强度与碳排放量的相对值，按照从小到大的排名顺序对 40 个工业行业进行客观聚类，具体的指标值见表 4 – 6。

表4-6　　　　　　**40个工业行业碳排放量及碳排放强度平均排名**

序号	代码	大类行业	总量排名	强度排名
1	06	煤炭开采和洗选业	35	36
2	07	石油和天然气开采业	32	26
3	08	黑色金属矿采选业	18	23
4	09	有色金属矿采选业	10	16
5	10	非金属矿采选业	25	30
6	12	其他采矿业	1	18
7	13	农副食品加工业	30	22
8	14	食品制造业	28	28
9	15	酒、饮料和精制茶制造业	27	25
10	16	烟草制造业	5	1
11	17	纺织业	31	24
12	18	纺织服装、服饰业	12	11
13	19	皮革、毛皮、羽毛及其制品和制鞋业	9	6
14	20	木材加工及木、竹、藤、棕、草制品业	15	21
15	21	家具制造业	7	7
16	22	造纸及纸制品业	33	32
17	23	印刷业和记录媒介的复制	8	8
18	24	文教、工美、体育和娱乐用品制造业	6	4
19	25	石油加工、炼焦及核燃料加工业	39	40
20	26	化学原料及化学制品制造业	37	35
21	27	医药制造业	26	20
22	28	化学纤维制造业	24	29
23	29	橡胶制品业	17	27
24	29	塑料制品业	14	15
25	30	非金属矿物制品业	36	37
26	31	黑色金属冶炼及压延加工业	38	38
27	32	有色金属冶炼及压延加工业	34	31
28	33	金属制品业	21	13
29	34	通用设备制造业	29	17
30	35	专用设备制造业	19	14
31	36	汽车制造业	22	10
32	37	铁路、船舶、航空航天和其他运输设备制造业	13	12
33	38	电气机械及器材制造业	20	5
34	39	计算机、通信及其他电子设备制造业	11	2
35	40	仪器仪表制造业	3	3
36	41	其他制造业	16	33
37	42	废弃资源综合利用业	4	19
38	44	电力、热力的生产和供应业	40	39

续表

序号	代码	大类行业	总量排名	强度排名
39	45	燃气生产和供应业	23	34
40	46	水的生产和供应业	2	9

资料来源：课题组计算整理。

所得聚类谱系见图 4 - 2。

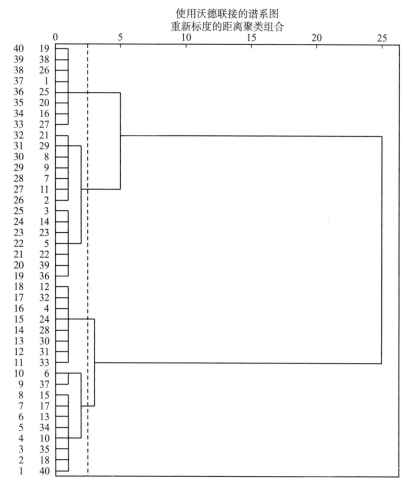

使用沃德联接的谱系图
重新标度的距离聚类组合

图 4 - 2　聚类谱系图

根据聚类谱系图，40 个行业被分成四类：Ⅰ 型、Ⅱ 型、Ⅲ 型、Ⅳ 型，具体分布情况见图 4 - 3。

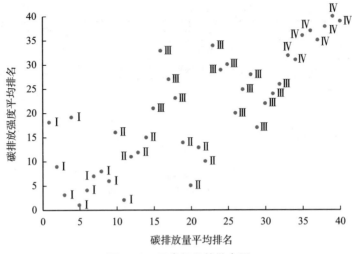

图 4-3　四类行业的散点图

图 4-3 中，横坐标为碳排放量排名，其排名越高，表示碳排放量越大；纵坐标为碳排放强度平均排名，其排名越高，表示碳排放强度越大。Ⅰ、Ⅱ型行业相比Ⅲ、Ⅳ型行业具有更低的碳排放强度，在同等碳排放强度水平下，Ⅰ型行业比Ⅱ型行业、Ⅲ型行业比Ⅳ型行业具有更低的碳排放量。据此，将四类行业分别定义为：Ⅰ型为"低碳强低碳排"型、Ⅱ型为"低碳强高碳排"型、Ⅲ型为"高碳强低碳排"型、Ⅳ型为"高碳强高碳排"型，表 4-7 汇总了各类型涵盖的具体行业。

表 4-7　　　　　　　　　　四类行业的具体划分

	低碳排	高碳排
高碳强	石油和天然气开采业 黑色金属矿采选业 非金属矿采选业 农副食品加工业 食品制造业 酒、饮料和精制茶制造业 纺织业 木材加工及木、竹、藤、棕、草制品业 医药制造业 化学纤维制造业 橡胶制品业 通用设备制造业 其他制造业 燃气生产和供应业	煤炭开采和洗选业 造纸及纸制品业 石油加工、炼焦及核燃料加工业 化学原料及化学制品制造业 非金属矿物制品业 黑色金属冶炼及压延加工业 有色金属冶炼及压延加工业 电力、热力的生产和供应业 煤炭开采和洗选业

	低碳排	高碳排
低碳强	其他采矿业 烟草制造业 皮革、毛皮、羽毛及其制品和制鞋业 家具制造业 印刷业和记录媒介的复制 文教、工美、体育和娱乐用品制造业 计算机、通信及其他电子设备制造业 仪器仪表制造业 废弃资源综合利用业 水的生产和供应业	有色金属矿采选业 纺织服装、服饰业 塑料制品业 金属制品业 专用设备制造业 汽车制造业 铁路、船舶、航空航天和其他运输设备制造业 电气机械及器材制造业

资料来源：课题组计算整理。

2. 行业特征

从投入产出变量的角度对这四类行业的特征进行分析。如表 4 - 8 所示，四类行业的平均能源投入和二氧化碳排放量大小顺序一致，均为Ⅳ > Ⅲ > Ⅱ > Ⅰ；四类行业的平均资本投入和工业增加值大小顺序一致，均为Ⅳ > Ⅱ > Ⅲ > Ⅰ；四类行业的平均劳动投入大小顺序为Ⅱ > Ⅳ > Ⅲ > Ⅰ。

表 4 - 8　　　　　　　　四类行业的投入产出变量比较

		Ⅰ	Ⅱ	Ⅲ	Ⅳ	顺序
投入变量	资本存量	4924.5501	13063.3192	9211.1502	27019.5903	Ⅳ > Ⅱ > Ⅲ > Ⅰ
	企业从业平均人数	226.0734	450.7609	243.7474	422.2469	Ⅱ > Ⅳ > Ⅲ > Ⅰ
	能源消费量	596.6083	1914.1255	2418.0057	25287.2188	Ⅳ > Ⅲ > Ⅱ > Ⅰ
产出变量	二氧化碳排放量	253.7569	1306.4976	3341.0647	109247.9916	Ⅳ > Ⅲ > Ⅱ > Ⅰ
	工业增加值	2617.2311	4693.2882	3136.4185	7559.9884	Ⅳ > Ⅱ > Ⅲ > Ⅰ

资料来源：课题组计算整理。

进一步选取资本产出比、煤炭类能源消费占比、单位能耗的工业增加值这三项指标，其分别表示行业资本密集度、能源结构以及能源利用效率，具体结果见表 4 -9。

表 4 - 9　　　　　　　　　　　2005～2016 年四类行业的指标比较

年份	资本产出比（%）				煤炭类能源消费占比（%）				能源利用效率（万元/吨标煤）			
	I	II	III	IV	I	II	III	IV	I	II	III	IV
2005	1.02	1.16	1.67	2.80	57.00	72.76	72.07	77.68	3.11	1.47	0.77	0.20
2006	1.10	1.28	1.77	2.80	54.40	72.38	74.48	78.38	3.07	1.52	0.80	0.21
2007	1.17	1.40	1.86	2.76	57.88	73.87	74.94	78.78	3.39	1.74	0.88	0.23
2008	1.26	1.58	1.96	2.91	55.57	70.18	73.70	78.79	3.61	1.88	0.96	0.25
2009	1.46	1.85	2.14	3.14	57.03	71.24	74.08	79.32	3.80	2.13	1.09	0.26
2010	1.55	2.03	2.30	3.22	58.25	69.63	74.79	78.21	4.01	2.20	1.21	0.28
2011	1.67	2.33	2.49	3.31	64.55	70.04	74.64	79.33	4.41	2.44	1.29	0.29
2012	1.82	2.73	2.77	3.51	66.22	69.79	73.23	79.35	4.59	2.58	1.43	0.31
2013	2.00	3.07	3.13	3.69	62.90	66.48	72.24	78.97	4.87	2.69	1.54	0.33
2014	2.17	3.40	3.52	3.94	59.90	62.44	69.94	77.50	5.09	2.94	1.66	0.35
2015	2.40	3.82	3.94	4.19	58.38	61.77	71.28	75.86	5.37	3.22	1.79	0.38
2016	2.68	4.10	4.31	4.48	51.37	53.71	70.75	74.73	5.47	3.44	1.89	0.39
平均	1.69	2.40	2.65	3.40	58.62	67.86	73.01	78.07	4.23	2.35	1.28	0.29
顺序	I < II < III < IV				I < II < III < IV				I > II > III > IV			

资料来源：课题组整理计算。

　　从表 4 - 9 可以看出，四类行业的资本产出比都呈现逐年上升趋势，并且值均大于 1，四类行业的资本密集程度依次为 IV > III > II > I。其中，III、IV 多数是重工业，I、II 多是轻工业及高新技术行业。四类行业的煤炭类能源消费占比的大小顺序依次为 IV > III > II > I。2011～2016 年，四类行业煤炭类能源消费占比均呈现下降趋势，但至今其使用比例均未低于 50%，这与我国"富煤、少油、缺气"的特点是分不开的。其中，I、II 型行业的下降幅度大于 III、IV 型行业。2005～2016 年四类行业的能源利用效率均呈现增长趋势，其能源利用效率从高到低排序为 I > II > III > IV。

　　综合比较三个指标，可以发现，相较于"高碳强"型行业，"低碳强"型行业具有劳动更加密集、能源消费结构更加偏煤、能源利用效率更高的特征；同等碳排放强度水平下，"低碳排"型行业比"高碳排"型行业劳动更加密集、能源消费结构更偏煤、能源利用效率更高。

4.2.2.2 行业碳边际减排成本的类间与类内差异

我们采用泰尔指数来衡量边际减排成本的行业差异，泰尔指数可以将行业的总体差异分解为行业间差异和行业内差异两个部分。因此，采用泰尔指数可以求得四类行业之间的差异和内部的差异，并求出类间差异和类内差异对总体差异的贡献率，从而得出工业碳边际减排成本差异的主要来源。考虑到进行聚类采用的两个指标，因此将碳排放总量和碳排放强度分别作为计算泰尔指数的权重。

$$
\begin{aligned}
T &= \sum_i \frac{q_i}{q} \ln \frac{q_i/q}{Q_i/Q} \\
&= \sum_i \sum_j \frac{q_{ji}}{q_i} \ln \frac{q_{ji}/q}{q_{ji}/Q} \\
&= \sum_i \sum_j \frac{q_i}{q} \frac{q_{ji}}{q_j} \ln \frac{q_{ji}/q_j}{q_{ji}/Q_j} + \sum_j \frac{q_j}{q} \ln \frac{q_j/q}{Q_j/Q} \\
&= \sum_i \frac{q_i}{q} T_{ai} + \sum_j \frac{q_j}{q} \ln \frac{q_j/q}{Q_j/Q} \\
&= T_a + T_b
\end{aligned} \tag{4.19}
$$

$$
\begin{aligned}
T' &= \sum_i \frac{q_i}{q} \ln \frac{q_i/q}{E_i/E} \\
&= \sum_i \sum_j \frac{q_{ji}}{q_i} \ln \frac{q_{ji}/q}{q_{ji}/E} \\
&= \sum_i \sum_j \frac{q_i}{q} \frac{q_{ji}}{q_j} \ln \frac{q_{ji}/q_j}{q_{ji}/E_j} + \sum_j \frac{q_j}{q} \ln \frac{q_j/q}{E_j/E} \\
&= \sum_i \frac{q_i}{q} T'_{ai} + \sum_j \frac{q_j}{q} \ln \frac{q_j/q}{E_j/E} \\
&= T'_a + T'_b
\end{aligned} \tag{4.20}
$$

其中，q、Q 和 E 分别表示行业的二氧化碳边际减排成本、碳排放量和碳排放强度；T、T_a 和 T_b 是以碳排放量为权重的总体、行业内和行业间的泰尔系数，T'、T'_a 和 T'_b 则是以碳排放强度为权重的总体、行业内和行业间的泰尔系数。

根据所得的泰尔系数，可以求得类内、类间和各行业的差异贡献率。

$$
\begin{aligned}
&G_a = T_a/T, \quad G'_a = T'_a/T' \\
&G_b = T_b/T, \quad G'_b = T'_b/T' \\
&G_{ai} = (q_i/q) \cdot (T_{ai}/T), \quad G'_{ai} = (q_i/q) \cdot (T'_{ai}/T')
\end{aligned} \tag{4.21}
$$

其中，G_a、G_b 和 G_{ai} 分别是以碳排放量为权重的行业内、行业间和各类行业的差异贡献率；而 G_a'、G_b' 和 G_{ai}' 分别是以碳排放强度为权重的行业内、行业间和各行业的差异贡献率（见表4－10）。

表4－10   四类行业的类内、类间及各行业差异贡献率   单位:%

年份	以碳排放总量为权重					以碳排放强度为权重				
	类间	类内				类间	类内			
		I	II	III	IV		I	II	III	IV
2005	94.11	4.49	0.35	0.73	0.33	60.67	35.90	1.31	1.81	0.32
2006	89.48	9.28	0.28	0.63	0.33	78.82	18.05	0.86	1.91	0.35
2007	89.22	9.55	0.32	0.64	0.27	79.28	18.50	0.42	1.52	0.28
2008	85.95	12.95	0.43	0.45	0.22	81.56	16.87	0.33	1.00	0.24
2009	86.95	11.78	0.48	0.58	0.21	79.64	18.75	0.37	1.01	0.23
2010	88.75	10.00	0.54	0.52	0.18	71.71	26.68	0.51	0.93	0.17
2011	66.12	33.40	0.18	0.24	0.06	73.26	26.06	0.15	0.44	0.08
2012	85.85	13.06	0.42	0.53	0.14	77.61	20.94	0.23	1.07	0.15
2013	88.86	9.92	0.57	0.52	0.13	75.19	23.42	0.25	1.01	0.13
2014	87.00	11.88	0.56	0.44	0.12	73.72	24.79	0.38	0.99	0.12
2015	84.73	13.91	0.60	0.67	0.10	73.11	25.63	0.37	0.79	0.10
2016	82.03	16.33	0.70	0.85	0.08	65.31	33.50	0.27	0.84	0.08

资料来源：课题组计算整理。

分别比较以碳排放总量和碳排放强度为权重计算得出的类间、类内差异对总体差异的贡献率，可以发现：（1）两种权重下，类间差异始终是造成总体差异的最主要的原因；（2）以碳排放强度为权重计算得出的行业类间和类内差异对总体差异的贡献率均小于以碳排放总量为权重的计算结果。

4.2.2.3 行业碳边际减排成本的横向与纵向差异

进一步从横向和纵向两个角度分别比较类间行业的平均边际减排成本及其演化特征。

1. 横向差异

从各类行业边际减排成本的均值来看，I型行业成本最高，IV型行业成本最低。除Ⅱ型行业中"32 铁路、船舶、航空航天和其他运输设备制造业"的碳边际减排成本高于Ⅰ型行业中"37 废弃资源综合利用业"以外，"低碳强"型行业的碳边际减排成本均高于"高碳强"型行业；同等碳排放强度水平下，"低排放"型行业边际减排成本均高于"高排放"型行业。说明在进行碳排放强度与总量双控的减排政策时，仍需以降低碳排放强度为主要减排控制目标，并在一定范围内限制各行业的碳排放总量（见图 4-4）。

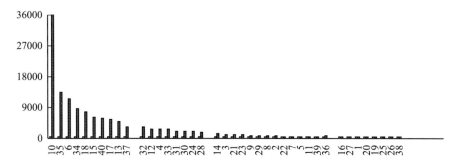

（a）Ⅰ、Ⅱ、Ⅲ、Ⅳ型行业的平均碳边际减排成本

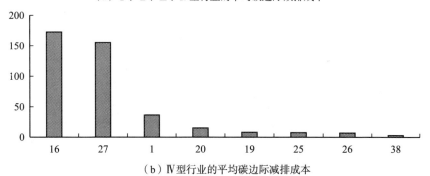

（b）Ⅳ型行业的平均碳边际减排成本

图 4-4　四类行业的平均碳边际减排成本

从各类行业的特征来看，"低碳强"型行业比"高碳强"型行业劳动更加密集、能源消费结构更加完善、能源利用效率更高，而其所对应的减排成本也较高、减排难度较大。因此，如进一步要求"低碳强"型行业节能减排，对其经济生产造成的负面影响也相对较大。相比之下，"高碳强"型行业资本发展模式、能源消费结构、能源利用效率均有较大的改善空间，行业的边际减排成本也相对较低，应赋予更多的减排任务。同等碳排放强度水平下，"低碳排"型行业比"高碳排"型行业劳动更加密集、能源消费结构更完善、能源利用效率更高，边际减排成本也相对较高。因此，"高碳

排"型行业也应承担更多减排义务。

2. 纵向差异

2005～2016 年四类行业平均碳边际减排成本从大到小排序分别为 I 型、Ⅱ型、Ⅲ型和Ⅳ型，期间，I 、Ⅱ、Ⅲ型行业的平均边际减排成本总体呈现上升趋势，且上升幅度较大；而Ⅳ型行业在 2005～2010 年间平均边际减排成本则呈现下降趋势，2010 年之后才以非常平缓的趋势上升，这种情况一方面说明Ⅳ型行业的减排措施可能并未得到很好的实施，另一方面也有可能来自这类减排技术的提高。但无论怎样，边际减排成本的数据都表明，从经济性上看Ⅳ型行业都应该作为减排的重点行业（见表 4 -11）。

表 4 -11   2005～2016 年四类行业的平均碳边际减排成本   单位：元/吨

年份	I 型	Ⅱ型	Ⅲ型	Ⅳ型
2005	5282.05	1584.98	440.43	58.16
2006	5168.78	1458.16	441.84	57.36
2007	5999.34	1551.23	469.42	56.28
2008	7181.33	1628.81	486.34	56.41
2009	7868.83	1831.67	561.15	55.56
2010	7506.30	1936.06	558.91	45.47
2011	16203.10	2236.73	635.15	45.71
2012	10573.81	2376.18	727.98	47.23
2013	11359.04	2560.78	774.04	44.75
2014	13329.51	2984.64	863.06	45.55
2015	15373.18	3355.29	985.74	46.25
2016	19011.90	4150.89	1191.32	49.18
平均值	10404.77	2304.62	677.95	50.66

资料来源：课题组计算整理。

4.2.3 行业间碳交易多情景模拟与福利效应测度

4.2.3.1 中国行业边际减排成本曲线的拟合

利用各行业研究期间的边际减排成本和对应的减排量来拟合边际减排

成本曲线。很多学者都认同减排成本随着减排量的增加呈现单增的凸函数性质。陈文颖（2004）、李陶（2010）、崔连标（2013）、夏炎（2012）等就分别使用二次函数、对数函数、指数函数刻画了边际减排成本曲线。经过数据拟合，本书采用诺德豪斯（Nordhaus，1991）提出的二次函数的形式来拟合边际减排成本曲线，方程如下：

$$MAC(r_i) = \alpha + \beta \times \ln(1 - r_i) \tag{4.22}$$

$MAC(r_i)$ 代表减排率为 r_i 时的二氧化碳边际减排成本，r_i 代表行业 i 的碳强度减排率，α 和 β 则是待估参数。碳强度定义为每单位产值对应的二氧化碳排放量。将 2005 年各行业碳强度设置为基准线 $\bar{e}$，因此，行业 i 的碳强度减排率计算公式为：

$$r_i = \frac{\bar{e} - e}{\bar{e}} \tag{4.23}$$

很明显，式（4.22）中的系数 β 决定了二氧化碳 MAC 曲线的陡峭程度，β 一般情况下为负值，且 β 绝对值越大表明二氧化碳边际减排成本曲线上升越快，减排的难度越大。

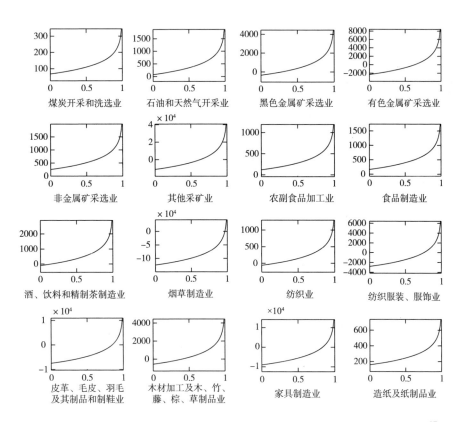

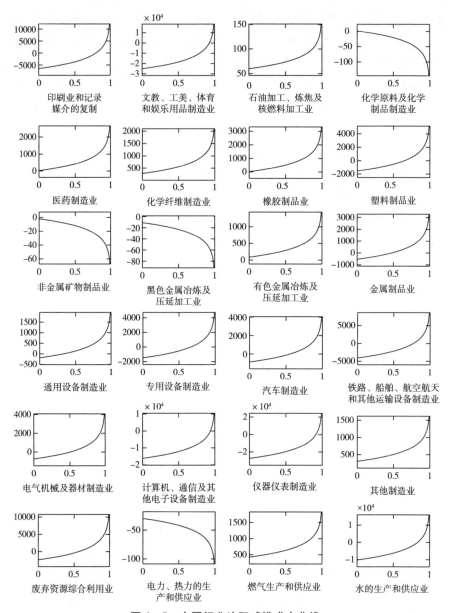

图4-5 中国行业边际减排成本曲线

从图4-5可以看到，除了化学原料及化学制品制造业、非金属矿物制品业、黑色金属冶炼及压延加工业和电力、热力的生产供应业四个产业以外，其他多数行业的边际减排成本曲线都呈上升趋势，即随着二氧化碳减排率的提高，边际减排成本越来越高，减排难度也越来越大，实证结果基本符合预期。至于个别曲线向下倾斜的行业，一个可能的解释是这些行业在生产过程中对环境资源的消耗存在较大程度的规模效应，这意味着随着产出规模的扩大，单位产出的二氧化碳排放量呈递减趋势。因此，当我们用减排一单位二氧化碳损失的产量来衡量减排成本时，二氧化碳边际减排成本在一定的减排率范围内就有可能是递减的。但是，可以看出，当这些行业环境资源消耗的规模效应耗尽之后，边际减排成本仍然会转而呈上升趋势。

4.2.3.2　中国行业间碳交易的情景设计

2009 年中国政府承诺到 2020 年单位国内生产总值二氧化碳排放量（以下简称"碳强度"）将在 2005 年基础上减少 40% ~ 45%。2015 年政府再次承诺，到 2030 年单位国内生产总值二氧化碳排放量将在 2005 年基础上减少 60% ~ 65%。2016 年，中国国务院印发关于《"十三五"控制温室气体排放工作方法》，提出为了加快推进绿色低碳发展，将 2020 年碳强度减排目标提高到比 2015 年下降 18%。

根据目前中国政府减排的实际情况，以国务院"十三五"提出的 2020 年最新减排目标和 2030 年减排目标为对象，模拟研究不同目标下各行业之间的碳交易情况，并测度福利效应。

1. 碳排放总量限额

根据中国碳强度减排目标，计算目标期中国全域内许可排放的碳总量限额。

首先，根据碳强度计算公式：

$$CI_t = \frac{C_t}{GDP_t} \qquad (4.24)$$

CI_t 表示第 t 年的碳强度，C_t 表示第 t 年的碳排放总量，GDP_t 表示第 t 年的国内生产总值。根据碳强度定义，2005 年全国二氧化碳排放量约为 757931.86 万吨，全国国内生产总值为 170049.58 亿元（2000 年不变价格），可以计算得出 2005 年碳强度 CI_{2005} 为 4.46 吨/万元。

第二，根据国家设定的强度减排目标，设计三类减排目标情景：

目标一：2020 年碳强度比 2015 年下降 18%。根据中国 2015 年实际碳强度约 2.61 吨/万元计算，该目标下 2020 年碳强度将下降到 2.14 吨/万元；

目标二：2030 年碳强度比 2005 年下降 60%，即 1.784 吨/万元；

目标三：2030 年碳强度比 2005 年下降 65%，即 1.561 吨/万元。

第三，根据相关研究，预估目标年份的国内生产总值。由于中国经济已经开始进入稳态增长阶段，假定 2017～2020 年的国内生产总值年增长率保持不变，根据中国社会科学院的《经济蓝皮书》报告，中国 GDP 年均增长率将为 6.7% 左右，由此可以计算得出 2000 年不变价格下的 2020 年国内生产总值 GDP_{2020} 为 677291.76 亿元。进一步根据国际能源署、花旗银行和世界银行对中国 2021～2030 年经济增长率的预测分别为 6.7%，5.5% 和 4.4%，取简单算术平均值 5.4% 为计算依据，得到 2030 年国内生产总值 GDP_{2030} 约为 1145992.83 亿元。

最后，根据目标年份碳强度和国内生产总值，求出目标年份的二氧化碳排放量限额 C_{2020}。

不同目标情景下二氧化碳总量排放限额预测结果如表 4-12 所示。

表 4-12　　　　　　　　　目标年度二氧化碳排放总量限额预测

指标	2005 年	2015 年	2020 年	2030 年
国内生产总值（亿元） （2000 年价格＝100）	170049.59	489726.60	677291.76	1145992.83
碳强度（吨/万元）	4.46	2.61	目标一：2.14	目标二：1.784 目标三：1.561
二氧化碳排放量（万吨）	757931.86	1279894.30	目标一：1435537.83	目标二：2044451.21 目标三：1788894.81

2. 碳配额的分配准则

在计算出三类不同减排目标情景下全国二氧化碳排放限额后，可以根据不同的配额分配原则，将排放限额分配至各行业。配额分配可以分为免费发放和拍卖两种制度，使用拍卖方式分配配额可能会引起碳排放权价格的较大波动，所以这里分别采用 100% 配额免费和 80% 配额免费两种分配原则将碳排放限额分配到各行业。同时，免费配额采用祖父法分配，即根据各行业历史排放量来确定分配比例，这种分配方式也是欧盟温室气体排放交易市场一开始成立时所采用的配额分配方法。

3. 6 种情景设计

6 种情景设计见表 4-13。

表 4 – 13　　　　　　　　　　　情景设计

6 种情景	情景介绍
情景 1	减排目标：2020 年碳强度比 2015 年下降 18% 初始配额分配原则：祖父法，免费配额比例 100%
情景 2	减排目标：2020 年碳强度比 2015 年下降 18% 初始配额分配原则：祖父法，免费配额比例 80%
情景 3	减排目标：2030 年碳强度比 2005 年下降 60% 初始配额分配原则：祖父法，免费配额比例 100%
情景 4	减排目标：2030 年碳强度比 2005 年下降 60% 初始配额分配原则：祖父法，免费配额比例 80%
情景 5	减排目标：2030 年碳强度比 2005 年下降 65% 初始配额分配原则：祖父法，免费配额比例 100%
情景 6	减排目标：2030 年碳强度比 2005 年下降 65% 初始配额分配原则：祖父法，免费配额比例 80%

4.2.3.3　碳交易均衡模拟

1. 均衡价格、均衡交易总量与全社会福利效应总量

表 4 – 14 给出了 6 种交易情景下的均衡价格和均衡交易总量。首先，从均衡交易价格的模拟结果看，在免费配额比例同为 100% 的情况下，情景 1、情景 3、情景 5 分别是 2020 年 18% （2.14 吨 CO_2/万元）、2030 年 60%（1.784 吨 CO_2/万元）和 2030 年 65% （1.561 吨 CO_2/万元）强度减排目标下的交易价格，分别为 71.24 元/吨、236.51 元/吨和 305.84 元/吨，随着减排目标约束的逐步增强，交易价格呈较大幅度的上升趋势。相似的情况是，在免费配额比例为 80% 的情况下，情景 2、情景 4、情景 6 显示的 2020 年 18% （2.14 吨 CO_2/万元）、2030 年 60% （1.784 吨 CO_2/万元） 和 2030 年 65% （1.561 吨 CO_2/万元） 强度减排目标下的交易价格分别为 56.94 元/吨、187.38 元/吨和 241.59 元/吨，交易价格同样随着减排目标的提高显著上升。

进而比较相同强度减排目标下，不同免费配额比例对均衡价格的影响。结果显示，情景 1 相对情景 2、情景 3 相对情景 4、情景 5 相对情景 6 的交易价格分别高出 25.1%、26.2% 和 26.6%，说明随着免费配额比例的降低，价格呈现下降趋势。造成这种情况的一个可能的原因是，当免费配额比例降低之后，市场可交易的配额数量减少，进而令排放配额成为一种更为稀缺的商品，导致行业在面临更大减排压力的情况下会更多地转向自主减排，即行业在市场总的配额供给减少的同时，自动减少了配额的需求。两种力量最终作用在均衡价格上的结果取决于配额需求对于预期价格变化的反应弹性，弹性越大预期价格上升引起配额需求的缩减速度越快，一旦需求缩减超过供给则有可能引起配额价格下降；反之，如果配额需求对于预期价格变化的反应弹性较小，则表明需求强度高，面对预期价格上升，配额需求者也不会大幅度削减购买量，此时需求下降幅度如果小于供给减少幅度则会引起配额价格上升。实证结果表明，在中国行业间的碳交易市场上配额需求的价格弹性相对较大，行业留有较大的自主减排空间，缩减配额数量引起需求下降幅度超过供给，并进而引起价格下降。

均衡交易量的研究结果也在一定程度上印证了上述观点。在相同减排目标下，免费配额比例从100%下降到80%时，情景2相对情景1、情景4相对情景3、情景6相对情景5的均衡交易量分别下降了26.2%、25%和25%。这意味着，免费配额比例下降时，潜在需求确实比配额供给减少得更快，进而引起价格下降。

从碳市场产生的福利效应总量看，随着减排约束的加强和交易量的上升，碳市场的作用逐步显现，福利效应呈上升趋势。比较情景1、情景3、情景5可以看到碳市场节约的社会减排总成本分别达到2658.3亿元、53854.8亿元和62960.7亿元；比较情景2、情景4、情景6产生的成本节约额则分别为2106.2亿元、42915.7亿元和50221.7亿元。同时，可以看到免费配额比例的下降似乎尤助于增进福利。比较情景1和情景2，当免费配额比例从100%降至80%时，福利损失552.1亿元；情景3相对于情景4福利损失10939.1亿元；情景5相对于情景6福利损失12738.3亿元（见表4－14）。

表4－14　　6种情景下均衡价格、均衡交易总量及福利效应总量模拟结果

情景	情景1	情景2	情景3	情景4	情景5	情景6
均衡价格（元/吨）	71.24	56.94	236.51	187.38	305.84	241.59
均衡交易量（万吨）	76670	60734	242686	194149	281720	225376
全社会福利总量（亿元）	2658.3	2106.2	53854.8	42915.7	62960.7	50221.7

2. 行业均衡交易量

图4－6表明2020年碳强度相对于2015年下降了18%，且配额100%免费分配情景下各行业的实际交易量。该交易量意味着各行业最终选择的

最优排放量与初始配额之间的差额，行业交易量为正值意味着实际最优排放量超过初始配额，该行业为市场的配额购买方；交易量为负值意味着实际最优排放量低于初始配额，该行业为市场的配额出售方。从模拟的结果看，该市场仅有电力、热力的生产和供应业，石油加工、炼焦及核燃料加工业两大行业为配额出售方。其中，电力、热力的生产和供应业出售额为14795 万吨，占总交易量的 19.3%，石油加工、炼焦及核燃料加工业的出售额为 61876 万吨，占总交易量的 80.7%。黑色金属冶炼及压延加工业、化学原料及化学制品制造业、煤炭开采和洗选业、非金属矿物制品业、有色金属冶炼及压延加工业是市场排名前五位的最大配额购买者，交易量分别占总交易量的 27.03%、19%、14.31%、9.79% 和 9.32%。

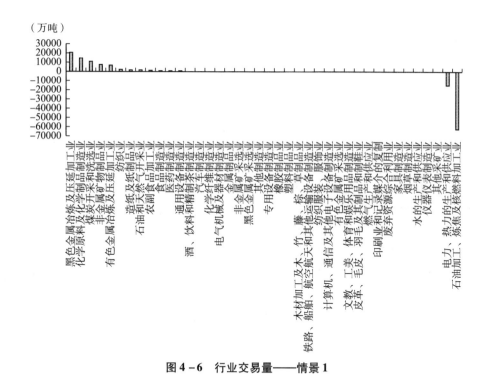

图 4 - 6　行业交易量——情景 1

　　图 4 - 7 描述了 2020 年强度目标下，配额 80% 免费发放时各行业的交易量。模拟结果显示，仍然只有电力、热力的生产和供应业，石油加工、炼焦及核燃料加工业两大行业为配额出售方，其余行业均为配额购买方。其中，电力、热力的生产和供应业出售额为 11720 万吨，占总交易量的19.3%，石油加工、炼焦及核燃料加工业的出售额为 49015 万吨，占总交易

量的 80.7% 。位列市场前五的配额购买方及其排序与情景 1 相同，分别为黑色金属冶炼及压延加工业、化学原料及化学制品制造业、煤炭开采和洗选业、非金属矿物制品业、有色金属冶炼及压延加工业，其交易量占市场总交易量的比例没有因为配额分配方式的改变而有所变动，仍然分别为 27.03% 、19% 、14.31% 、9.79% 和 9.32% 。这表明，免费配额比例本身虽然会在较大程度上影响最终的市场交易量和交易价格，但是对于交易行业作为配额购买者或出售者而言，其对各行业在总交易量中的占比影响程度较小。或者换句话说，两者对于免费配额比例的变化敏感程度非常低，在免费配额比例下降 20% 的情况下各行业的交易角色和交易量占比几乎没有变化。

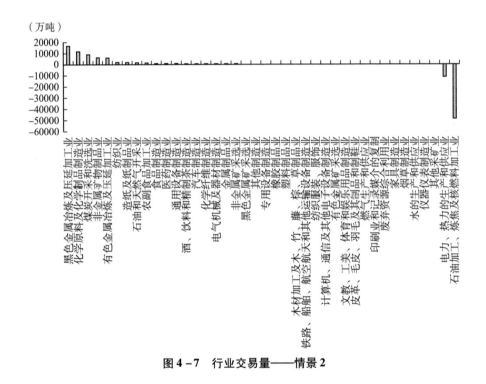

图 4 - 7 行业交易量——情景 2

图 4 - 8 是 2030 年相对 2005 年碳强度减排 60% 时，配额 100% 免费分配情景下的行业交易量。其中，配额出售方扩展到 6 个行业，分别是石油加工、炼焦及核燃料加工业，有色金属冶炼及压延加工业，电力、热力的生产和供应业，煤炭开采和洗选业，废弃资源综合利用业和文教、工美、体育和娱乐用品制造业，其余行业为配额购买方。石油加工、炼焦及核燃料

加工业，有色金属冶炼及压延加工业，电力、热力的生产和供应业和煤炭开采和洗选业交易量分别为 205101 万吨、19417 万吨、12907 万吨和 5047 万吨，分别占交易总量的 84.51%、8%、5.32% 和 2.08%。位列购买方前五的行业分别是黑色金属冶炼及压延加工业、非金属矿物制品业、化学原料及化学制品制造业、石油和天然气开采业、造纸及纸制品业，其交易量占总交易量的比重分别为 21.82%、20.50%、113.58%、6.19% 和 4.96%。

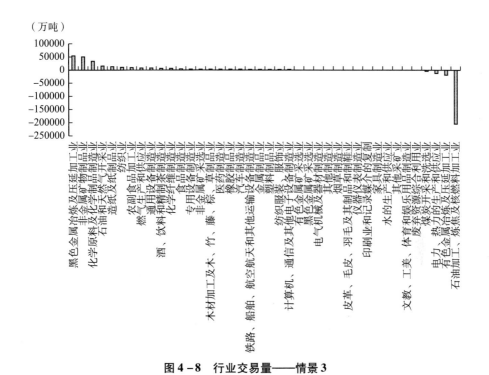

图 4-8　行业交易量——情景 3

图 4-9 描述了 2030 年碳强度相对 2005 年减排 60% 目标下，配额 80% 免费发放时的行业交易量。可以看到，配额出售方仍然是石油加工、炼焦及核燃料加工业，有色金属冶炼及压延加工业，电力、热力的生产和供应业，煤炭开采和洗选业，废弃资源综合利用业和文教、工美、体育和娱乐用品制造业等 6 个行业，且各行业交易额占比与情景 3 的结论完全相同。进一步分析配额购买方的情况，位列前五的最大配额购买方的行业及其交易量占比也同情景 3 完全相同，这进一步证明了以下结论，即在减排目标相同情况下，各行业购买方或出售方角色担当，以及行业交易量占比对免费配

额比例的变化敏感度非常低。

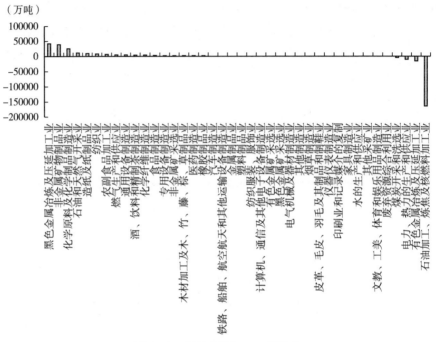

图 4 – 9　行业交易量——情景 4

图 4 – 10 描述了 2030 年相对于 2005 年碳强度减排 65% 的情景下，配额 100% 免费发放时的各行业交易量。结果显示，石油加工、炼焦及核燃料加工业，电力、热力的生产和供应业，有色金属冶炼及压延加工业和废弃资源综合利用业等 4 个行业成为配额的出售方，各行业分别出售配额 235142 万吨、32397 万吨、14071 万吨和 109 万吨，分别占总交易额的 83.47%、11.5%、5% 和 0.04%。其余行业均为配额购买方，其中位列购买方前五的行业分别是黑色金属冶炼及压延加工业、非金属矿物制品业、化学原料及化学制品制造业、石油和天然气开采业和造纸及纸制品业，其交易量占比分别为 23.52%、18.67%、15.21%、5.77% 和 4.69%。

图 4 – 11 描述了 2030 年碳强度相对于 2005 年下降 65% 的目标下，配额 80% 免费发放时的各行业碳配额交易量。与之前情景对比反映出来的规律相同，配额的出售方及其交易量占比与情景 5 完全相同。进而从购买方角度看，行业分布和交易量占比也与情景 5 完全相同，再次印证了免费配额比例对于交易行业角色承担及其市场占比影响较小的结论。

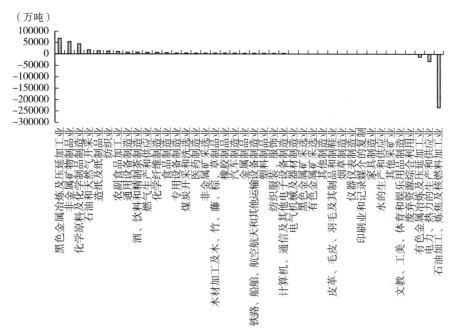

图 4 - 10　行业交易量——情景 5

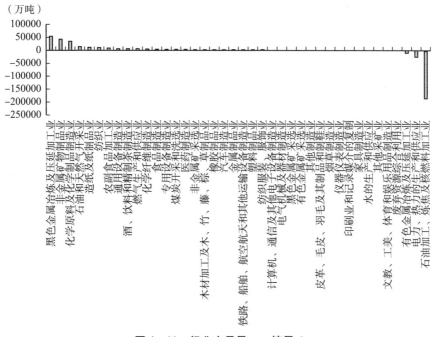

图 4 - 11　行业交易量——情景 6

3. 行业福利效应测度

图4-12描述了2020年碳强度比2015年减少18%的目标下，初始配额100%免费发放时各行业交易后的福利效应。相对于各行业自主减排情景，碳交易市场在实现上述减排目标时可节约成本2658亿元。其中，福利效应最显著的5个行业分别是电气机械及器材制造业、汽车制造业、有色金属冶炼及压延加工业、石油和天然气开采业和金属制品业，其碳市场的成本节约额分别占总福利效应的9.32%、8.03%、7.41%、6.29%和6.20%。福利效应最小的5个行业分别是电力、热力的生产和供应业、非金属矿采选业、其他制造业、燃气生产和供应业、其他采矿业，各行业的成本节约仅分别占福利总额的0.1%~0.3%。由此产生的一个问题是，如果不能通过某些政策手段激励这些行业参与市场交易，则单纯依靠市场力量对于这些低福利效应行业参与碳交易的经济激励是远远不够的，特别是电力、热力的生产和供应业作为最大的碳配额出售行业之一，其对于碳交易市场的整体架构几乎是不可或缺的，必须保证该类行业有足够的经济激励参与交易。各行业福利分布的不均衡性，可以利用标准差做进一步分析。2020年各行业得自碳交易市场的福利效应标准差为63.23亿元，标准差相对较大来自两方面原因，一是各行业的边际减排成本差异，二是碳交易机制设计。

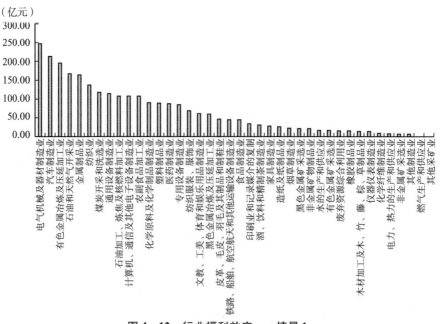

图4-12 行业福利效应——情景1

　　图 4 – 13 反映了 2020 年碳强度相对 2015 年下降 18% 的目标下，碳配额 80% 免费发放时各行业交易后的福利效应。综合各行业的总体情况，相比行业自主减排情景，碳交易市场产生的总体福利效应为 2106 亿元，低于情景 1。其中，福利效应最大的前五位行业为电气机械及器材制造业、汽车制造业、有色金属冶炼及压延加工业、石油和天然气开采业、金属制品业，其福利分别占市场福利总额的 9.3%、8.02%、7.71%、6.32% 和 6.18%。福利效应最小的五个行业分别是化学纤维制造业、非金属矿采选业、其他制造业、燃气生产和供应业、其他采矿业，其福利占比仅在 0.1% ~ 0.3% 左右。福利分布的行业标准差为 50.7 亿元，低于情景 1，对于福利效应较小的行业同样需要关注和采取特殊政策提高其参与市场的积极性。

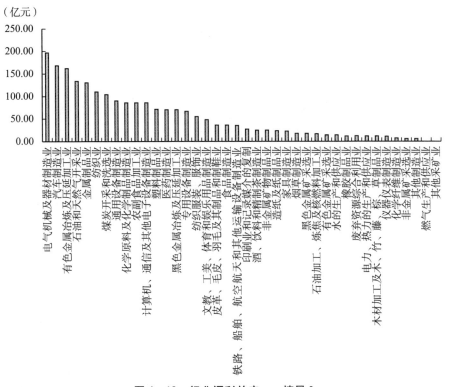

图 4 – 13　行业福利效应——情景 2

　　图 4 – 14 反映的是 2030 年碳强度相对 2005 年下降 60% 目标条件下，配额 100% 免费分配给各行业时各行业交易后的福利效应。相比行业自主

减排情景，在完成减排目标的前提下，碳市场所实现的成本节约额为53855亿元。其中，福利效应最显著的五大行业为石油和天然气开采业，纺织业，农副食品加工业，通用设备制造业，酒、饮料和精制茶制造业，福利占比分别为15.94%、8.51%、8.22%、7.69%和5.74%。福利效应最小的五个行业分别为煤炭开采和洗选业，其他采矿业，电力、热力的生产和供应业，废弃资源综合利用业，文教、工美、体育和娱乐用品制造业，其福利效应占总福利的比例均不超过0.1%。福利效应的行业标准差为1640亿元。

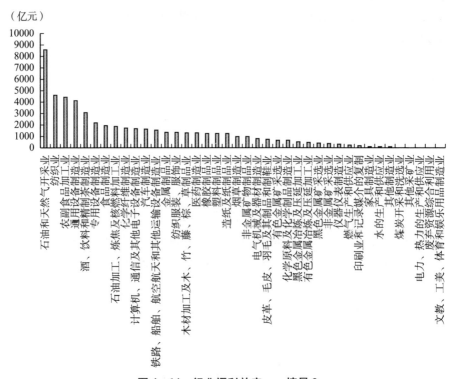

图 4 - 14　行业福利效应——情景 3

图 4 - 15 反映的是 2030 年相对于 2005 年碳强度下降 60% 目标下，碳配额的 80% 被免费分配给各行业时各行业交易后的福利效应。此情景下的行业福利总额为 42916 亿元，低于情景 3。其中，福利效应最显著的五大行业分别是石油和天然气开采业，纺织业，农副食品加工业，通用设备制造业，酒、饮料和精制茶制造业，福利效应占全行业福利总效

应的 16.03% 、8.6% 、8.28% 、7.72% 、5.78% 。福利效应最小的五个行业分别为电力、热力的生产和供应业，煤炭开采和洗选业，其他采矿业，废弃资源综合利用业，文教、工美、体育和娱乐用品制造业，福利占比均在 0.15% 以下。各行业的福利标准差达到 1310 亿元，相对低于情景 3。

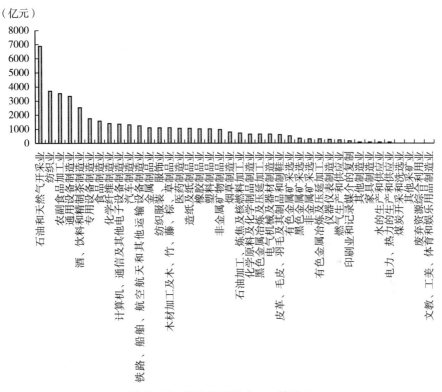

图 4 - 15　行业福利效应——情景 4

图 4 - 16 是 2030 年碳强度相对 2005 年下降 65% 目标下，配额 100% 免费分配给各行业时交易后的行业福利效应。可以看到，各行业福利效应总额为 62961 亿元，相比情景 1 ~ 情景 4 进一步增大。从福利效应的行业分布看，效应最显著的五个行业仍然分别是石油和天然气开采业，纺织业，农副食品加工业，通用设备制造业，酒、饮料和精制茶制造业，福利占比分别达到行业总额的 15.23% 、9.03% 、8.19% 、7.31% 和 5.38% 。福利效应最小的五个行业也仍然还是停留在电力、热力的生产和供应业，煤炭开采和洗选业，其他采矿业，废弃资源综合利用业，文

教、工美、体育和娱乐用品制造业，福利占比均不超过 0.1%。行业福利效应的标准差为 1864 亿元。

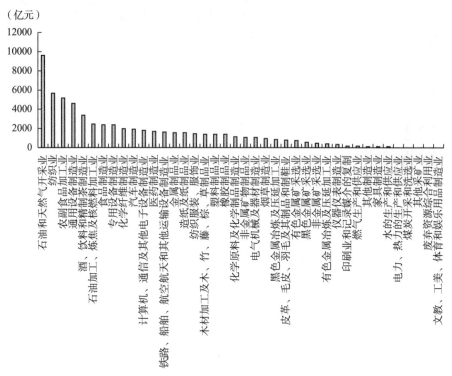

（亿元）

图 4-16　行业福利效应——情景 5

　　图 4-17 是 2030 年相对于 2005 年碳强度下降 65% 目标下，配额 80% 免费分配给各行业时的福利效应。综合所有行业得自碳市场的福利总效应为 50222 亿元，低于情景 5，但仍大于情景 1～情景 4。福利效应最显著的五大行业分别是石油和天然气开采业，纺织业，农副食品加工业，通用设备制造业，酒、饮料和精制茶制造业，福利占比分别为 15.29%、9.11%、8.24%、7.32% 和 5.42%。福利效应最小的五个行业分别是水的生产和供应业，煤炭开采和洗选业，其他采矿业，废弃资源综合利用业，文教、工美、体育和娱乐用品制造业，福利占比均不超过 0.2%。各行业福利标准差为 1485 亿元，低于情景 5。

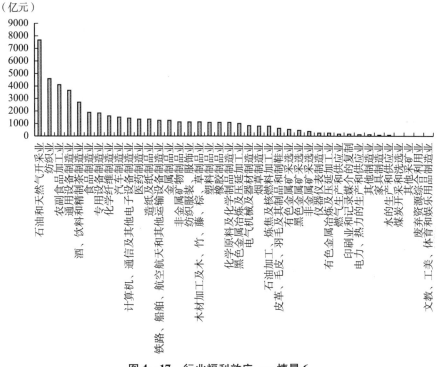

图 4 - 17　行业福利效应——情景 6

4.2.4　多情景比较与政策评估

4.2.4.1　多情景下行业角色承担比较

　　表 4 - 15 给出了不同交易情景下，各行业作为配额购买者或出售者的角色承担情况。在所有六种不同的假设情景中，行业承担的交易角色呈现出比较大的稳定性，石油加工、炼焦及核燃料加工业，电力、热力的生产和供应业这两大行业始终担任卖方角色，这在一定程度上说明，作为出售者的两大行业相对于其他行业而言存在非常明显的碳减排成本优势，以致在不同的减排目标约束以及不同免费配额比例条件下都始终选择保持低排放，并从配额出售中获取利益。另外，在个别情景下担任卖方角色的行业还包括煤炭开采和洗选业，文教、工美、体育和娱乐用品制造业，有色金属冶炼及压延加工业和废弃资源综合利用业等行业，其余行业全部作为配额购买方参与交易。

表 4 – 15   多情景下各行业市场交易角色

行业	2020 年强度减排 18% 目标		2030 年强度减排 60% 目标		2030 年强度减排 65% 目标	
	100% 免费配额	80% 免费配额	100% 免费配额	80% 免费配额	100% 免费配额	80% 免费配额
煤炭开采和洗选业	买方	买方	卖方	卖方	买方	买方
石油和天然气开采业	买方	买方	买方	买方	买方	买方
黑色金属矿采选业	买方	买方	买方	买方	买方	买方
有色金属矿采选业	买方	买方	买方	买方	买方	买方
非金属矿采选业	买方	买方	买方	买方	买方	买方
其他采矿业	买方	买方	买方	买方	买方	买方
农副食品加工业	买方	买方	买方	买方	买方	买方
食品制造业	买方	买方	买方	买方	买方	买方
酒、饮料和精制茶制造业	买方	买方	买方	买方	买方	买方
烟草制造业	买方	买方	买方	买方	买方	买方
纺织业	买方	买方	买方	买方	买方	买方
纺织服装、服饰业	买方	买方	买方	买方	买方	买方
皮革、毛皮、羽毛及其制品和制鞋业	买方	买方	买方	买方	买方	买方
木材加工及木、竹、藤、棕、草制品业	买方	买方	买方	买方	买方	买方
家具制造业	买方	买方	买方	买方	买方	买方
造纸及纸制品业	买方	买方	买方	买方	买方	买方
印刷业和记录媒介的复制	买方	买方	买方	买方	买方	买方
文教、工美、体育和娱乐用品制造业	买方	买方	买方	买方	买方	买方
石油加工、炼焦及核燃料加工业	卖方	卖方	卖方	卖方	卖方	卖方
化学原料及化学制品制造业	买方	买方	买方	买方	买方	买方
医药制造业	买方	买方	买方	买方	买方	买方
化学纤维制造业	买方	买方	买方	买方	买方	买方
橡胶制品业	买方	买方	买方	买方	买方	买方
塑料制品业	买方	买方	买方	买方	买方	买方
非金属矿物制品业	买方	买方	买方	买方	买方	买方

续表

行业	2020 年强度减排 18% 目标		2030 年强度减排 60% 目标		2030 年强度减排 65% 目标	
	100% 免费配额	80% 免费配额	100% 免费配额	80% 免费配额	100% 免费配额	80% 免费配额
黑色金属冶炼及压延加工业	买方	买方	买方	买方	买方	买方
有色金属冶炼及压延加工业	买方	买方	卖方	卖方	卖方	卖方
金属制品业	买方	买方	买方	买方	买方	买方
通用设备制造业	买方	买方	买方	买方	买方	买方
专用设备制造业	买方	买方	买方	买方	买方	买方
汽车制造业	买方	买方	买方	买方	买方	买方
铁路、船舶、航空航天和其他运输设备制造业	买方	买方	买方	买方	买方	买方
电气机械及器材制造业	买方	买方	买方	买方	买方	买方
计算机、通信及其他电子设备制造业	买方	买方	买方	买方	买方	买方
仪器仪表制造业	买方	买方	买方	买方	买方	买方
其他制造业	买方	买方	买方	买方	买方	买方
废弃资源综合利用业	买方	买方	卖方	买方	卖方	买方
电力、热力的生产和供应业	卖方	卖方	买方	买方	卖方	卖方
燃气生产和供应业	买方	买方	买方	买方	买方	买方
水的生产和供应业	买方	买方	买方	买方	买方	买方

4.2.4.2　多情景下行业交易量与行业福利效应比较

图 4-18 反映了不同的减排约束目标对于行业碳交易量的影响。图 4-18（a）和图 4-18（b）分别对比了 100% 免费配额和 80% 免费配额情况下，2020 年相比 2015 年强度减排 18%、2030 年相比 2005 年强度减排 60% 和 65% 等三大减排目标对行业均衡交易量的影响。综合地看，随着减排约束逐步增强，市场总的交易量逐步增大，但是行业分布相对比较稳定，最大的配额出售者主要集于石油加工、炼焦及核燃料加工业，电力、热力的生产和供应业，有色金属冶炼及压延加工业等行业，最大的配额购买者主要集于黑色金属冶炼及压延加工业、非金属矿物制品业、化学原料及化学制品制造业等。

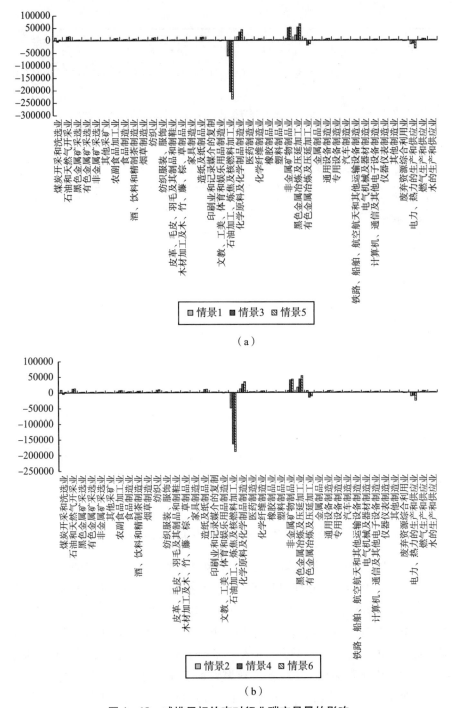

（a）

（b）

图4-18　减排目标约束对行业碳交易量的影响

　　图 4-19 反映了不同免费配额比例对于行业碳交易量的影响。其中图 4-19（a）~图 4-19（c）分别对比了三大减排目标下，当免费配额比例达到 100% 和 80% 时的行业均衡交易量。可以从图中直观地看到，在所有三种不同的减排目标约束下，行业交易量对比曲线的高度不同，表明免费配额比例影响各行业的均衡交易总量，但同时行业对比曲线的形状基本完全吻合，则表明免费配额比例基本不影响行业在市场上的交易地位，各行业交易量占比基本保持不变。也就是说，免费配额比例虽然影响行业的均衡交易量，具有比较明显的总量效应，但是却不具有显著的结构效应，对交易量的行业分布影响甚微。

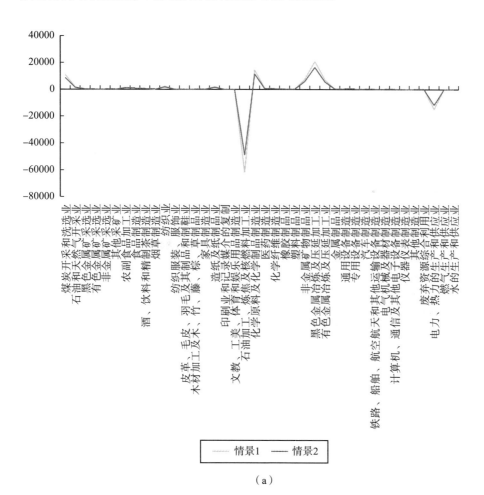

（a）

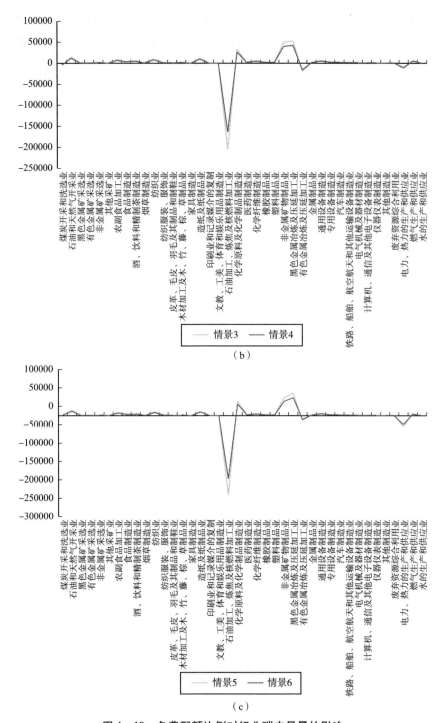

图 4-19　免费配额比例对行业碳交易量的影响

　　图 4 - 20 反映了减排目标对行业福利效应的影响。图 4 - 20 （a） 和
图 4 - 20 （b） 分别描述了免费配额比例为 100% 和 80% 时，三大减排目标
约束下的行业福利效应。比较情景 3 和情景 5，情景 2 与情景 4 可以看到，
随着碳减排约束目标提高，碳市场交易规模逐步增大，与之相对应的福利
效应也逐步增强，这意味着较高的减排目标约束对碳交易市场存在的价值
具有决定性影响。2020 年减排目标下，碳市场的福利效应主要集中在电
气机械及器材制造业、汽车制造业、有色金属冶炼及压延加工业、石油和
天然气开采业和金属制品业等行业，2030 年两大减排目标下碳市场的福
利效应则开始转向石油和天然气开采业，纺织业，农副食品加工业，通用
设备制造业，酒、饮料和精制茶制造业等行业。这表明，不同的减排目标
约束不仅影响福利总量，具有总量效应，而且影响福利在行业间的分布，
产生一定的结构效应。

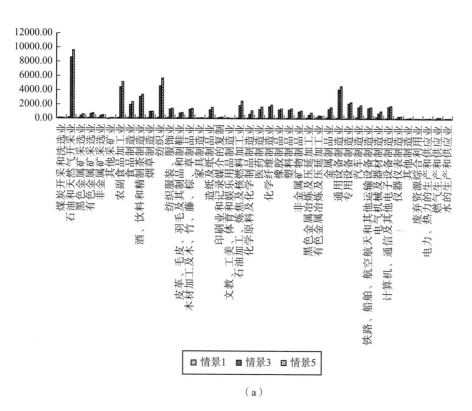

（a）

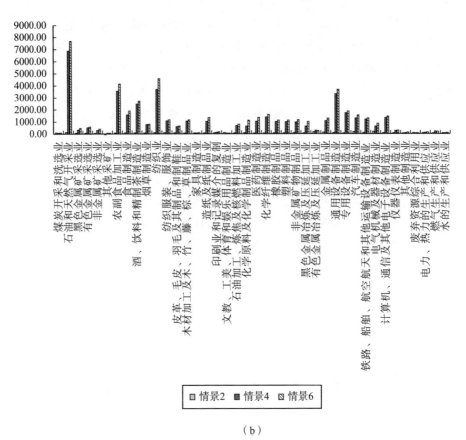

（b）

图 4 - 20   减排目标约束对行业福利效应的影响

图 4 - 21 反映了免费配额比例对于行业福利效应的影响。图 4 - 21（a）～图 4 - 21（c）分别对比了三大减排目标下，当免费配额为 100% 和 80% 时的行业福利效应。与之前对行业交易量的影响方式非常近似，从福利对比曲线的高度看，在所有三种减排目标约束下，免费配额比例下降都会引起各行业碳交易市场的福利缩减，这主要是由于行业选择减少交易量造成的。但是另外，不同免费配额比例下福利对比曲线的形状却高度吻合，这表明免费配额比例对于福利在不同行业之间的分布影响较小，对福利的结构效应不显著。

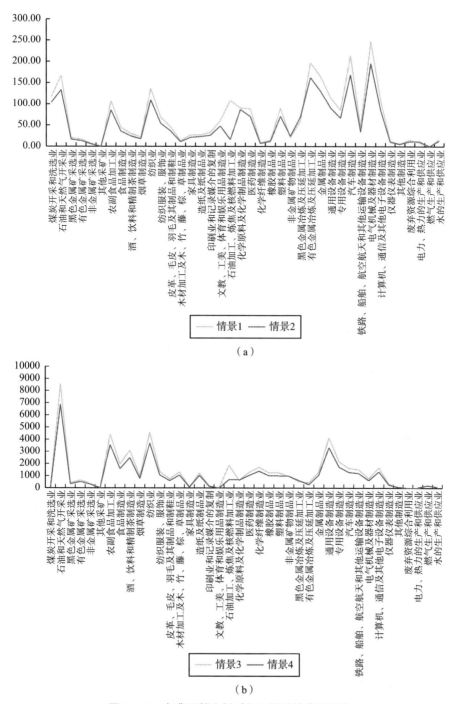

（a）

（b）

图 4-21　免费配额比例对行业福利效应的影响

4.3　区域成本传导效应多情景模拟评估与政策比较

本节进一步选取中国 29 个省（自治区、直辖市）作为生产单元和碳交易覆盖的控排主体，在测算和拟合区域边际减排成本曲线的基础上，通过设置减排目标和配额分配方案的不同场景，模拟多种情景下的区域间碳交易市场的均衡，并依据福利效应变化分析和评估不同交易机制设计在各区域呈现出的成本有效性。

4.3.1　区域边际减排成本测算

4.3.1.1　数据选取与处理

利用参数化的方向性距离函数估算 2005～2015 年中国各省份二氧化碳影子价格。其中，西藏自治区和重庆市由于数据缺失而被排除，故分析样本为 2005～2015 年中国 29 个省份（不含港澳台地区和西藏、重庆）数据。其中，作为生产投入的 x 向量包括：资本存量，从业人数和能源消费量三类；GDP 作为期望产出 y；二氧化碳排放量作为非期望产出 b。五类原始变量的详细说明如下：

（1）资本存量（亿元）：利用永续盘存法估算各期资本存量，以 2000 年为基期，基期数据采用单豪杰（2008）的估算值。

$$K_t = I_t + (1 - \delta_t) K_{t-1} \tag{4.25}$$

其中，K_t 为第 t 年的资本存量；K_{t-1} 为第 $t-1$ 年的资本存量；δ 则为资本折旧率，与单豪杰（2008）保持一致，设置为 10.96%；I_t 为第 t 年的固定资产形成额。

（2）劳动力（万人）：数据来源于《中国统计年鉴》中各省份全社会从业人员数。

（3）能源消费量（万吨标准煤）：数据来源于历年《中国能源统计年鉴》。

（4）地区生产总值（亿元）：是以 2000 年为基期计算得到的实际地区生产总值，数据同样来源于《中国统计年鉴》。

（5）二氧化碳排放量（万吨）：中国并未公布二氧化碳排放量，而二氧化碳排放主要来源于化石能源消费及其转化。因此，采用 IPCC 碳排放计算指南公布的碳排放计算公式对我国各省份二氧化碳排放量进行测算：

$$b = \sum_{i=1}^{8} E_i \times CF_i \times CC_i \times \frac{44}{12} \qquad (4.26)$$

b 代表来自化石能源消费的二氧化碳排放量；E_i 代表各个省份每年化石能源的消费量，i 代表化石能源的种类，主要有 8 种，分别为原煤、焦炭、原油、汽油、柴油、煤油、天然气和燃料油，E_i 数据来源《中国能源统计年鉴》；CF_i 为折标准煤系数，来自《能源统计报表制度 2010》；CC_i 为碳排放系数，来自《IPCC 国家温室气体清单指南》；44/12 表示将碳原子质量转化为二氧化碳质量的转换系数，也就是将碳排放量转换为二氧化碳排放量。以上所包含的各能源品种折标准煤系数和碳排放系数见表 4-16，各变量数据的统计特征描述见表 4-17。

表 4-16　　　　　　　　各能源品种折标准煤系数和碳排放系数

种类	折煤系数	碳排放系数	种类	折煤系数	碳排放系数
原煤	0.7143	0.7559	柴油	1.4571	0.5921
焦炭	0.9713	0.855	煤油	1.4714	0.5741
原油	1.4286	0.5857	天然气	1.33	0.4483
汽油	1.4714	0.5535	燃料油	1.4286	0.6185

表 4-17　　　　　　　　五类变量的统计性描述

变量		单位	样本数（个）	平均值	最大值	最小值	标准差
产出	实际 GDP	亿元	319	11028.31	53684.55	465.52	9631.32
	碳排放量	万吨	319	37321.43	137726.65	1639.57	25875.50
投入	资本存量	亿元	319	26707.79	120183.34	1464.21	22147.07
	劳动力	万人	319	2607.75	6636.00	291.04	1733.77
	能源消耗量	万吨标准煤	319	12716.10	38899.00	822.00	8014.81

4.3.1.2 二氧化碳边际减排成本的测度

利用参数化的方向性距离函数计算得到中国 29 个省份 2006~2015 各年的二氧化碳边际减排成本，其统计特征列在表 4-18 中。其中，各省份

2006～2015 年间二氧化碳边际减排成本的平均值为 2759.68 元/吨，最小值为 511.61 元/吨，最大值为 8578.21 元/吨，约为最小值的 17 倍。标准差达到了 1514.79 元/吨，大约是最小值的 3 倍大小。二氧化碳边际减排成本的统计特征表明中国 29 个省份之间的减排成本存在很大差异。

表 4－18 二氧化碳边际减排成本的统计性描述 单位：元/吨

样本数	平均数	标准差	最大值	最小值
290	2759.68	1514.79	8678.21	511.61

图 4－22 给出了各省份研究期间二氧化碳边际减排成本的中位值排序。明显地，广东省具有最高的二氧化碳边际减排成本水平（中位值达到 5878.44 元/吨），紧随其后的是北京市（中位值 5533.83 元/吨），上海市（中位值 4637.82 元/吨），福建省（中位值 4579.31 元/吨）和浙江省（中位值 4195.22 元/吨）。而宁夏回族自治区则具有最低的二氧化碳边际减排成本水平，中位值仅为 580.75 元/吨，大概是广东省中位值的 9.9%。各省份减排成本的中位值排序再次显示了区域间碳减排成本的巨大差异，而这种差异性也同时表明中国具备建立区域间碳交易市场的基础条件和潜在价值。

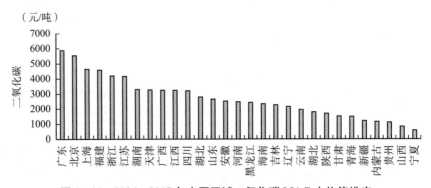

图 4－22 2006～2015 年中国区域二氧化碳 MAC 中位值排序

进一步计算变异系数（CV）量化二氧化碳边际减排成本的分散性，图 4－23 列示了计算结果。如图所示，29 个省份的二氧化碳边际减排成本差异性在样本期间（2006～2015 年）逐年上升，这说明各省之间的减排成本差异随着时间逐渐增大。

图 4-23　中国区域二氧化碳边际减排成本的变异系数

4.3.1.3　二氧化碳边际减排成本曲线的拟合

图 4-24 列出了 29 个省份边际减排成本曲线中 β 绝对值的排序情况。最小的 β 绝对值为 0.02，而最大的 β 绝对值为 0.56，约为最小值的 28 倍。并且，东部发达省市的 β 绝对值均明显偏高，例如广东省、北京市、上海市和江苏省，而西部欠发达省份的 β 绝对值均明显低于平均水平。由此表明，东部发达省份将二氧化碳减排工作相对较难，而西部欠发达地区，如宁夏、新疆和青海等则拥有比东部省份更大的减排潜力和减排空间。可以推断的是，在碳排放权交易市场（ETS）建立的初期，如果政府可以给西部地区分配相对更多的减排任务并给予一定的财政支持，那么在社会整体福利的层次上，就存在着帕累托改善效应。

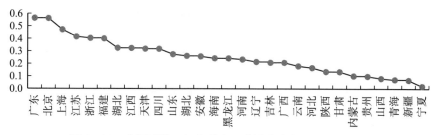

图 4-24　中国区域二氧化碳边际减排成本曲线的 β 绝对值

图 4-25 列出了 29 个省份二氧化碳边际减排成本拟合曲线。由图可知，几乎所有省份的 MAC 曲线都向上倾斜。这意味着，随着二氧化碳减排率的提高，边际减排成本也会逐渐增加，减排工作都会越来越难。在图中，广东省、北京市、江苏省等的边际减排成本曲线明显要比其他省市更加陡峭，

而宁夏由于 β 绝对值最小而拥有最平坦的二氧化碳边际减排成本曲线。

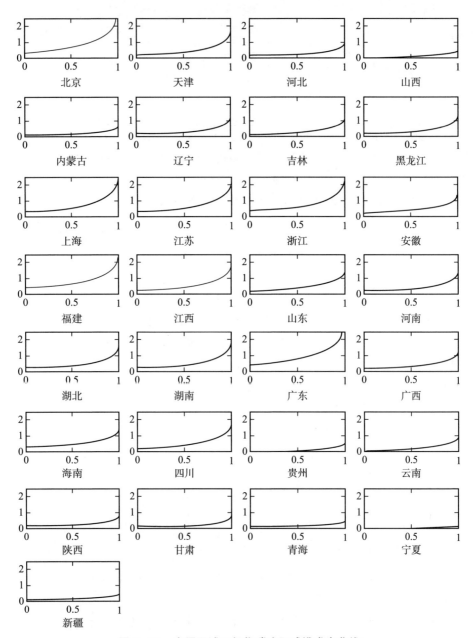

图 4 - 25   中国区域二氧化碳边际减排成本曲线

注：横轴代表减排率 r_i；纵轴代表减排率对应的二氧化碳边际减排成本 $MAC(r_i)$（单位：万元/吨）。

4.3.2　区域间碳交易多情景模拟与福利效应测度

2009 年中国政府承诺到 2020 年单位国内生产总值二氧化碳排放量（简称碳强度）将在 2005 年基础上减少 40% ~45%。2015 年政府再次承诺，到 2030 年单位国内生产总值二氧化碳排放量将在 2005 年基础上减少 60% ~65%。2016 年，国务院印发关于《"十三五"控制温室气体排放工作方法》，提出为了加快推进绿色低碳发展，将 2020 年碳强度减排目标提高到比 2015 年下降 18%。

根据目前中国政府减排的实际情况，以国务院"十三五"提出的 2020 年最新减排目标和 2030 年减排目标为对象，模拟研究不同目标下各区域之间的碳交易情况，并测度福利效应。

4.3.2.1　区域间碳交易的情景设计

1. 碳排放总量限额

根据中国碳强度减排目标，计算目标期中国全域内许可排放的碳总量限额。

第一，根据碳强度计算公式：

$$CI_t = \frac{C_t}{GDP_t} \tag{4.27}$$

式中，CI_t 表示第 t 年的碳强度，C_t 表示第 t 年的碳排放总量，GDP_t 表示第 t 年的国内生产总值。根据碳强度定义，2005 年全国二氧化碳排放量约为 757931.86 万吨，全国国内生产总值为 170049.58 亿元（2000 年不变价格），可以计算得出 2005 年碳强度 CI_{2005} 为 4.46 吨/万元。

第二，根据国家设定的强度减排目标，设计三类减排目标情景：

目标一：2020 年碳强度比 2015 年下降 18%。根据中国 2015 年实际碳强度约 2.61 吨/万元计算，该目标下 2020 年碳强度将下降到 2.14 吨/万元；

目标二：2030 年碳强度比 2005 年下降 60%，即 1.784 吨/万元；

目标三：2030 年碳强度比 2005 年下降 65%，即 1.561 吨/万元。

第三，根据相关研究，预估目标年份的国内生产总值。由于中国经济已经开始进入稳态增长阶段，假定 2017 ~2020 年的国内生产总值年增长率保持不变，根据中国社科院的《经济蓝皮书》报告，中国 GDP 年均增长率将为 6.7% 左右，由此可以计算得出 2000 年不变价格下的 2020 年国内生产

总值 GDP_{2020} 为 670812.07 亿元。进一步根据国际能源署、花旗银行和世界银行对中国 2021～2030 年经济增长率的预测分别为 6.7%，5.5% 和 4.4%，取简单算术平均值 5.4% 为计算依据，得到 2030 年国内生产总值 GDP_{2030} 约为 1145992.83 亿元。

第四，根据目标年份碳强度和国内生产总值，求出目标年份的二氧化碳排放量限额 C_{2020}。

不同目标情景下二氧化碳总量排放限额预测结果如表 4 – 19 所示。

表 4 – 19 目标年度二氧化碳排放总量限额预测

指标	2005 年	2015 年	2020 年	2030 年
国内生产总值（亿元）（2000 年价格 = 100）	170049.59	489726.60	677291.76	1145992.83
碳强度（吨/万元）	4.46	2.61	目标一：2.14	目标二：1.784 目标三：1.561
二氧化碳排放量（万吨）	757931.86	1279894.30	目标一：1435537.83	目标二：2044451.21 目标三：1788894.81

2. 碳配额的分配准则

在计算出三类不同减排目标情景下全国二氧化碳排放限额后，可以根据不同的配额分配原则，将排放限额分配至各区域。配额分配可以分为免费发放和拍卖两种制度，使用拍卖方式分配配额可能会引起碳排放权价格的较大波动，所以这里采用全部免费分配的原则将碳排放限额分配到各区域。同时，在免费分配时，为兼顾效率与公平，选择两种不同方式确定区域分配比例：第一种是祖父法，即根据各区域历史排放量来确定分配比例，这种分配方式也是欧盟温室气体排放交易市场一开始成立时所采用的配额分配方法；第二种是人口公平原则，其中心思想是每个人所享有的碳排放量额度应该是相等的，所以是根据各区域覆盖的人口数量来确定分配比例。

3. 6 种情景设计

根据碳减排目标及初始配额分配方法的选择，共设置 6 种不同的碳市场交易情景来对各区域间的碳交易和福利效应进行模拟分析，如表 4 – 20 所示。

表 4 - 20　　　　　　　　　　情景设计

6 种情景	情景介绍
情景 1	减排目标：2020 年碳强度比 2015 年下降 18% 初始配额分配原则：根据历史排放量分配
情景 2	减排目标：2020 年碳强度比 2015 年下降 18% 初始配额分配原则：根据人口数量分配
情景 3	减排目标：2030 年碳强度比 2005 年下降 60% 初始配额分配原则：根据历史排放量分配
情景 4	减排目标：2030 年碳强度比 2005 年下降 60% 初始配额分配原则：根据人口数量分配
情景 5	减排目标：2030 年碳强度比 2005 年下降 65% 初始配额分配原则：根据历史排放量分配
情景 6	减排目标：2030 年碳强度比 2005 年下降 65% 初始配额分配原则：根据人口数量分配

4.3.2.2　碳交易均衡模拟

1. 均衡价格和均衡交易量

表 4 - 21 模拟了 6 种情景下区域间碳交易的均衡结果。从均衡交易价格的模拟结果看，随着碳强度减排目标的不断提高，交易价格呈明显上升趋势。2020 年目标、2030 年 60% 和 2030 年 65% 强度减排目标下的均衡交易价格分别为 1436 元/吨、1562 元/吨和 1658 元/吨，表明随着碳强度约束的逐步收紧，减排的经济代价会越来越高，减排任务也会变得越来越艰巨。值得注意的是，配额分配方案本身不会影响均衡碳价，这表现在相同减排目标下不同配额方案得到的均衡碳价完全相同，这从实证的角度印证了科斯（Coase，1960）和达乐斯（Dales，1968）的理论。

表 4 - 21　　　　　6 种情景下均衡价格和均衡交易量模拟结果

情景	情景 1	情景 2	情景 3	情景 4	情景 5	情景 6
均衡价格（元/吨）	1436	1436	1562	1562	1658	1658
均衡交易量（万吨）	627042	473362	943971	712155	861641	653232
社会总福利（万元）	5041.25	2812.33	4936.77	4624.55	6546.87	4486.14

从均衡交易量看，相同配额方案下，交易量随着减排目标提高呈现下

降的变化规律。历史排放量配额原则下，2030 年 60% 和 2030 年 65% 强度减排目标下的均衡交易量分别为 943971 万吨和 861641 万吨。人口配额原则下，2030 年 60% 和 2030 年 65% 强度减排目标下的均衡交易量分别为 712155 万吨和 653232 万吨。一个可能的解释是，随着碳强度约束的收紧和交易价格的逐步提升，市场的交易成本大大增加，交易者转而更倾向于自主减排，造成交易量的减少。欧盟市场发展到成熟阶段后曾出现类似的情况，市场显示交易需求不足和交易量下滑。进一步观察相同减排目标下，不同配额方案的均衡交易量，发现历史配额原则下的交易量均大于人口配额原则的交易量。2020 年目标、2030 年 60% 和 2030 年 65% 强度减排目标下，前者的均衡交易量分别是 627042 万吨、943971 万吨和 861641 万吨，后者分别是 473362 万吨、712155 万吨和 653232 万吨。这说明，历史排放原则的分配方案可能更体现了构建碳市场的价值和市场效率，人口原则虽然在一定程度上体现了公平原则，但对市场的利用效率相对较低。

从碳交易产生社会福利总量看，历史排放量原则下，2030 年 60% 强度减排目标下的福利效应相比 2030 年 65% 目标下的福利低 11483.64 万元；而人口数量原则下，前者的福利效应则比后者高 138.41 万元。这一结论说明，福利与减排目标之间并非一种简单的对应性关联关系，碳市场的福利效应同时取决于减排目标约束、配额分配原则以及控排主体的边际减排成本。但是仍然存在一些有规律的变化，在相同的减排目标约束下，依据历史排放量发放配额产生的福利一般大于按照人口原则发放配额时的福利，具体来看情景 1 比情景 2 福利高出 79.26%，情景 3 比情景 4 福利高出 6.75%，情景 5 比情景 6 福利水平高出 45.94%。

2. 区域均衡交易量

图 4-26 描述了在 2020 年碳强度比 2015 年下降 18% 的减排目标下，碳交易市场建立后中国 29 个省份的二氧化碳实际排放量与根据历史排放量比例分配到的初始配额之差所代表的区域碳交易量。很明显，所有区域实际碳排放量与初始配额之间均存在明显差异。图中的正值说明部分省份的最终二氧化碳排放量大于初始配额，按照差别量从大到小排序，分别是广东、福建、江苏、浙江、湖南、四川、上海、北京、湖北、天津、江西、黑龙江、广西。也就是说，这 13 个省市将会成为碳交易市场上的配额购买者。相反地，其余 16 个省份数值为负，表明这些区域二氧化碳实际排放量小于初始配额，因而属于碳交易市场的配额出售者。这些出售碳

配额的省份按照交易量由大到小排序分别是山西、山东、内蒙古、河北、河南、陕西、新疆、辽宁、贵州、宁夏、吉林、甘肃、青海、安徽、海南和云南。

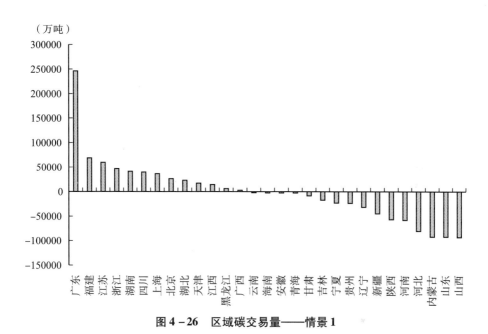

图 4 – 26　区域碳交易量——情景 1

图 4 – 27 描述了在 2020 年碳强度比 2015 年下降 18% 的减排目标下，29 个省市根据人口比例分配到的二氧化碳排放量初始配额与碳交易市场建立后的二氧化碳实际排放量之差所代表的区域碳交易量。很明显，所有区域实际碳排放量与初始配额之间均存在明显差异。同样，图中的正值说明部分省份的最终二氧化碳排放量大于基于人口分配的初始配额，按照差别量从大到小排序，分别是广东、江苏、福建、上海、浙江、天津、北京、黑龙江、湖南、辽宁。也就是说，这 10 个省市将会成为碳交易市场上的配额购买者。相反地，其余 19 个省份的二氧化碳实际排放量比初始配额少，因此成为碳交易市场的配额卖出者。这些出售碳配额的省份按照交易量由大到小排序分别是河南、山东、河北、安徽、山西、陕西、云南、内蒙古、贵州、广西、吉林、甘肃、新疆、江西、四川、宁夏、海南、青海和湖北。

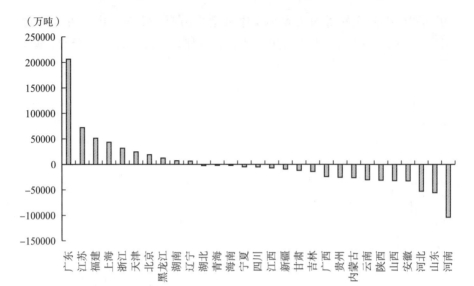

图 4 - 27　区域碳交易量——情景 2

图 4 - 28 描述了在 2030 年碳强度比 2005 年下降 60% 的减排目标下，29 个省份根据历史排放量比例分配到的二氧化碳排放量初始配额与碳交易市场建立后的二氧化碳实际排放量之差显示的区域碳交易量。图中的正值说明部分省份的最终二氧化碳排放量大于基于人口分配的初始配额，按照交易量从大到小排序，分别是广东、福建、江苏、浙江、四川、上海、湖南、北京、湖北、天津、江西、黑龙江。也就是说，这 12 个省市将会成为碳交易市场上的配额购买者。相反地，其余 17 个省份因二氧化碳排放量少于初始配额而成为碳交易市场的配额出售者。这些出售碳配额的省份按照交易量由大到小排序分别是山东、山西、内蒙古、河北、河南、陕西、新疆、辽宁、贵州、宁夏、吉林、甘肃、广西、安徽、青海、云南和海南。

图 4 - 29 描述了在 2030 年碳强度比 2005 年下降 60% 的减排目标下，29 个省市根据人口比例分配到的二氧化碳排放量初始配额与碳交易市场建立后的二氧化碳实际排放量之差显示的区域碳交易量。图中正值显示部分省份的最终二氧化碳排放量大于基于人口分配的初始配额，从而成为碳交易市场的配额购买者。这些省份按照交易量从大到小排序，分别是广东、江苏、上海、福建、浙江、天津、北京、黑龙江、湖南、辽宁、四川等 11 个省市。相反地，其余 18 个省份实际二氧化碳排放量少于初始配额，成为碳交易市场的配额出售者。这些出售碳配额的

省份按照交易量由大到小排序分别是河南、山东、河北、安徽、广西、山西、云南、陕西、贵州、内蒙古、吉林、甘肃、新疆、宁夏、江西、海南、青海和湖北。

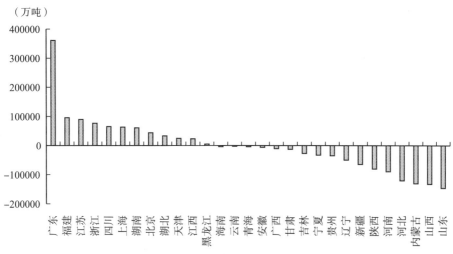

图 4 - 28　区域碳交易量——情景 3

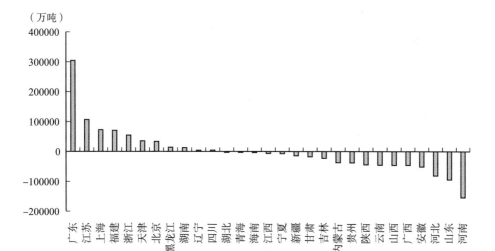

图 4 - 29　区域碳交易量——情景 4

图 4 - 30 描述了在 2030 年碳强度比 2005 年下降 65% 的减排目标下，29 个省市根据历史排放量比例分配到的二氧化碳排放量初始配额

与碳交易市场建立后的二氧化碳实际排放量的区别，代表各区域的均衡交易量。图中正值说明部分省份最终二氧化碳排放量大于基于历史排放量的初始配额，按照交易量从大到小排序，分别是广东、福建、江苏、浙江、上海、四川、湖南、北京、湖北、江西、天津、黑龙江等12个省市。也就是说，这些省市将会成为碳交易市场上的配额购买者。相反地，其余17个省份成为碳交易市场的配额卖出者。这些出售碳配额的省份按照交易量由大到小排序分别为山东、山西、内蒙古、河北、河南、陕西、新疆、辽宁、贵州、宁夏、吉林、广西、甘肃、安徽、云南、青海和海南。

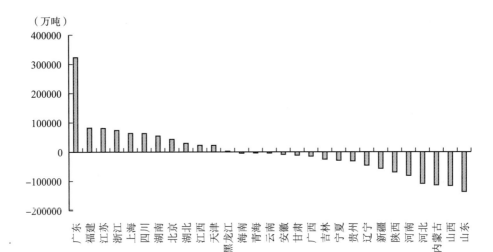

图4-30　区域碳交易量——情景5

图4-31描述了在2030年碳强度比2005年下降65%的减排目标下，29个省市根据人口比例分配到的二氧化碳排放量初始配额与碳交易市场建立后的二氧化碳实际排放量的差额，即区域碳交易量。图中正值说明部分省份的最终二氧化碳排放量大于基于人口分配的初始配额，按照交易量从大到小排序，分别是广东、江苏、上海、福建、浙江、北京、天津、湖南、黑龙江、四川、辽宁等。也就是说，这11个省市将会成为碳交易市场上的配额购买者。相反地，其余18个省份成为碳交易市场的配额卖出者。这些出售碳配额的省份按照交易量由大到小排序分别河南、山东、河北、安徽、广西、云南、山西、陕西、贵州、内蒙古、吉林、甘肃、新疆、宁夏、海南、江西、青海和湖北。

（万吨）

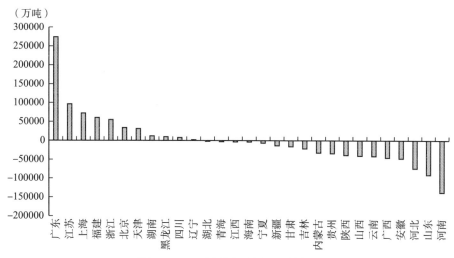

图 4 - 31 区域碳交易量——情景 6

4.3.2.3 福利效应测度

图 4 - 32 描述了在 2020 年碳强度比 2015 年下降 18% 的减排目标下，按照历史排放量比例来进行初始配额分配时 29 个省市的福利效应。如图所示，在达到上述减排目标的条件下，相对于各区域自主减排时的情况，由于碳交易市场的成本节约效应而增加的社会总福利为 5041.25 万元。其中，获得福利最大的 5 个省份分别是广东、宁夏、内蒙古、陕西和北京，福利共计 2801.55 万元，占全国总福利的 55.57%。获得福利最小的 5 个省份分别是广西、云南、安徽、黑龙江和海南，福利总计仅 7.88 万元，占全国总福利的 0.16%。福利效应最大的广东所获福利是福利效应最小的广西的 36327倍，各省份福利标准差为 209.09 万元。

（万元）

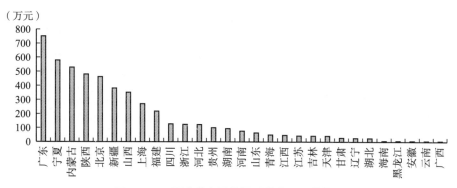

图 4 - 32 区域碳交易的福利效应——情景 1

图4-33 描述了在2020年碳强度比2015年下降18%的减排目标下，根据人口准则分配初始配额时各省市的福利效应。如图所示，由于碳交易市场的成本节约效应而增加的社会总福利为2812.33万元，总量小于情景1。其中，获得福利最大的5个省份分别是广东、上海、陕西、北京和福建，福利共计1597.74万元，占全国总福利的56.81%。获得福利最小的5个省份分别是湖北、辽宁、四川、湖南和黑龙江，福利总计仅15.40万元，占全国总福利的0.55%。福利效应最大的广东省所获福利是福利效应最小的湖北省的8126倍，各省份福利标准差为124.23万元，福利效应的区域分布相对于情景1更均衡。

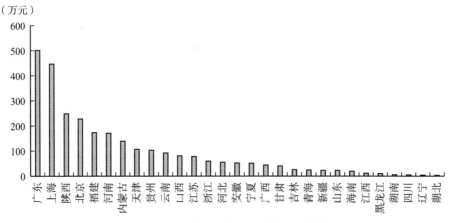

（万元）

图4-33 区域碳交易的福利效应——情景2

图4-34 描述了在2030年碳强度比2005年下降60%的减排目标下，根据历史排放量比例分配情景下的各省市的福利效应。如图所示，在达到上述减排目标的条件下，相对于各区域自主减排时的情况，由于碳交易市场的成本节约效应而增加的社会总福利为4936.77万元。其中，获得福利最大的5个省份分别是广东、北京、宁夏、内蒙古和陕西，福利共计2622.82万元，占全国总福利的53.13%。获得福利最小的5个省份分别是云南、黑龙江、安徽、广西和海南，福利总计仅13.90万元，占全国总福利的0.28%。福利效应最大的广东省所获福利是福利效应最小的云南省的1524倍，各省份福利标准差为194.83万元。

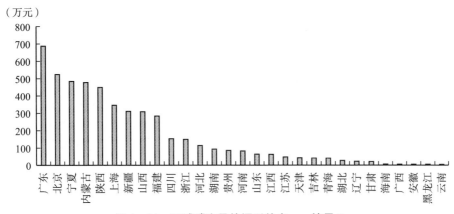

（万元）

图4－34　区域碳交易的福利效应——情景3

　　图4－35描述了在2030年碳强度比2005年下降60%的减排目标下，根据人口比例分配初始配额情景下的各省市的福利效应。如图所示，在达到上述减排目标的条件下，相对于各区域自主减排时的情况，由于碳交易市场的成本节约效应而增加的社会总福利为4624.55万元，略低于情景3。其中，获得福利最大的5个省份分别是陕西、河南、云南、海南和安徽，福利共计1725.47万元，占全国总福利的37.31%。获得福利最小的5个省份分别是浙江、江苏、黑龙江、福建和辽宁，福利总计仅41.95万元，占全国总福利的0.91%。福利效应最大的陕西省所获福利是福利效应最小的浙江省的187倍，各省份福利标准差为119.39万元，福利在不同区域之间的分布相对于情景3更均衡一些。

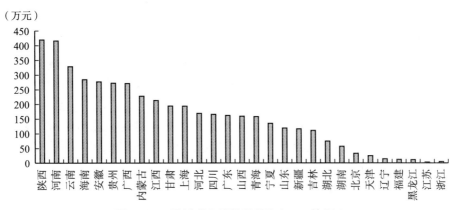

（万元）

图4－35　区域碳交易的福利效应——情景4

图 4 – 36 描述了在 2030 年碳强度比 2005 年下降 65% 的减排目标下，根据历史排放量比例分配的情景下各省市的福利效应。如图所示，在达到上述减排目标的条件下，相对于各区域自主减排时的情况，由于碳交易市场的成本节约效应而增加的社会总福利为 6546.87 万元。其中，获得福利最大的 5 个省份分别是宁夏、内蒙古、陕西、新疆和山西，福利共计 3785.41 万元，占全国总福利的 57.82%。获得福利最小的 5 个省份分别是江苏、江西、天津、湖北和湖南，福利总计仅 14.00 万元，占全国总福利的 0.21%。福利效应最大的宁夏所获福利是福利效应最小的江苏省的 22810 倍，各省份福利标准差为 269.30 万元。

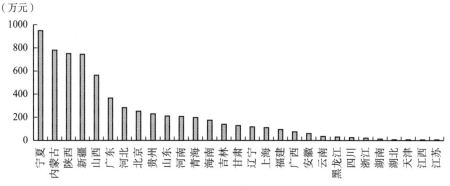

图 4 – 36　区域碳交易的福利效应——情景 5

图 4 – 37 描述了在 2030 年碳强度比 2005 年下降 65% 的减排目标下，根据人口比例分配的情景下各省市的福利效应。如图所示，在达到上述减排目标的条件下，相对于各区域自主减排时的情况，由于碳交易市场的成本节约效应而增加的社会总福利为 4486.14 万元，略低于情景 5。其中，获得福利最大的 5 个省份分别是河南、陕西、广西、云南和海南，福利共计 1727.16 万元，占全国总福利的 38.50%。获得福利最小的 5 个省份分别是浙江、江苏、福建、黑龙江和辽宁，福利总计仅 40.11 万元，占全国总福利的 0.89%。福利效应最大的河南省所获福利是福利效应最小的浙江省的 3337 倍，各省份福利标准差为 118.34 万元，福利在区域间的分布将对于情景 5 更均衡一些。

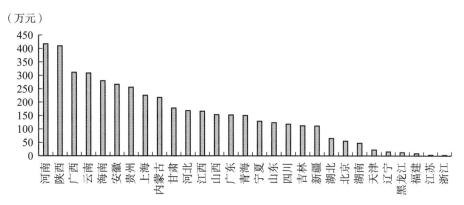

图 4 - 37　区域碳交易的福利效应——情景 6

4.3.3　多情景比较与政策评估

4.3.3.1　多情景下区域角色承担比较

如表 4 - 22 所示，根据不同交易情景下，各区域所承担的交易角色及其变化，大致可以分为四类。

第一类：情景设计不影响区域角色承担，该区域始终是市场的购买者。这类区域包括北京、天津、黑龙江、上海、江苏、浙江、福建、湖南、广东。

第二类：情景设计不影响区域角色承担，该区域始终是市场的出售者。这类区域包括河北、山西、内蒙古、吉林、安徽、山东、河南、湖南、贵州、云南、陕西、甘肃、青海。

第三类：情景设计会导致区域角色承担变化，但最终该区域转化为第一类区域。这类区域包括四川、江西和湖北，分别按照历史排放量准则和人口准则分配时，这三个省份会从购买者转化为出售者，但是随着减排强度目标提升到目标二或目标三时，则转化为第一类地区，成为彻底的购买者。

第四类：情景设计会导致区域角色承担变化，但最终该区域转化为第二类区域。这类区域包括辽宁，分别按照历史排放量准则和人口准则分配时，会从出售者转化为购买者，但是随着减排强度目标提升到目标三时，则转化为第二类地区，成为彻底的出售者；广西按照历史排放量准则和人口准则分配时，会从购买者转化为出售者，但是随着减排强度目标提升到目标二时，则转化为第二类地区，也成为彻底的出售者。

表 4 – 22 多情景下各区域市场交易角色

省份	目标一		目标二		目标三	
	历史排放量准则	人口准则	历史排放量准则	人口准则	历史排放量准则	人口准则
北京	买方	买方	买方	买方	买方	买方
天津	买方	买方	买方	买方	买方	买方
河北	卖方	卖方	卖方	卖方	卖方	卖方
山西	卖方	卖方	卖方	卖方	卖方	卖方
内蒙古	卖方	卖方	卖方	卖方	卖方	卖方
辽宁	卖方	买方	卖方	买方	卖方	买方
吉林	卖方	卖方	卖方	卖方	卖方	买方
黑龙江	买方	买方	买方	买方	买方	买方
上海市	买方	买方	买方	买方	买方	买方
江苏	买方	买方	买方	买方	买方	买方
浙江	买方	买方	买方	买方	买方	买方
安徽	卖方	卖方	卖方	卖方	卖方	卖方
福建	买方	买方	买方	买方	买方	买方
江西	买方	卖方	买方	卖方	买方	卖方
山东	卖方	卖方	卖方	卖方	卖方	卖方
河南	卖方	卖方	卖方	卖方	卖方	卖方
湖北	买方	卖方	买方	卖方	买方	买方
湖南	买方	买方	买方	买方	买方	买方
广东	买方	买方	买方	买方	买方	买方
广西	买方	买方	买方	买方	买方	买方
海南	卖方	买方	卖方	买方	卖方	买方
四川	买方	卖方	买方	买方	买方	买方
贵州	卖方	卖方	卖方	买方	卖方	买方
云南	卖方	卖方	卖方	买方	卖方	卖方
陕西	卖方	卖方	卖方	卖方	卖方	卖方
甘肃	卖方	卖方	卖方	卖方	卖方	卖方
青海	卖方	卖方	卖方	卖方	卖方	卖方

续表

省份	目标一		目标二		目标三	
	历史排放量准则	人口准则	历史排放量准则	人口准则	历史排放量准则	人口准则
宁夏	卖方	卖方	卖方	卖方	卖方	卖方
新疆	卖方	卖方	卖方	卖方	卖方	卖方

4.3.3.2　多情景下区域交易量与区域福利效应比较

图4-38和图4-39分别比较了人口配额原则和历史排放配额原则下各区域在完成三类不同减排目标时的交易量。各区域交易量的变化规律与全域范围内的情况比较相似，随着强度约束从目标二升级为目标三，各省份的交易量出现明显的反向收缩，表明各区域趋向退出市场，更多地通过自主减排达到预定的目标。但是，这里面也存在个别特例，包括作为购买者的上海市，作为出售者的安徽省和云南省的交易量始终上升，随着减排目标提升对市场的依赖越来越强。

配额方案对于交易量的影响没有明显的规律性，历史配额原则下交易量超过人口配额交易量的省份包括北京、河北、山西、内蒙古、辽宁、吉林、浙江、福建、山东、湖南、广东、陕西、宁夏和新疆等14个省份，其余省份则正好相反。

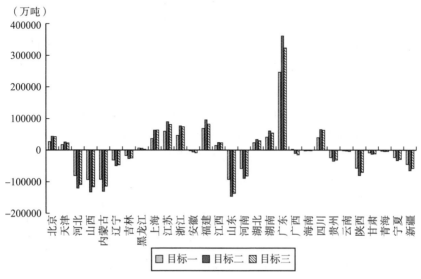

图4-38　基于人口配额原则的区域碳交易量比较

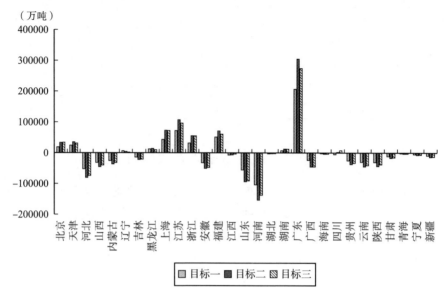

图 4-39　基于历史排放配额原则的区域碳交易量比较

在福利效应方面，不同的减排目标对于各区域福利大小也有影响。图 4-40 和图 4-41 分别描述了在人口配额原则和历史排放量原则下，各省份在三类不同减排目标下的福利效应。在人口配额原则下，随着碳强度目标约束的增强，各省份的福利呈现出不同的变化特征，大致可以分为四类：（1）福利减少的省份：包括天津、浙江、福建、广东；（2）福利增强的省份：包括河北、辽宁、黑龙江、山东、河南、广西；（3）福利先减少后增强的省份：包括北京、上海、江苏；（4）福利先增强后减少的省份：包括山西、内蒙古、安徽、江西、湖北、湖南、海南、四川、贵州、云南、山西、甘肃、青海、宁夏、新疆。在历史排放原则下的情况大致也可以分为上述四类：（1）福利减少的省份：包括天津、江苏、福建、湖北、湖南、广东；（2）福利增强的省份：包括河北、辽宁、吉林、安徽、山东、河南、广西、海南、云南、青海；（3）福利先减少后增强的省份：包括山西、内蒙古、黑龙江、贵州、山西、甘肃、宁夏、新疆；（4）福利先增强后减少的省份：包括北京、上海、浙江、江西、四川。之所以出现不同程度和不同方向的复杂变化，源自强度目标对福利的影响受两种因素作用：一是各区域对市场的依赖程度，即交易量；二是各区域在市场中的交易角色扮演，即充当配额出售者还是购买者。正如前面证明的，当碳强度约束增强时，这两个因素会呈现出不同的变化和转换，最终导致源自交易过程的福利效应呈现出多种复杂情况。同样的道理，如果在相同的减排目标下，实行人口配额原则或者历史排放配额原则，各区域的福利变化也没有明确的规律可循，需要取决于各区域具体的情况，此处不再赘述。

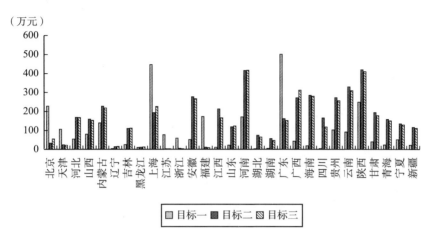

图 4 – 40　基于人口配额原则的区域福利效应比较

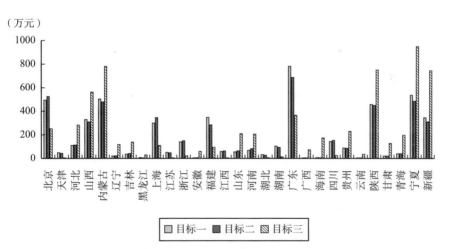

图 4 –41　基于历史排放配额原则的区域福利效应比较

4.4　本 章 小 结

本章提供了一个以参数化方法求解二氧化碳边际减排成本的模型。首先，构建同时包含期望产出和非期望产出的二次型生产函数，利用方向性距离函数求解生产单元无效率值总和最小时二次型函数的相关参数，进而在生产单元的前沿面找到减少 1 单位二氧化碳排放需放弃的期望产出数量，即二氧化碳边际减排成本或影子价格。利用这一模型，本章首先利用 40 个工业行业 2005~2016 年数据模拟了各行业的边际减排成本。通过聚类分析，工业行业被划分为"低碳强、低排放""低碳强、高排放""高碳强、低排放""高碳强、高排放"等四大类，并对其边际减排成本特征进行了比较。结果发现："高碳强、高碳排"行业的资本密集度较大、能源利用效率相对较低、边际减排成本更低，从经济性上看应承担更多减排义务，应作为减排的重点行业。以相同的方法，利用 29 个省（市）2005~2015 年数据，同时模拟了各省（市）的区域边际减排成本曲线。

以行业/区域边际减排成本曲线为基础，进行碳交易市场出清的多情景模拟。模拟主要着眼于不同减排目标约束及初始碳配额分配方案下，碳交易市场出清价格、均衡交易量及市场福利总量及其分布。由于出清价格、交易量、福利效应与控排主体的边际减排成本之间是一个相互影响的复杂系统，所以本章研究结论仅限于既定的模拟情景，可能并不适用于直接推广到其他研究对象或非既定情景。

对行业间碳交易市场的模拟结果显示：（1）减排目标约束的影响。从市场角度看，随着减排目标约束增强，碳交易价格呈上升趋势，行业间碳市场交易规模增大，与之相对应的福利效应也逐步显现。从行业角度看，减排目标约束增强，对各行业得自碳市场的福利效应具有正向的总量效应，以及产生影响福利在不同行业分布变化的结构效应。（2）免费配额比例变化的影响。从市场角度看，相同目标约束下，免费配额比例下降引起碳价预期上升，反向刺激配额需求缩减，造成碳市场交易总量及实际碳价下降，与之相对应的福利效应总量收缩。从行业角度看，免费配额比例下降会引起各行业福利效应缩减，但却对福利在各行业的分布结构影响较小。免费配额比例变化几乎不会影响各行业作为碳市场购买方或出售方的角色担当，以及行业交易量的市场占比。但是，由于福利总量缩减，以绝对量衡量的行业间福利分布差异缩小。

对区域间碳交易市场的模拟结果显示：（1）减排目标约束的影响。从市场角度看，随着减排强度目标约束提高，区域间碳市场均衡价格呈上升趋势。从区域角度看，不同的减排目标约束会影响区域作为市场购买者或出售者的角色担当。同时，随着减排目标约束增强，多数区域会选择更多自主减排，减少市场交易量，但也存在更多依赖市场的特例。减排目标约束对区域购/售角色的影响，加之对其交易量的影响，使区域福利总量及其分布呈现多种复杂情况。（2）历史/人口分配原则的影响。从市场角度看，历史/人口分配原则不影响配额总量，仅改变不同区域间配额分配比例，事实证明这种变化并不影响碳市场的出清价格。同时，历史分配原则相对于人口分配原则会产生更大的市场交易量，一定程度上表明前者更体现市场效率，后者则更体现公平属性。与此相对应，历史排放量原则下的福利总量也大于人口数量原则下的福利总量。从区域角度看，人口数量原则下的区域福利分布比历史排放量原则下更为均衡，不同分配原则对区域交易量和福利的影响则似乎并不存在明确的规律。

第5章　基于非参数法的成本传导效应评估与政策研究

5.1　基于非参数法的二氧化碳影子价格模型

5.1.1　产出可能性边界

企业在生产过程中产生期望产出的同时会伴随非期望产出的产生，通常把期望产出称之为好产出，非期望产出称之为坏产出。假设用 y 来表示好产出，b 表示坏产出，x 表示投入向量。此处将坏产出纳入多产出的生产效率衡量框架，基于费尔等（2005）的环境技术构建包括好产出和坏产出的产出可能性边界：

$$P(x) = \{(y, b): x \ can \ produce(y, b)\} \qquad (5.1)$$

集合 $P(x)$ 表示 K 种要素投入所能生产的好产出 y 和坏产出 b 的所有组合，其中投入向量 $x_k(k=1, \cdots, K) \in M_+^k$，好产出 $y_u(u=1, \cdots, U) \in M_+^u$，坏产出 $b_v(v=1, \cdots, V) \in M_+^v$。为了使同时包含了好产出和坏产出的环境技术具体化和模型化，在此需要用到一些假设：

（1）投入要素具有强可处置性或自由可处置性。强可处置性意味着投入增加时，好产出至少不会减少，即 $x_1 \leq x_2$，则 $P(x_1) \subseteq P(x_2)$。

（2）好产出强可处置性。好产出的强可处置性表明，如果既定的好产出和坏产出的产出组合是可行的，那么其他条件不变时，只减少好产出的产出组合也是可行的。也就是说可以不费任何代价的减少好产出，即若 $(y, b) \in P(x)$，且 $y_1 \leq y$，那么 $(y_1, b) \in P(x)$。

（3）好产出和坏产出的弱可处置性。弱可处置性意味着坏产出的减少不是免费的，通常伴以好产出的减少为代价。若 $(y, b) \in P(x)$，$0 \leq \alpha \leq 1$，

则 $(\alpha y, \alpha b) \in P(x)$ 。

（4）零结合性。该性质说明了非期望产出与期望产出是属于联合生产的，除非不生产，否则要生产期望产出，就必然产生非期望产出。即若 $(y, b) \in P(x)$ ，$b = 0$ ，则 $y = 0$ 。

参照费尔等（1994）的做法，用数学模型表达满足上述条件的环境技术。假定决策单元 $i = 1, \cdots, I$ ，其投入产出矩阵为 $(X_{(I \times K)}, Y_{(I \times U)}, B_{(I \times V)})$ 。使用这些投入、好产出和坏产出的数据，可以构造规模报酬不变条件下的环境技术，从而构造基于一定环境技术的产出可能性边界。

$$P(x) = \begin{cases} \lambda Y \geqslant y_{i,u}, & u = 1, \cdots, U \\ \lambda X \leqslant x_{i,k}, & k = 1, \cdots, K \\ \lambda B = b_{i,v}, & v = 1, \cdots, V \\ \lambda_i \geqslant 0, & i = 1, \cdots, I \end{cases} \tag{5.2}$$

其中，X、Y 和 B 代表所有决策单位的投入矩阵和好、坏产出矩阵。λ 为强度列向量，表示一个单位的资源在多大程度上被用来投入生产，即把前沿内决策单元映射到该生产前沿之上的权重。环境技术构建了在一定的技术效率和投入向量下的产出可能性边界，即好产出和坏产出生产的最大集合。

5.1.2　方向性环境距离函数

方向性环境距离函数就是在给定方向、投入和技术结构下，期望产出增加同时非期望产出减少的可能性。它可以完整地描述生产过程的全部特征，继承了产出可能性边界的所有性质。假设好产出和坏产出满足上述环境技术的假设，二氧化碳排放没有环境管制约束。

图 5-1 展示了传统谢波德（Shephard）距离函数和方向性距离函数的基本差异。谢波德产出距离函数是一条经过观察点 A 的射线，好产出和坏产出同比例增加到前沿产出 D 点，表明好产出的增加必然伴随着污染的增加，不可能出现好产出增加污染减少的情况。不同于谢波德产出距离函数，方向性距离函数是一条经过观察点 A 点的射线，沿着方向性向量 $g = (g_y, -g_b)$ 的方向增加到前沿产出 B 点，方向性距离函数提出了好产出增加同时坏产出减少的可能性。方向性环境距离函数不仅决定于环境技术，还决定于方向向量 $g = (g_y, -g_b)$ 。因此，当方向向量 $g = (1, 0)$ ，方向性产出距离函数就变成了谢波德的产出距离函数，这说明前者是后者的一般形式。

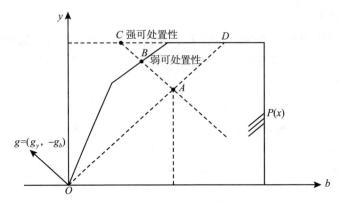

图 5-1　谢波德距离函数与方向性距离函数

根据费尔等（2001）的思想，用方向性环境距离函数作为环境技术的函数表达式。设方向向量 $g = (g_y, -g_b)$，并且假设 $g \neq 0$，则方向性环境产出距离函数可以表示为：

$$\vec{D}_0(y, x, b; g_y, -g_b) = sup\ [\delta: (y + \delta g_y, b - \delta g_b) \in P(x)] \qquad (5.3)$$

在这里，给定投入 x，δ 就是在给定技术下期望产出增加，非期望产出同时减少的最大可行数量。

如图 5-1 所示，方向向量 $g = (g_y, -g_b)$，A 点为某一个决策单位目前的产出组合。A 点处于一定技术效率下的生产前沿内部，由于高能耗、高排放等因素引起的生产无效性使得生产单位 A 具有通过节能减排在现有技术效率和投入的基础上进一步增加期望产出和减少非期望产出的可能性。A 点到 C 点的移动体现了非期望产出具有自由可处置性的假设，意味着非期望产出的减少不需要以好产出的减少为代价。此时 δ 等于 AC/Og，但是在现实中，降低非期望产出不可能不花费代价，肯定要占用生产好产出的资源，导致在给定技术效率和投入水平下好产出的减少，所以贴近现实情况的技术假设应该是弱可处置性假设。这里采用好产出和坏产出具有弱可处置性假设，此时 $\delta = AB/Og$，表示期望产出增加和非期望产出同时减少的最大可行数量。

5.1.3　方向性环境生产前沿函数

1. 静态方向性环境生产前沿函数

方向性环境生产前沿函数与方向性环境距离函数之间的关系为：

$$R(y, x, b; g_y - g_b) = [1 + D_0(y, x, b; g_y, -g_b)]y \qquad (5.4)$$

取方向性向量 $g = (g_y, -g_b)$ 为 $(y, -b)$，其经济含义是好产出和坏产出都是在现有基础上比例性增减。构造以 t 期为基准的静态方向性环境生产前沿函数为：

$$R^t(y_i^t, x_i^t, b_i^t; y_i^t, -b_i^t) = \max_{\lambda, \delta}(1 + \delta)y_i^t \qquad (5.5)$$

$$\lambda_i Y_{I \times U}^t \geqslant (1 + \delta)y_{i,u}^t, \quad u = 1, \cdots, U$$

$$\lambda_i X_{I \times K}^t \leqslant x_{i,k}^t, \qquad k = 1, \cdots, K$$

$$\lambda_i B_{I \times V}^t = (1 - \delta)b_{i,v}^t, \quad v = 1, \cdots, V$$

$$\lambda_i \geqslant 0, \qquad\qquad i = 1, \cdots, I$$

同样在 $P^{t+1}(x^{t+1})$ 的静态方向性环境生产前沿函数为：

$$R^{t+1}(y_i^{t+1}, x_i^{t+1}, b_i^{t+1}; y_i^{t+1}, -b_i^{t+1}) = \max_{\lambda, \delta}(1 + \delta)y_i^{t+1} \qquad (5.6)$$

$$\lambda_i Y_{I \times U}^{t+1} \geqslant (1 + \delta)y_{i,u}^{t+1}, \quad u = 1, \cdots, U$$

$$\lambda_i X_{I \times K}^{t+1} \leqslant x_{i,k}^{t+1}, \qquad k = 1, \cdots, K$$

$$\lambda_i B_{I \times V}^{t+1} = (1 - \delta)b_{i,v}^{t+1}, \quad v = 1, \cdots, V$$

$$\lambda_i \geqslant 0, \qquad\qquad i = 1, \cdots, I$$

2. 动态方向性环境生产前沿函数

动态方向性生产前沿函数通过引进时间变化的因素，考察属于不同时期的污染与前沿产出之间的关系，用动态分析的方法论述当环境技术和投入不变时，污染变化对产出的影响。在衡量污染变化对产出的影响时，既可以以 t 期的产出和投入作为基准，也可以以 $t+1$ 期的产出和投入作为基准，观察由 b^t 到 b^{t+1} 对前沿产出的影响。下面首先构造以 t 期的产出和投入作为基准的动态环境生产前沿函数：

$$R^t(y_i^t, x_i^t, b_i^{t+1}; y_i^t, -b_i^t) = \max_{\lambda, \delta}(1 + \delta)y_i^t \qquad (5.7)$$

$$\lambda_i^t Y_{I \times U}^t \geqslant (1 + \delta)y_{i,u}^t, \quad u = 1, \cdots, U$$

$$\lambda_i^t X_{I \times K}^t \leqslant x_{i,k}^t, \qquad k = 1, \cdots, K$$

$$\lambda_i^t B_{I \times V}^t = b_{i,v}^{t+1} - \delta b_{i,v}^t, \quad v = 1, \cdots, V$$

$$\lambda_i^t \geqslant 0, \qquad\qquad i = 1, \cdots, I$$

其次构造以 $t+1$ 期为基准的动态环境生产前沿函数：

$$R^{t+1}(y_i^{t+1}, x_i^{t+1}, b_i^t; y_i^{t+1}, -b_i^{t+1}) = \max_{\lambda, \delta}(1 + \delta)y_i^{t+1} \qquad (5.8)$$

$$\lambda_i Y^t_{I \times U} \geqslant (1 + \delta) y^t_{i,u}, \quad u = 1, \cdots, U$$

$$\lambda_i X^t_{I \times K} \leqslant x^t_{i,k}, \quad k = 1, \cdots, K$$

$$\lambda_i B^t_{I \times V} = b^t_{i,v} - \delta b^{t+1}_{i,v} \quad v = 1, \cdots, V$$

$$\lambda_i \geqslant 0, \quad i = 1, \cdots, I$$

变量 λ_i 是强度变量，既是反映决策单元评价技术效率的权重，同时也是衡量技术结构的参数，$X^T_{I \times K}$ 和 $Y^T_{I \times U}$ 分别是所有生产者在 t 期的投入向量和产出向量，$X^{T+1}_{I \times K}$ 和 $Y^{T+1}_{I \times U}$ 分别是所有生产者在 $t+1$ 期的投入向量和产出向量。

根据环境技术的弱可处置性假设可知，若 $b_1 > b_2$，则 $R^t(y^t, x^t, b^t_1; y^t, -b^t) \geqslant R^t(y^t, x^t, b^t_2; y^t, -b^t)$，其经济意义就是治理污染会占用一部分好产出的投入，使得不治理污染相对于治理污染具有额外的增长。如图 5-2 所示，在环境技术 $P^t(x^t)$ 下，生产者 A 和生产者 B 沿着方向性向量 $g_1 = (y^t, -b^t)$ 投射到环境技术前沿上的点分别为 A_1 和 B_1，此时生产者 A 和生产者 B 的前沿函数的差异为 $R^t(y^t_i, x^t_i, b^{t+1}_i; g_1)$ 和 $R^t(y^t_i, x^t_i, b^t_i; g_1)$ 的差。在环境技术 $P^{t+1}(x^{t+1})$ 下，生产者 C 和生产者 D 沿着方向性向量 $g_2 = (y^{t+1}, -b^{t+1})$ 投射到环境技术前沿上的点分别为 C_1 和 D_1，前沿产出差异为 $R^{t+1}(y^{t+1}_i, x^{t+1}_i, b^{t+1}_i; g_2)$ 与 $R^{t+1}(y^{t+1}_i, x^{t+1}_i, b^t_i; g_2)$ 之差。在相同的技术环境下，生产者在环境生产前沿上的差异就是在技术结构和投入一定时，仅污染变化对产出的影响。

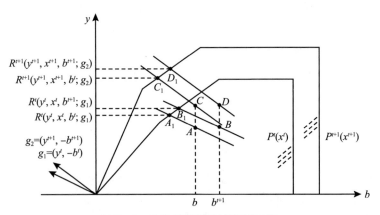

图 5-2　方向性环境生产前沿函数

5.1.4　二氧化碳影子价格模型

根据环境技术的假设，好产出和坏产出具有联合弱处置性，在环境技术 $P(x)$ 下减少坏产出，好产出就会随之减少，这就是环境管制的产出效应。基于环境生产前沿函数和实际产出之间的关系，实际产出变化可以分解为环境技术效率的变化和环境生产前沿的变化两个部分。如果保持环境技术效率不变，衡量环境生产前沿的变化对产出的影响，又涉及参照基准选择的问题。此时，可以以 t 期的产出和投入作为基准，观察 $R^t(y_i^t, x_i^t, b_i^t; y_i^t, -b_i^t)$ 和 $R^t(y_i^t, x_i^t, b_i^{t+1}; y_i^t, -b_i^t)$ 的变化；也可以以 $t+1$ 期的产出和投入作为基准，观察 $R^{t+1}(y_i^{t+1}, x_i^{t+1}, b_i^t; y_i^{t+1}, -b_i^{t+1})$ 和 $R^{t+1}(y_i^{t+1}, x_i^{t+1}, b_i^{t+1}; y_i^{t+1}, -b_i^{t+1})$ 的变化。为避免参照基准选择的随意性，根据费雷（Fisher，1992）的指数理论思想，也参照科维斯等（Caves et al.，1998）以及费尔等（1998）指数方法，此处选取两种基准所得环境生产前沿变化指数的几何平均值。进而，基于环境生产前沿函数与二氧化碳排放之间的关系，构造环境污染变化边际产出效应 ME 指数：

$$ME = \left[\frac{R^t(y^t, x^t, b^{t+1}; y^t, -b^t)}{R^t(y^t, x^t, b^t; y^t, -b^t)} \times \right.$$
$$\left. \frac{R^{t+1}(y^{t+1}, x^{t+1}, b^{t+1}; y^{t+1}, -b^{t+1})}{R^{t+1}(y^{t+1}, x^{t+1}, b^t; y^{t+1}, -b^{t+1})} \right]^{\frac{1}{2}} - 1 \qquad (5.9)$$

ME 指数衡量在技术效率 $p(x)$、产出水平 y、投入向量 x，以及方向向量 g 不变的条件下，污染排放变化（从 b^t 到 b^{t+1}）导致的前沿产出的变化 $[$ 从 $R(y, x, b^t; y, -b)$ 到 $R(y, x, b^{t+1}; y, -b)]$。

本书以二氧化碳作为坏产出，由于坏产出二氧化碳未经过市场交易，没有市场价格。因此，首先需要依据二氧化碳与好产出的关系估算其影子价格。在投入和技术效率一定的条件下，实行环境管制时，二氧化碳的排放量减少，相较于没有环境管制的情况，产出会随之减少。不对环境治理增加投入时，二氧化碳排放量增加，投入到产出的要素增加，产出自然增加。所以二氧化碳增加（减少）一个单位所造成的产出的变化就是二氧化碳的影子价格。将生产水平（$y_{i,t}$, $x_{i,t}$, b）下，单位二氧化碳变化导致环境前沿产出的变化量定义为二氧化碳的影子价格，可得二氧化碳的影子价格为：

$$CSP = \frac{y_{i,t-1} \times ME_{i,t}}{CO_{2i,t} - CO_{2i,t-1}} \qquad (5.10)$$

这里，i 表示第 i 个生产单位，t 表示时期。根据二氧化碳影子价格的经济意义可知，当二氧化碳排放量变化方向不同时，二氧化碳的影子价格具有不对称性。二氧化碳排放量减少时，二氧化碳的影子价格表示单位二氧化碳排放减少所造成的产出减少量，此时希望影子价格越低越好；二氧化碳排放增加时，二氧化碳的影子价格表示单位二氧化碳排放增加所造成产出的增加量，此时影子价格越高越好。

5.2 行业成本传导效应多情景模拟评估与政策比较

5.2.1 行业二氧化碳影子价格估算

5.2.1.1 数据来源

在整个国民经济产业体系中，工业行业的能源消耗与二氧化碳排放量占绝大比例，因而成为经济、环境、资源协调性研究的重点领域。此处，以我国 36 个工业行业作为基本研究单元，以工业增加值为产出指标，二氧化碳排放量为污染指标，资本存量、年平均从业人数和能源消耗总量为投入指标来研究 36 个工业行业 2005～2015 年间的影子价格。相关指标数据的来源和处理方法如下：

（1）工业增加值。利用 2005 年各行业的工业增加值分别乘以国家统计局公布的工业行业增加值累计增速求得各个行业的工业增加值，单位为亿元。

（2）资本存量。利用永续盘存法来估计每年的实际资本存量，此处主要参考了陈诗一（2011）已有的研究成果，并按照其公布的方法将资本存量序列扩展到 2015 年，以 2005 年不变价格计算，单位为亿元。

（3）年平均从业人数。根据《中国人口统计年鉴》和第一、第二、第三次经济普查、第六次人口普查的数据整理得出全工业行业年平均从业人数，单位为万人。

（4）能源消耗量。来自历年《中国能源统计年鉴》公布的工业各行业的能源消耗总量，单位为万吨。

（5）二氧化碳排放数据。现有的研究机构尚无分行业的二氧化碳排放数据，但由于二氧化碳排放主要来源于化石能源的消费。为精确起见，这里将能源消费细分为八大类主要能源消费，包括原煤、焦炭、原油、汽油、柴油、煤油、天然气、燃料油。所有能源消费数据皆取自历年《中国能源统计年鉴》。二氧化碳排放量根据各种能源的折煤系数和碳排放系数计算求得。在此基础上，乘以将碳原子质量转换为二氧化碳分子质量的转换系数44/12 即可。折煤系数和碳排放系数摘自《能源统计报表制度 2010》和《IPCC 国家温室气体清单指南》。

5.2.1.2　变量的统计特征

（1）行业间工业品出厂价格指数不平衡。以不变价格的行业工业增加值对价格指数进行加权平均，按 2005 年工业品出厂价格水平，2006 年工业行业出厂价格指数上涨 3.15%，2009 年上涨 7.18%，2012 年上涨 18.89%，2015年增加 6.86%。如果只采用行业间的简单平均，2006 年上涨 3.56%，2009年上涨 8.82%，2012 年上涨 22.73%，2015 年增加 12.80%，均高于同期加权平均价格指数，说明工业增加值较小的行业价格增长较快（见表 5 – 1）。

表 5 – 1　　投入、产出、价格及环境技术效率变量的统计性描述

变量	观察数	平均值	标准差	最小值	最大值
工业增加值（亿元）	396	4332.89	4006.46	3.7	21217
工业产品价格指数（2005 = 100）	396	113.58	18.40	78.80	186.75
资本存量（亿元）	396	12283.90	15305.34	218.2	109125.36
固定资产投资价格指数（2005 = 100）	11	115.93	10.00	100	126.24
年平均就业人数（百万人）	396	341.71	278.55	0.3	1479.57
工业能源消耗总量（万吨标煤）	396	6499.75	11903.2	101.68	69342.42
工业二氧化碳排放量（万吨）	396	24112.25	63265.34	0.76	381628.06

资料来源：国家统计局月度数据、《中国统计年鉴》2003 ~ 2016 年、《中国能源统计年鉴》2003 ~ 2016 年、《中国劳动统计年鉴》2006 ~ 2016 年、第一、第二、第三次经济普查和第六次人口普查数据整理。

（2）行业间固定资产投资价格指数。由于中国没有公布工业分行业的固定资产投资指数。所以在本书中，所有行业使用统一的固定资产投资价格指数进行折算。总体上，固定资产投资价格 2015 年相对于 2005 年累计增加 15.52%，价格上涨幅度较大。价格上涨最快的是 2008 年，相对于上年价格上涨了 8.9%。2009 年和 2015 年固定资产投资价格指数则分别比上年

下降了 2.4% 和 1.8% 。

（3）工业行业从业人数总体趋势呈上升状态。我国工业行业的从业人数在 2005~2015 年间有升有降，但是随着经济的发展，总体趋势呈上升状态。

（4）工业增加值和资本存量。工业增加值以 2005 年为基期，在 2005~2015 年间保持较快的增长速度，由 2005 年的 76231.07 亿元增加到 2015 年的 241435.83 亿元，增加了 165204.76 亿元，增幅超过 2 倍。在 2005~2015 年间，每年的固定资产投资大于当年折旧，使得资本存量逐年递增，由 2005 年的 146671.47 亿元增加到 2015 年的 914895.13 亿元，增加了 768223.67 亿元，累计增幅达 5 倍多。

（5）能源消耗量。本书采用各行业的能源消耗总量来代表工业资源性原材料投入，一方面因为能源消耗总量和二氧化碳排放量直接相关，另一方面能源为不可再生资源，其使用效率关系到经济的可持续发展。

5.2.1.3　实证结果与分析

1. 二氧化碳影子价格及其行业差异

利用马拉伯（Matlab，2016a）对模型进行数据处理，我们估算了二氧化碳排放的产出效应和影子价格。首先，我们从两个方面理解二氧化碳排放的产出效应：一是产出的边际效应，即在技术效率和投入不变的条件下，由于二氧化碳增加或减少导致产出的变化率，用 ME 指数表示；二是产出的绝对效应，即在技术效率和投入不变时，二氧化碳变化所引起的产出的变化量。由于方向性环境生产前沿函数的弱可处置性假设，减少污染总会付出代价，所以二氧化碳的产出效应总是和二氧化碳排放量变化的方向一致。增加二氧化碳排放时，产出效应大于 0，表明二氧化碳变化会导致产出增加。减少二氧化碳排放时，产出效应小于 0，表明二氧化碳变化会导致产出减少。表 5-2 根据碳强度值将 36 个工业行业分成高碳行业和低碳行业两类，并计算了各行业 2006~2015 年间产出的平均边际效应和平均绝对效应。其中，低碳类行业中烟草制品业、通信设备、仪器仪表、交通运输设备、专用设备等行业因碳排放总量减少，产量的年平均边际效应分别为 -2.81% 、 -1.46% 、 -0.81% 、 -0.01% 、 -4.18% ；绝对效应达到 -71.10 亿元、 -88.70 亿元、 -6.26 亿元、 -0.26 亿元、 -74.88 亿元。其余低碳类行业的产出边际效应和绝对效应均为正值。低碳类行业平均边际效应为 6.25% ，绝对效应达到 60.97 亿元，表明这些行业碳排放总量仍处于增长区间，并在一定程度上拉动产出增加。高碳类行业中石油和天然气开采业、其他采矿业、燃气生产和供应业三大产业边际效应为负，分别为 -0.65%、-1.54%、-13.44%，绝对效应分别达到 -33.30亿元、-0.06 亿元、-19.08 亿元，其余行业均为正值。高碳类行业平均边际效应为 5.75%，平均绝对效应达到 155.37 亿元，表明绝大多数高碳行业碳排放总量也仍然处于上升阶段，并成为拉动产出增长的重要力量。

表 5-2 同时给出了 36 个二位数工业行业在 2006～2015 年间二氧化碳影子价格的平均值，其中全行业二氧化碳平均影子价格为 14299.26 元/吨。具体到各行业，二氧化碳影子价格最低的前 5 个行业分别为石油加工、炼焦及核燃料加工业、电力、热力生产和供应业、黑色金属冶炼及压延加工业、煤炭开采和洗选业、燃气生产和供应业，其碳价分别为 82.62 元/吨、157.59元/吨、371.55 元/吨、608.39 元/吨和 733.67 元/吨，这 5 个行业都是二氧化碳排放密集度较高的重化工业，同时也都属于高碳强度行业。而二氧化碳影子价格最高的前 5 个行业则分别为通信设备、计算机及其他电子设备制造业、仪器仪表及文化、办公用机械制造业、烟草制品业、电气机械及器材制造业、皮革、毛皮、羽毛（绒）及其制品业，其碳价分别为 83891.78 元/吨、62618.54 元/吨、40897.95 元/吨、34179.63 元/吨和 29684.80 元/吨。这 5个行业均属于污染密集度较低的装备制造业和高新技术行业，同时也都属于低碳强度行业。这些数据表明二氧化碳影子价格具有较强的行业异质性，这在同类文献中也得到了证实。陈诗一（2010）利用参数方法和非参数方法对中国工业二氧化碳影子价格进行度量，结果显示轻工业行业的影子价格绝对值高于重工业行业。

表 5-2　分行业二氧化碳排放的产出效应与影子价格（2006～2015 年平均值）

项目	碳强度（吨/万元）	边际效应（%）	绝对效应（亿元）	影子价格（元/吨）
低碳行业				
烟草制品业	0.05	-2.81	-71.10	40897.95[3]
通信设备、计算机及其他电子设备制造业	0.06	-1.46	-88.70	83891.78[1]
仪器仪表及文化、办公用机械制造业	0.07	-0.81	-6.26	62618.54[2]
电气机械及器材制造业	0.14	11.19	425.19	34179.63[4]

续表

项目	碳强度 （吨/万元）	边际效应 （%）	绝对效应 （亿元）	影子价格 （元/吨）
皮革、毛皮、羽毛（绒）及其制品业	0.15	4.88	49.22	29684.80[5]
家具制造业	0.16	8.52	34.36	29449.05[6]
印刷业和记录媒介的复制	0.17	8.77	44.16	28107.05[7]
纺织服装、鞋、帽制造业	0.21	0.98	14.99	21360.56[9]
文教体育用品制造业	0.23	17.51	71.72	23839.87[8]
交通运输设备制造业	0.27	−0.01	−0.26	16727.58[11]
水的生产和供应业	0.28	4.03	11.66	17583.98[10]
金属制品业	0.33	6.57	118.95	13991.53[12]
专用设备制造业	0.34	−4.18	−74.88	13776.49[14]
有色金属矿采选业	0.38	8.95	40.50	12352.63[15]
通用设备制造业	0.42	1.88	58.69	10831.94[16]
橡胶和塑料制品业	0.46	3.22	64.34	9903.63[17]
医药制造业	0.51	12.67	208.87	9251.71[18]
木材加工及木、竹、藤、棕、草制品业	0.55	32.58	195.97	13940.23[13]
类平均	0.27	6.25	60.97	26243.83
高碳行业				
农副食品加工业	0.65	10.02	291.10	7346.11[19]
饮料制造业	0.67	8.73	115.54	7074.70[20]
黑色金属矿采选业	0.75	13.91	61.01	5918.10[21]
纺织业	0.88	10.30	358.12	5710.29[22]
食品制造业	0.97	7.20	89.68	4758.18[23]
石油和天然气开采业	1.21	−0.65	−33.30	4044.59[24]
其他采矿业	1.69	−1.54	−0.06	2575.20[26]
非金属矿采选业	1.86	5.50	16.65	2417.16[27]
化学纤维制造业	1.90	3.75	19.92	2591.47[25]

续表

项目	碳强度 （吨/万元）	边际效应 （%）	绝对效应 （亿元）	影子价格 （元/吨）
有色金属冶炼及压延加工业	3.21	19.90	402.47	1654.08[28]
造纸及纸制品业	3.45	3.32	40.72	1345.90[29]
化学原料及化学制品制造业	5.72	9.72	452.85	822.86[30]
燃气生产和供应业	6.95	−13.44	−19.08	733.67[31]
非金属矿物制品业	7.00	7.01	211.43	649.43[32]
煤炭开采和洗选业	7.88	6.67	200.75	608.39[33]
黑色金属冶炼及压延加工业	12.69	4.97	299.72	371.55[34]
电力、热力的生产和供应业	30.52	2.87	177.20	157.59[35]
石油加工、炼焦及核燃料加工业	59.96	5.27	112.00	82.62[36]
类平均	8.22	5.75	155.37	2714.55

二氧化碳减排的实质是能源的利用效率问题，不同行业由于能源需求与二氧化碳排放量不同，资源利用效率参差不齐，导致进一步减排的难度大不相同，减排成本差异较大。碳强度高的行业由于二氧化碳排放的基数大，加上资源利用效率还有很大的改善空间，因此减少一单位二氧化碳排放相对比较容易，所需要付出的代价也相对较低。相反，碳强度低的行业由于本身排放基数小，同时资源利用效率较高，要在本身二氧化碳排放基数就很小的基础上进一步减少排放所面临的难度会比较大，所需要付出的代价也因此较高。将全部行业按照影子价格进行排序的结果显示，除了个别行业外，多数行业的碳强度和二氧化碳影子价格之间存在一个反向关系。表 5-2 中低碳类行业影子价格均值为 26243.83 亿元，远远高于高碳类行业 2714.55 亿元的价格均值。而高碳类、低碳类行业内部也存在相似特征，低碳类行业中通信设备、计算机及其他电子设备制造业的碳强度较低，仅为 0.6 万吨/亿元，其二氧化碳影子价格在低碳行业中最高为 83891.78 元/吨；高碳类行业内部，石油加工、炼焦及核燃料加工业碳强度最高为 59.96 万吨/亿元，而影子价格最低，只有 82.62 元/吨。

2. 二氧化碳影子价格的时间趋势

图 5 – 3 分别描述了 2006 ~ 2015 年期间全工业行业、高碳强度行业和低碳强度行业的二氧化碳平均影子价格随时间变化的趋势。可以看出，全工业行业二氧化碳排放的平均影子价格有一个明显的上涨趋势。除了 2014 年二氧化碳的影子价格为 17667.3 元/吨，相对于上年的 18057.24 元/吨略有下降外，其他年份二氧化碳的影子价格均处于上升状态。从 2006 年的 7644.92 元/吨增加到 2015 年的 20765.58 元/吨。高碳强度行业的二氧化碳影子价格 2006 ~ 2015 年期间处于一个较低的水平，平均为 2657.32 元/吨，远低于全行业平均水平，并且二氧化碳影子价格随着时间上涨趋势不明显。低碳强度行业的二氧化碳影子价格处在一个较高的水平，平均为 26019.80 元/吨，并且随着时间有一个明显的上涨趋势。这表明高碳强度行业对全工业行业二氧化碳平均影子价格的上涨影响较为有限，全工业行业的二氧化碳平均影子价格上涨趋势主要是由低碳强度行业价格上升带动的。二氧化碳影子价格的上升趋势说明了两个方面的问题：一是增加一单位的二氧化碳排放量能够带来更多的工业增加值；二是，想要减少一单位的二氧化碳也同样需要付出更多的代价。这种随时间递增的影子价格表明，随着决策单位资源利用效率越来越高，二氧化碳排放强度下降，重置给定资源来减排的空间变小，所需要付出的代价逐步增大。

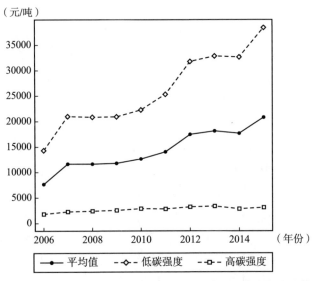

图 5 – 3 2006 ~ 2015 年行业平均二氧化碳影子价格变化趋势

5.2.1.4　典型案例研究

1. 低碳强度行业——通信设备、计算机及其他电子设备制造业

通信设备、计算机及其他电子设备制造业是国家大力支持的高新技术行业，属于低碳强度、高影子价格的典型行业，碳强度远远低于工业整体平均水平，并且随时间进一步地降低，表明该行业技术效率整体较高且随着时间提升较快。从表 5-3 中可以看到，2005～2015 年期间通信设备、计算机及其他电子设备制造业二氧化碳排放总量累计减少 66.25 万吨，由此造成工业增加值累计下降 4.57%（累计边际效应），即 887 亿元（累计绝对效应）。由于二氧化碳排放量在整个研究期间既有增加的年份又有减少的年份，各年份之间碳排放对产出的增加效应和减少效应存在相互抵消，如果仅对产出的绝对效应简单加总会弱化二氧化碳排放变化对产出的影响。所以，接下来我们分别计算二氧化碳排放增加和减少各自对产出的贡献。二氧化碳排放在 2005～2008 年、2012 年和 2015 年增加了 366.13 万吨。相应地，工业增加值增加了 2627.83 亿元，占相应年份累计工业增加值的比率为 4.32%；其他年份二氧化碳排放量减少 432.37 万吨，工业增加值减少了 3514.83 亿元，占相应年份累计值的 4.88%。因此，从总体上分析，2005～2016 年二氧化碳减排所造成的损失要大于二氧化碳排放增加的所得。

工业虚拟增长率是假定二氧化碳排放量保持不变时工业增加值增长的速度，它等于实际增长率加上因为二氧化碳减排所降低的工业增长率（即边际效应）。依此计算，通信设备、计算机及其他电子设备制造业在 2006～2015 年期间的虚拟增长率为 19.24%、17.21%、-1.91%、8.25%、17.02%、28.82%、2.7%、21.82%、12.62%、10.32%，10 年平均为 13.82%，而不是实际的 13.36%，工业增长速度年均减少 0.46%，这也就是 2006～2015 年期间通信设备、计算机及其他电子设备制造业减少二氧化碳排放所付出的代价。

从表 5-3 可以看出，计算机、通信行业的二氧化碳影子价格在整个考察期内明显增加，从 2006 年的 45055.22 元/吨增加到 2015 年的 159635.88 元/吨，在此期间二氧化碳的平均影子价格为 83891.78 元/吨，居全工业最高水平，表明行业内部资源利用效率较高，增加一单位的二氧化碳排放会带来较多的产出增长，反之亦反。整个行业资源利用效率高，而且消耗的资源较少，意味着要在本身二氧化碳排放基数就很小的基础上进一步减少排放所面临的难度更大，所需要付出的代价也更高。

表 5 – 3   通信设备、计算机及其他电子设备制造业二氧化碳排放的
产出效应与影子价格（2005 ~ 2015 年）

年份	二氧化碳排放量（万吨）	工业增加值（亿元）	碳强度（吨/万元）	实际增长率（%）	虚拟增长率（%）	边际效应（%）	绝对效应（亿元）	影子价格（元/吨）
2005	669.28	6057.02	0.110	—	—	—	—	—
2006	680.92	7274.48	0.094	20.10	19.24	0.86	52.44	45055.22
2007	692.16	8583.88	0.081	18.00	17.21	0.79	57.89	51497.32
2008	898.05	9613.95	0.093	12.00	−1.91	13.90	1193.66	57976.80
2009	845.78	10123.49	0.084	5.30	8.25	−2.95	−283.97	54329.36
2010	843.68	11834.36	0.071	16.90	17.02	−0.13	−12.57	59884.36
2011	623.63	13716.02	0.045	15.90	28.82	−12.92	−1529.34	69501.00
2012	758.81	15375.66	0.049	12.10	2.7	9.40	1289.19	95369.34
2013	605.97	17113.11	0.035	11.30	21.82	−10.52	−1617.35	105821.78
2014	600.85	19200.91	0.031	12.00	12.62	−0.42	−71.60	139846.76
2015	603.03	21217.00	0.028	10.50	10.32	0.18	34.65	159635.88

资料来源：《中国统计年鉴》和《中国能源统计年鉴》2006 ~ 2016 年各年数据整理计算得出。

2. 高碳强度行业——电力、热力的生产与供应业

电力、热力的生产和供应业属于高碳强度、低二氧化碳影子价格的典型行业。在 2005 ~ 2015 年期间，电力、热力的生产和供应业二氧化碳排放量占整个工业总排放量的 35%，而增加值仅占工业增加值总量的 6.43%，行业能源消耗和碳排放与工业增加值之间不匹配。

由表 5 – 4 可见，2005 ~ 2015 年间电力、热力的生产与供应业二氧化碳排放量年均增长 4.58%，排放量从 2005 年的 214232.92 万吨增加到 2015 年的 335349.40 万吨，10 年累计增长 56.53%。以不变价格计算的工业增加值年均增长 7.58%，从 2005 年的 6173.84 亿元增加到 2015 年的 12815.07 亿元，增幅 1 倍左右。碳强度在整个考察期间有升有降，但总体上呈下降趋势，从 2005 年 34.70 吨/万元下降到 2015 年的 26.17 吨/万元，能源利用效率有较大提升。在保持技术效率和投入不变的条件下，2005 ~ 2015 年二氧化碳排放量的增加累计带来 1772 亿元的产出增加（累计绝对效应）。但是由于 2014 年和 2015 年二氧化碳排放量分别减少 26780.6 万吨和 19498 万吨，二氧化碳排放量对产出的增加效应和减少效应相互抵消，弱化了二氧化碳排放对产出的影响。若仅仅考虑二氧化碳增加的年份，二氧化碳排放

对工业增长的年均贡献率为3.69%。综合考虑二氧化碳排放减少与增加，电力、热力的生产与供应业的年虚拟增长速度为4.97%，低于实际7.58%的增长速度，这意味着碳减排使该行业每年付出2.61%的增长代价。

电力、热力的生产和供应业的二氧化碳影子价格在2006~2015年变化不明显，2006年二氧化碳的影子价格为139.55元/吨，到了2015年也只有182.21元/吨，远远低于全国平均水平。这一方面表明增加一单位的二氧化碳排放量能够给该行业带来的产出增加是极为有限的；另一方面也表明该行业减少一单位的二氧化碳所需付出的代价也相对较低，减排空间相对较大。

表5-4　　　　　电力、热力的生产与供应业二氧化碳排放的
产出效应和影子价格（2005~2015年）

年份	二氧化碳排放量（万吨）	工业增加值（亿元）	碳强度（吨/万元）	实际增长率（%）	虚拟增长率（%）	边际效应（%）	绝对效应（亿元）	影子价格（元/吨）
2005	214232.92	6173.84	34.70					
2006	243041.89	6988.79	34.78	13.20	6.69	6.51	402.02	139.55
2007	265638.35	7953.24	33.40	13.80	9.25	4.55	317.66	140.58
2008	274559.32	8637.22	31.79	8.60	6.93	1.67	132.44	148.46
2009	291196.08	9155.45	31.81	6.00	3.01	2.99	257.84	154.98
2010	304195.87	10162.55	29.93	11.00	8.79	2.21	202.13	155.49
2011	343269.78	11188.97	30.68	10.10	3.87	6.23	632.94	161.99
2012	350341.48	11748.42	29.82	5.00	3.98	1.02	114.66	162.14
2013	381628.06	12476.82	30.59	6.20	1.83	4.37	513.35	164.08
2014	354847.46	12751.31	27.83	2.20	5.77	-3.57	-445.72	166.43
2015	335349.40	12815.07	26.17	0.50	3.29	-2.79	-355.28	182.21

资料来源：《中国统计年鉴》《中国能源统计年鉴》2003~2016年各年数据整理计算得出。

5.2.2　行业间碳交易多情景模拟与福利效应测度

5.2.2.1　中国行业边际减排成本曲线的拟合

可以看到，除了化学原料及化学制品制造业、非金属矿物制品业、黑色金属冶炼及压延加工业和电力、热力的生产供应业四个产业以外，其他

多数行业的边际减排成本曲线都呈上升趋势，即随着二氧化碳减排率的提高，边际减排成本越来越高，减排难度也越来越大，实证结果基本符合预期。至于个别曲线向下倾斜的行业，一个可能的解释是这些行业在生产过程中对环境资源的消耗存在较大程度的规模效应，这意味着随着产出规模的扩大，单位产出的二氧化碳排放量呈递减趋势。因此，当我们用减排一单位二氧化碳损失的产量来衡量减排成本时，二氧化碳边际减排成本在一定的减排率范围内就有可能是递减的。但是，可以想见的是，当这些行业环境资源消耗的规模效应耗尽之后，边际减排成本仍然会转而呈上升趋势（见图 5-4）。

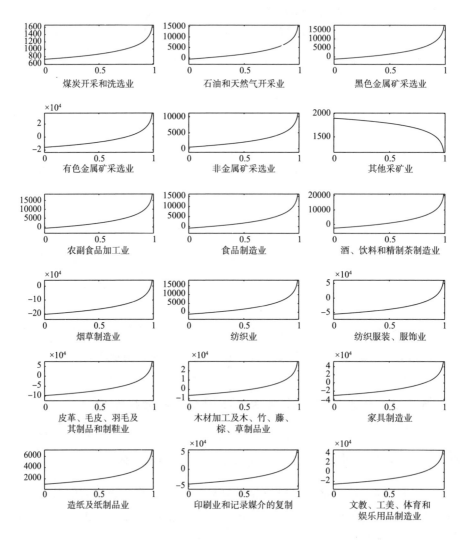

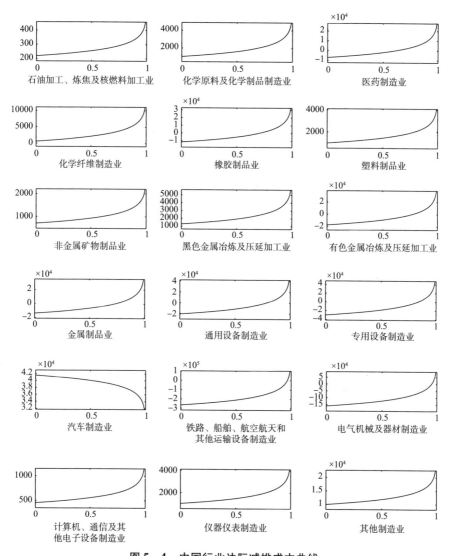

图 5-4　中国行业边际减排成本曲线

5.2.2.2　中国行业间碳交易的情景设计

1. 碳排放总量限额

总量限额的计算方法和计算依据同 4.4.2，则目标年度碳排放总量限额如表 5-5 所示。

表 5 - 5 目标年度二氧化碳排放总量限额预测

指标	2005 年	2015 年	2020 年	2030 年
国内生产总值（亿元） （2000 年价格 = 100）	170049.59	489726.60	677291.76	1145992.83
碳强度（吨/万元）	4.46	2.61	目标一：2.14	目标二：1.784 目标三：1.561
二氧化碳排放量 （万吨）	757931.86	1279894.30	目标一：1435537.83	目标二：2044451.21 目标三：1788894.81

2. 碳配额的分配准则

与第 4 章初始配额分配准则相同，此处也假定参加碳交易的各行业初始配额依据各自的历史排放量计算在总排放许可量中所占的比例（即祖父法），同时假定总排放许可分别按照 100% 免费发放和 80% 免费发放两种情景进行分配。

3. 六种情景设计（见表 5 - 6）

表 5 - 6 情景设计

6 种情景	情景介绍
情景 1	减排目标：2020 年碳强度比 2015 年下降 18% 初始配额分配原则：祖父法，免费配额比例 100%
情景 2	减排目标：2020 年碳强度比 2015 年下降 18% 初始配额分配原则：祖父法，免费配额比例 80%
情景 3	减排目标：2030 年碳强度比 2005 年下降 60% 初始配额分配原则：祖父法，免费配额比例 100%
情景 4	减排目标：2030 年碳强度比 2005 年下降 60% 初始配额分配原则：祖父法，免费配额比例 80%
情景 5	减排目标：2030 年碳强度比 2005 年下降 65% 初始配额分配原则：祖父法，免费配额比例 100%
情景 6	减排目标：2030 年碳强度比 2005 年下降 65% 初始配额分配原则：祖父法，免费配额比例 80%

5.2.2.3 碳交易均衡模拟

1. 均衡价格和均衡交易量

表 5 - 7 给出了 6 种模拟情景下碳交易市场的均衡价格和均衡交易量。在 100% 免费配额比例下，情景 1、3、5 分别代表 2020 年碳强度较 2015 年减排 18%、2030 年碳强度较 2005 年减排 60% 和 65% 三种减排强度目标逐步升级时的市场均衡。结果显示，市场交易价格随着碳强度目标的升级而

逐步提高，情景 1、3、5 的均衡价格分别为 61.77 元/吨、361.50 元/吨和 545.72 元/吨。在免费配额比例为 80%时，情景 2、4、6 分别对应于情景 1、3、5 的强度目标，市场模拟交易的结果显示出同样的规律，随着碳强度的提高，碳配额资源的稀缺性逐步增强，带动碳价呈上升趋势。情景 2、4、6 的均衡价格分别为 49.37 元/吨、287.85 元/吨和 433.49 元/吨。

表 5-7　　　　　　　　六种情景下均衡价格和均衡交易量模拟结果

情景	情景 1	情景 2	情景 3	情景 4	情景 5	情景 6
均衡价格（元/吨）	61.77	49.37	361.50	287.85	545.72	433.49
均衡交易量（万吨）	42349	33879	133583	106866	77487	61989
社会福利总量（亿元）	700.7	564.3	10685.1	8655.2	15904.8	12906.3

当我们针对相同的碳强度目标约束，横向比较不同免费配额比例对碳价的影响时，发现当免费配比例从 100%下降到 80%时，在所有的强度目标约束下，均衡碳价都有所降低，这和第 4 章中的模拟结果基本一致。其中，情景 2 相比情景 1、情景 4 相比情景 3、情景 6 相比情景 5 的价格下降幅度均在 20%左右。这表明，随着免费比例的下降和碳配额资源的稀缺性增强，各行业更多地转向碳市场的替代性途径，即更多地依赖行业的自主减排，当这种替代弹性足够大时，碳市场需求的下降幅度有可能远超过配额供给减少的幅度，并最终拉动价格下降。碳配额资源供给和需求的同步减少，对均衡交易量形成了双向挤压，在上述各对比情景中，碳配额的交易数量也分别下降了 20%左右。

从碳市场产生的福利效应看，随着减排约束的加强，碳市场的作用逐步显现，福利效应呈上升趋势。比较情景 1、3、5 可以看到碳市场节约的社会减排总成本分别达到 700.7 亿元、10685.1 亿元和 15904.8 亿元；比较情景 2、4、6 产生的成本节约额则分别为 564.3 亿元、8655.2 亿元和 12906.3 亿元。同时，可以看到免费配额比例的下降无助于增进福利。比较情景 1 和情景 2，当免费配额比例从 100%降至 80%时，福利损失 135.7 亿元；情景 3 相对于情景 4 福利损失 2029.9 亿元；情景 5 相对于情景 6 福利损失 2998.5 亿元。

2. 行业均衡交易量

进一步分析交易量在行业间的分布状态。图 5-5 显示了 100%免费配额比例下，2020 年碳强度相比 2015 年下降 18%时的行业交易量。该交易量代表了各行业的实际碳排放与初始免费配额之间的差额，正值代表购买量，负值代表出售量。结果显示，石油加工、炼焦及核燃料加工业及煤炭开采和洗选业是最主要的两大购买行业，交易量分别为 37870.28 万吨和 3477.31 万吨，占总交易量的 89.42% 和 8.21%；非金属矿物制品业、黑色金属冶炼及压延加工业、化学原料及化学制品制造业、电力、热力的生产和供应业、造纸及纸制品业是位列前五的最大配额出售者，交易量分别为 15774.64 万吨、8176.52 万吨、84482.21 万吨、2601.70 万吨和 1461.14 万吨，占总交易量的 37.25%、19.31%、11.53%、6.14% 和 3.45%。值得注意的是石油加工、炼焦及核燃料加工业在第 4 章情景 1 中是最大的配额出售者，而此处却是最大的配额购买者，其主要原因是第 4 章通过参数法求得的该行的边际减排成本曲线相对于本章利用非参数法求得的曲线平缓很多，代表随着减排率上升边际减排成本变化平稳，导致行业更多地依赖自主减排，节约的配额更多地提供到市场，这是在第 4 章该行业成为最大配额出售者的主要原因。由此可见，边际减排成本的不同估算方法对于模拟结果至关重要，类似的情景还发生在非金属矿物制品业、黑色金属冶炼及压延加工业、化学原料及化学制品制造业。

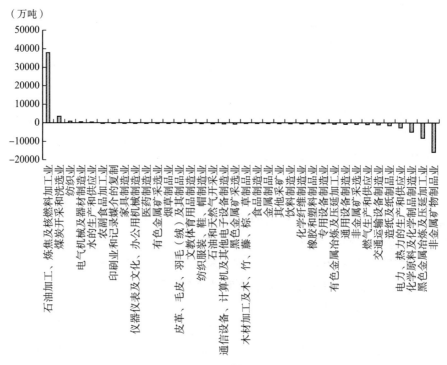

图 5-5 行业交易量——情景 1

图 5 - 6 描述了 80% 免费配额比例下，2020 年碳强度相比 2015 年下降 18% 的行业交易量。与情景 1 的模拟结果非常相似，石油加工、炼焦及核燃料加工业、煤炭开采和洗选业是最主要的两大购买行业，并且仍然是两个最大的配额购买行业，其交易量分别占总交易量的 89.42% 和 8.21%。最大的配额出售者仍然是非金属矿物制品业、黑色金属冶炼及压延加工业、化学原料及化学制品制造业、电力、热力的生产和供应业、造纸及纸制品，销售占比与情景 1 的结果也完全相同。这一模拟结果再次印证了第 4 章中的结论，即免费配额比例本身虽然会在较大程度上影响最终的市场交易量和交易价格，但是对于交易行业作为配额购买者或出售者的身份，甚至各行业在总交易量中的占比影响程度较小。

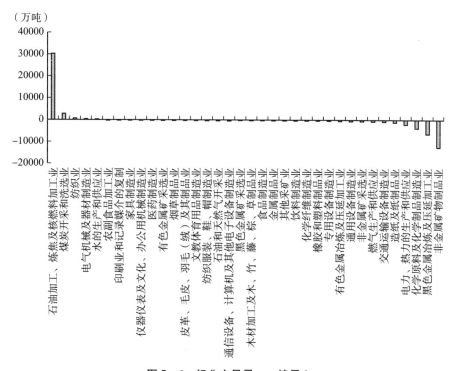

图 5 - 6　行业交易量——情景 2

图 5 - 7 显示了 100% 免费配额比例下，2030 年碳强度相比 2005 年下降 60% 的行业交易量。其中，主要的配额购买行业仍是石油加工、炼焦及核燃料加工业、煤炭开采和洗选业，其销售额占比分别为 88.01% 和 9.22%。最大的配额出售行业分别是：非金属矿物制品业、黑色金属冶炼及压延加工

业、电力、热力的生产和供应业、化学原料及化学制品制造业、造纸及纸制品业，其销售额分别占到总交易量的 32.71%、20.91%、13.16%、12.02% 和 3.26%。

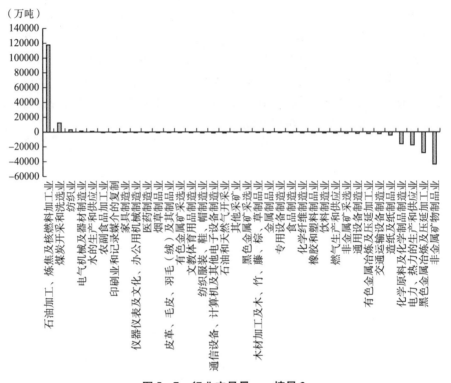

图 5-7　行业交易量——情景 3

图 5-8 显示了 80% 免费配额比例下，2030 年碳强度相比 2005 年下降 60% 情景下的各行业交易量。其中，石油加工、炼焦及核燃料加工业、煤炭开采和洗选业仍旧作为最大的两个配额购买行业，购买量分别达到行业总交易量的 88.00% 和 9.22%。最大的配额出售行业及其销售占比与情景 3 基本一致。

图 5-9 是在 100% 免费配额情景下，2030 年相比 2005 年碳强度下降 65% 时的各行业均衡交易量。此时，处于购买者地位的行业数量明显多于之前的情景，达到了 10 个，但是石油加工、炼焦及核燃料加工业、煤炭开采和洗选业仍然分别占据了总购买量的 62.30% 和 25.11%。

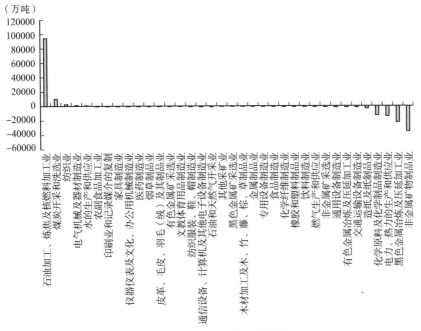

图 5-8　行业交易量——情景 4

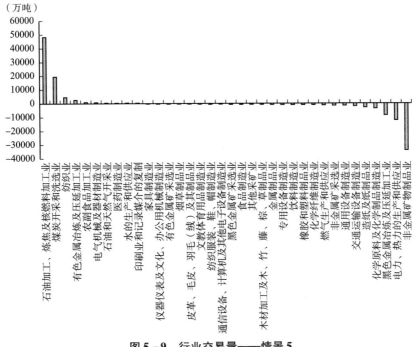

图 5-9　行业交易量——情景 5

非金属矿物制品业、电力、热力的生产和供应业、黑色金属冶炼及压延加工业、化学原料及化学制品制造业、造纸及纸制品业作为位列前五的最大配额出售者,交易量占比总计达到了市场总量的79%。

图5-10反映的是80%免费配额下,2030年碳强度相较2005年下降65%时各行业的模拟交易量。购买者和出售者的行业排序及其占比与情景5几乎完全相同,再次证明各行业的交易角色和市场地位与免费配额比例即使相关,相关性也非常微弱。

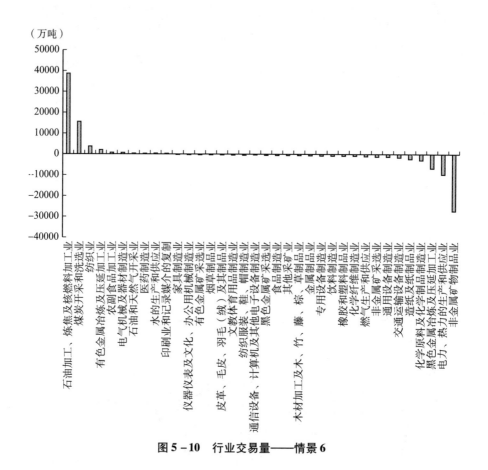

图5-10 行业交易量——情景6

5.2.2.4 福利效应测度

进一步分析以成本节约额度量的碳交易市场福利效应。图5-11描述了100%免费配额及2020年碳强度相对2015年下降18%情景下的福利及其行业分布。结果显示,相比不存在碳交易市场,各行业自主减排实现上述目标时，碳交易总计实现成本节约额 700.67 亿元。电气机械及器材制造业、石油加工、炼焦及核燃料加工业、非金属矿物制品业、纺织业、煤炭开采和洗选业分别是福利效应最大的前五个行业，福利效应分别达到 211.09 亿元、112.37 亿元、93.89 亿元、90.87 亿元、35.12 亿元，占福利效应总额的 77.54%。福利效应最小的五个行业包括医药制造业、仪器仪表及文化、办公用机械制造业、家具制造业、印刷业和记录媒介的复制、农副食品加工业，该 5 个行业的福利效应总计占比仅有 0.09%。福利在各行业间的标准差达到 42.45 亿元，表明福利在行业间的分布极其不均衡，这是我们在第 4 章同样发现的问题。例如，电力、热力的生产和供应业作为碳交易市场的主要参与者福利效应仅有 0.84 亿元，占福利总额的比例仅有 0.12%。因此，如何激励福利效应不显著的行业有动力积极参与市场交易，是一个值得关注的问题。

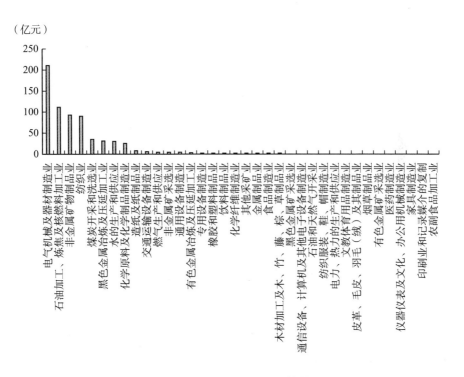

图 5-11 行业福利效应——情景 1

图 5-12 描述了 80% 免费配额下，2020 年相较 2015 年碳强度下降 18% 情景下的福利效应及其行业分布。可以看出，此时各行业的福利效应总计

为 564..28 亿元，低于情景 1。其中，位列前五的行业分别是电气机械及器材制造业、石油加工、炼焦及核燃料加工业、纺织业、非金属矿物制品业、煤炭开采和洗选业，福利效应分别为 168.95 亿元、127.44 亿元、73.53 亿元、59.47 亿元、31.55 亿元。福利效应最小的五个行业分别是医药制造业、仪器仪表及文化、办公用机械制造业、家具制造业、印刷业和记录媒介的复制、农副食品加工业，总计占福利总额的比例仅有 0.07%。福利在各行业间的标准差达到 36.21 亿元。

（亿元）

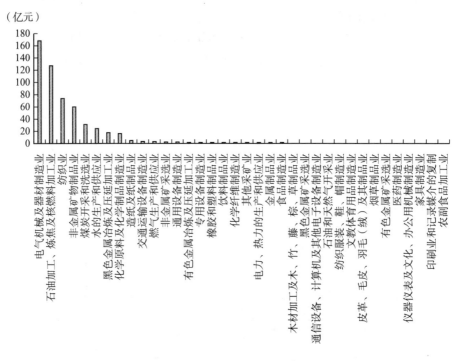

图 5-12　行业福利效应——情景 2

图 5-13 描述了 100% 免费配额下，2030 年相比 2005 年碳强度下降 60% 情景下的福利效应及其行业分布。结果显示，相比不存在碳交易市场，各行业自主减排实现上述目标时，碳交易总计实现成本节约额 10685.06 亿元。纺织业、非金属矿物制品业、电气机械及器材制造业、石油加工、炼焦及核燃料加工业、煤炭开采和洗选业分别是福利效应最大的前五个行业，福利效应分别达到 3650.32 亿元、1532.36 亿元、1258.68 亿元、1149.07 亿元、679.20 亿元，占福利效应总额的 77.39%。

福利效应最小的五个行业包括医药制造业、仪器仪表及文化、办公用机械制造业、家具制造业、印刷业和记录媒介的复制、农副食品加工业，该5个行业的福利效应总计占比仅有0.1%。福利在各行业间的标准差达到680.24亿元。

（亿元）

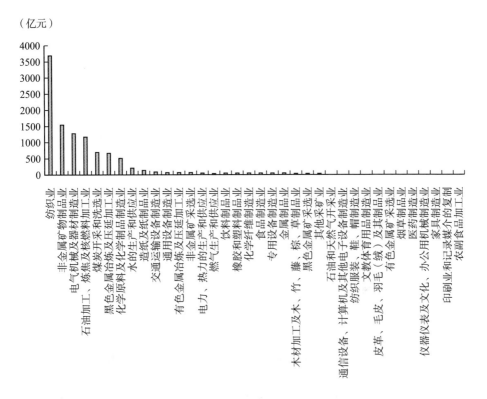

图5-13　行业福利效应——情景3

图5-14描述了80%免费配额比例下，2030年碳强度相比2005年下降60%时的福利效应及其行业分布。结果显示，相比不存在碳交易市场，各行业自主减排实现上述目标时，碳交易总计实现成本节约额8655.15亿元。纺织业、石油加工、炼焦及核燃料加工业、电气机械及器材制造业、非金属矿物制品业、煤炭开采和洗选业分别是福利效应最大的前五个行业，福利效应分别达到2935.51亿元、1612.00亿元、1005.83亿元、968.37亿元和615.96亿元，占福利效应总额的82.47%。福利效应最小的五个行业包括医药制造业、仪器仪表及文化、办公用机械制造业、家具制造业、印刷业和记录媒介的复制、农副食品

加工业，该5个行业的福利效应总计占比仅有0.08%。福利在各行业间的标准差达到571.11亿元。

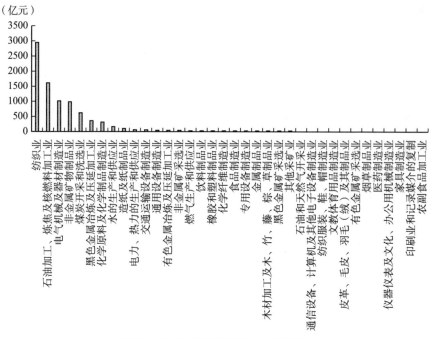

图5－14　行业福利效应——情景4

图5－15描述了100%免费配额下，2030年碳强度相比2005年下降65%情景下碳市场的福利效应及其行业分布。结果显示，相比不存在碳交易市场，各行业自主减排实现上述目标时，碳交易总计实现成本节约额15904亿元。纺织业、电气机械及器材制造业、煤炭开采和洗选业、非金属矿物制品业、农副食品加工业分别是福利效应最大的前五个行业，福利效应分别达到6757.54亿元、2138.91亿元、1789.29亿元、1750.76亿元和1122.14亿元，占福利效应总额的85.25%。福利效应最小的五个行业包括皮革、毛皮、羽毛（绒）及其制品业、烟草制品业、有色金属矿采选业、仪器仪表及文化、办公用机械制造业、家具制造业，该5个行业的福利效应总计占比仅有0.15%。福利在各行业间的标准差达到1192亿元。

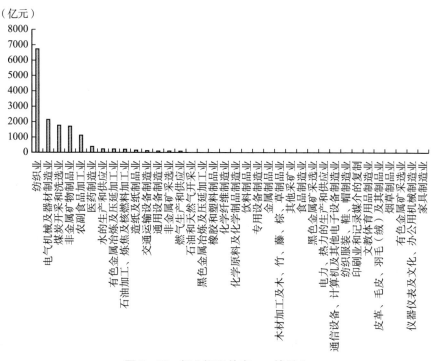

（亿元）

图 5 - 15　行业福利效应——情景 5

　　图 5 - 16 描述了 80% 免费配额比例下，2030 年碳强度相较 2005 年下降 65% 情景下的碳市场福利效应及其行业分布。结果显示，相比不存在碳交易市场，各行业自主减排实现上述目标时，碳交易总计实现成本节约额 12906 亿元。纺织业、电气机械及器材制造业、煤炭开采和洗选业、非金属矿物制品业、农副食品加工业分别是福利效应最大的前五个行业，福利效应分别达到 5427.29 亿元、1707.62 亿元、1606.15 亿元、1094.97 亿元、904.49 亿元，占福利效应总额的 83.22%。福利效应最小的五个行业包括皮革、毛皮、羽毛（绒）及其制品业、烟草制品业、有色金属矿采选业、仪器仪表及文化、办公用机械制造业、家具制造业，该 5 个行业的福利效应总计占比仅有 0.12%。福利在各行业间的标准差达到 956.26 亿元。

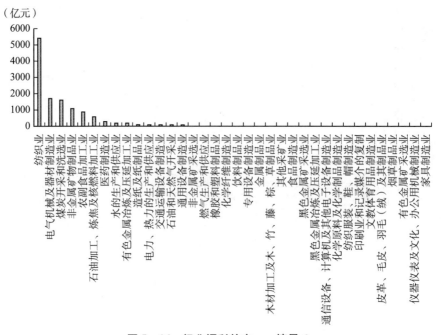

图 5－16　行业福利效应——情景 6

5.2.3　多情景比较与政策评估

5.2.3.1　多情景下行业角色承担比较

表 5－8 给出了 6 种交易情景模拟中，各行业所承担的交易角色。从结果看，大致可以分为 3 种不同的类型：第一种是稳定地承担配额出售者的角色，这种类型所包含的行业较多，涉及 28 个行业，在表 5－8 中均以上角标①的形式标出；第二种是稳定地承担配额购买者的角色，此类型的行业较少，仅涉及 5 类行业，在表中用上角标②标出；第三种则是存在角色转换的行业，即当减排约束发生变化时，行业角色也随之变化，在表中以上角标③标出，该类型行业仅有 3 个。

表 5 – 8　　　　　　　　　　　多情景下各行业市场交易角色

行业	2020 年强度减排 18% 目标		2030 年强度减排 60% 目标		2030 年强度减排 65% 目标	
	100% 免费配额	80% 免费配额	100% 免费配额	80% 免费配额	100% 免费配额	80% 免费配额
煤炭开采和洗选业[②]	买方	买方	买方	买方	买方	买方
石油和天然气开采业[③]	卖方	卖方	卖方	卖方	买方	买方
黑色金属矿采选业[①]	卖方	卖方	卖方	卖方	卖方	卖方
有色金属矿采选业[①]	卖方	卖方	卖方	卖方	卖方	卖方
非金属矿采选业[①]	卖方	卖方	卖方	卖方	卖方	卖方
其他采矿业[①]	卖方	卖方	卖方	卖方	卖方	卖方
农副食品加工业[③]	卖方	卖方	卖方	卖方	卖方	卖方
食品制造业[①]	卖方	卖方	卖方	卖方	卖方	卖方
饮料制造业[①]	卖方	卖方	卖方	卖方	卖方	卖方
烟草制品业[①]	卖方	卖方	卖方	卖方	卖方	卖方
纺织业[②]	买方	买方	卖方	买方	卖方	买方
纺织服装、鞋、帽制造业[①]	卖方	卖方	卖方	卖方	卖方	卖方
皮革、毛皮、羽毛（绒）及其制品业[①]	卖方	卖方	卖方	卖方	卖方	卖方
木材加工及木、竹、藤、棕、草制品业[①]	卖方	卖方	卖方	卖方	卖方	卖方
家具制造业[①]	卖方	卖方	卖方	卖方	卖方	卖方
造纸及纸制品业[①]	卖方	卖方	卖方	卖方	卖方	卖方
印刷业和记录媒介的复制[①]	卖方	卖方	卖方	卖方	卖方	卖方
文教体育用品制造业[①]	卖方	卖方	卖方	卖方	卖方	卖方
石油加工、炼焦及核燃料加工业[②]	买方	卖方	卖方	卖方	卖方	卖方
化学原料及化学制品制造业[①]	卖方	卖方	卖方	卖方	卖方	卖方
医药制造业[①]	卖方	卖方	卖方	卖方	卖方	卖方
化学纤维制造业[①]	卖方	卖方	卖方	卖方	卖方	卖方
橡胶和塑料制品业[①]	卖方	卖方	卖方	卖方	卖方	卖方
非金属矿物制品业[①]	卖方	卖方	卖方	卖方	卖方	卖方
黑色金属冶炼及压延加工业[①]	卖方	卖方	卖方	卖方	卖方	卖方

行业	2020 年强度减排 18% 目标		2030 年强度减排 60% 目标		2030 年强度减排 65% 目标	
	100% 免费配额	80% 免费配额	100% 免费配额	80% 免费配额	100% 免费配额	80% 免费配额
有色金属冶炼及压延加工业③	卖方	卖方	卖方	卖方	买方	买方
金属制品业①	卖方	卖方	卖方	卖方	卖方	卖方
通用设备制造业①	卖方	卖方	卖方	卖方	卖方	卖方
专用设备制造业①	卖方	卖方	卖方	卖方	卖方	卖方
交通运输设备制造业①	卖方	卖方	卖方	卖方	卖方	卖方
电气机械及器材制造业②	买方	买方	买方	买方	买方	买方
通信设备、计算机及其他电子设备制造业①	卖方	卖方	卖方	卖方	卖方	卖方
仪器仪表及文化、办公用机械制造业①	卖方	卖方	卖方	卖方	卖方	卖方
电力、热力的生产和供应业①	卖方	卖方	卖方	卖方	卖方	卖方
燃气生产和供应业①	卖方	卖方	卖方	卖方	卖方	卖方
水的生产和供应业②	买方	买方	买方	买方	买方	买方

5.2.3.2 多情景下行业交易量与行业福利效应比较

图 5 - 17 反映了不同的减排约束目标对于行业碳交易量的影响。图 5 - 17 (a) 和图 5 - 17 (b) 分别对比了 100% 免费配额和 80% 免费配额情况下，2020 年相比 2015 年强度减排 18%、2030 年相比 2005 年强度减排 60% 和 65% 等三大减排目标对行业均衡交易量的影响。分别研究图 5 - 17 (a) 和图 5 - 17 (b) 中各行业的交易量变化，可以发现存在一些相同的特征。首先，随着减排约束逐步增强，无论是市场总交易量还是交易量在各行业间的分布都表现出无规律的波动，这主要取决于交易当时行业的交易角色，以及市场价格与各行业的边际减排成本的相对状况。作为卖方的行业，当市场价格高于其边际减排成本时，行业会倾向于加大自主减排力度并节约更多配额出售给市场；反之，作为买方的行业，当市场价格低于其边际减排成本，行业会倾向于更多地从市场购入配额。由此，引发企业供求交易数量发生变化。

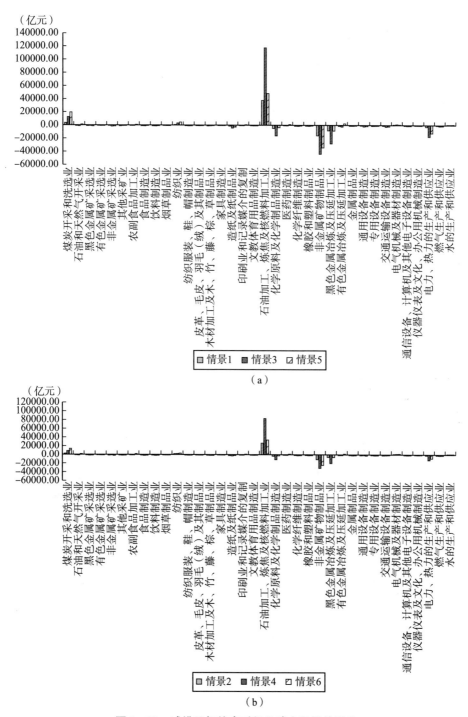

图 5 – 17　减排目标约束对行业碳交易量的影响

其次，虽然各目标情景下行业交易量有所波动，但交易最集中的行业分布却相对比较稳定。最大的配额购买者主要集中于石油加工、炼焦及核燃料加工业、煤炭开采和洗选业，最大的配额出售者则主要集中于非金属矿物制品业、黑色金属冶炼及压延加工业、化学原料及化学制品制造业、电力、热力的生产和供应业、造纸及纸制品等。

图5-18对比了免费配额比例对行业碳交易量的影响，其中图5-18（a）、图5-18（b）、图5-18（c）分别显示了三大减排强度目标下的对比结果。可以看出，在三种不同的减排目标约束下，行业交易量对比曲线的高度不同，表明免费配额比例影响各行业的均衡交易总量，但同时行业对比曲线的形状基本完全吻合，则表明免费配额比例基本不影响行业在市场上的交易地位，各行业交易量占比基本保持不变。这也就是说，免费配额比例虽然影响行业的均衡交易量，具有比较明显的总量效应，但是却不具有显著的结构效应，对交易量的行业分布影响甚微。这与我们在第4章中得出的结论基本一致。

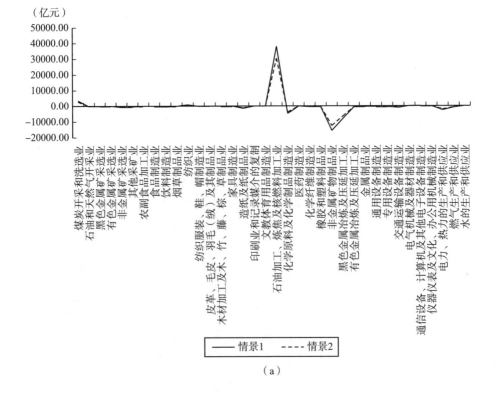

（a）

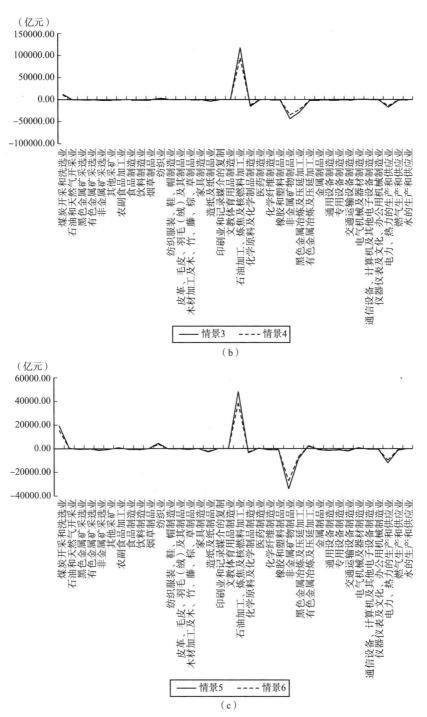

（b）

（c）

图 5 – 18　免费配额比例对行业碳交易量的影响

图 5 – 19 反映了减排目标对行业福利效应的影响。图 5 – 19（a）和图 5 – 19（b）分别描述了免费配额比例为 100% 和 80% 时，三大减排目标约束下的行业福利效应。可以看到，随着碳减排约束目标提高，与之相对应的福利效应也逐步增强。控制住免费配额比例之后，可以看到图 5 – 19（a）中情景 1、3、5 的市场总福利效应逐次增高，分别为 700.67 亿元、10685.06 亿元和 15904.84 亿元。图 5 – 19（b）表现出相同的特征，情景 2、4、6 的福利分别为 564.28 亿元、8655.15 亿元和 12906.33 亿元。这表明，减排目标约束对碳交易市场存在的价值具有决定性影响。综合各种情景可以看出，碳市场的福利效应主要集中在电气机械及器材制造业、石油加工、炼焦及核燃料加工业、非金属矿物制品业、纺织业、煤炭开采和洗选业、农副食品加工业等行业。进一步对比情景 1、3、5 的行业福利标准差，发现有上升趋势，分别为 42.45 亿元、680.24 亿元和 1192 亿元。情景 2、4、6 也有类似趋势，行业福利标准差分别为 36.21 亿元、571.11 亿元和 956.26 亿元。这表明，不同的减排目标约束不仅影响福利总量，具有总量效应，而且影响福利在行业间的分布，产生一定的结构效应。

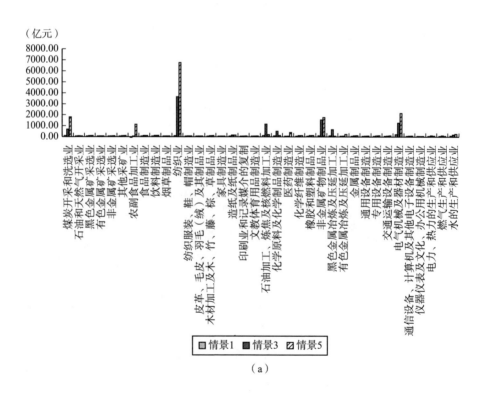

（a）

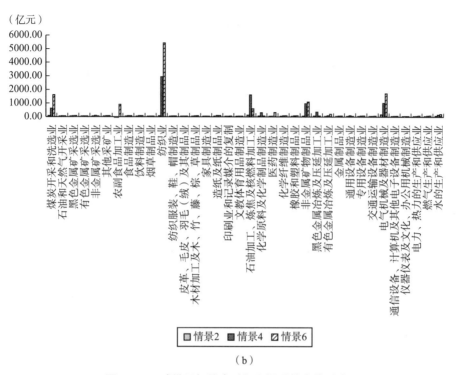

（b）

图 5 - 19　减排目标约束对行业福利效应的影响

　　图 5 - 20 反映了免费配额比例对于行业福利效应的影响。图 5 - 20
（a）、图 5 - 20（b）分别对比了三大减排目标下，当免费配额为 100%
和 80% 时的行业福利效应。与之前对行业交易量的影响方式非常近似，
从福利对比曲线的高度看，在所有三种减排目标约束下，免费配额比例
下降都会引起各行业得自碳交易市场的福利缩减。这暗示着在碳交易市
场建立之初，设置相对较高的免费配额比例对于保证交易者参与市场的
积极性是必要的。另外，不同免费配额比例下福利对比曲线的形状高度
吻合，这表明免费配额比例对于福利在不同行业之间的分布影响较小，
福利的结构效应不显著。

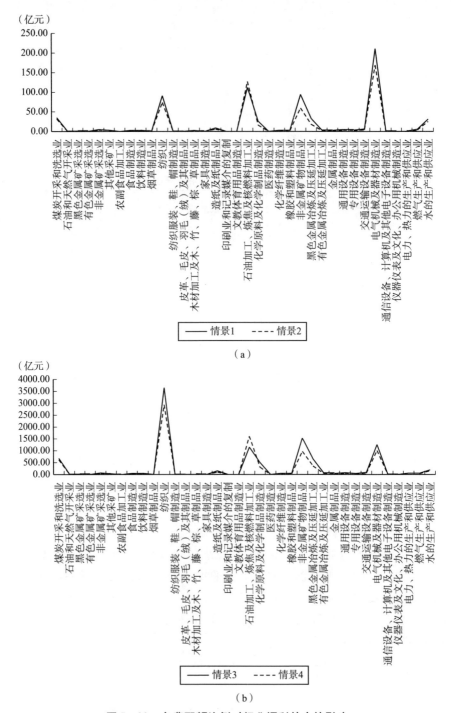

图 5-20 免费配额比例对行业福利效应的影响

5.3 区域二氧化碳影子价格估算与政策启示

5.3.1 区域二氧化碳影子价格估算

中国政府于 2009 年提出了到 2020 年二氧化碳排放强度在 2005 年的基础上降低 40% ~ 45% 的自愿减排目标。然而，全国各省市地区在经济发展水平、资源禀赋、能源消耗结构等众多层面上存在较大的差异，强制式的减排政策是不符合实际的。例如，西部地区，在减排技术能力和生产力水平不如东部地区，因此减排的经济损失大。本书中，在保持技术和产业结构、要素投入和环境技术效率等条件不变的情况下，构建二氧化碳排放变化对前沿产出影响的边际净效应指数 $PECH = ME + 1$，并据此衡量二氧化碳排放的影子价格，能够科学地衡量各省市地区不同时期的二氧化碳排放变化对产出的影响。

5.3.1.1 数据来源说明

利用 2005 ~ 2015 年中国大陆 29 个省市的"两投入、两产出"数据为研究样本，"两投入"为资本存量和劳动力，"两产出"为 GDP 和二氧化碳排放量，其中二氧化碳为非期望产出。由于西藏和重庆的相关数据缺失较多因而未包括在内。

各变量描述性统计见表 5 - 9，说明如下：

（1）资本存量。利用永续盘存法以采用单豪杰（2008）2000 年为基期估算的每年实际资本存量，单位为亿元。公式为 $K_t = I_t + (1 - \delta_t)K_{t-1}$。其中，$K_t$ 为第 t 年的资本存量，K_{t-1} 为 $t - 1$ 年的资本存量，δ 为资本折旧率（10.96%），I_t 为 t 年的投资。

（2）劳动力。数据来源于《中国统计年鉴 2016》中各省全社会从业人员数，单位为万人。

（3）GDP。地区生产总值仍以 2000 年为基期进行折算的实际国内生产总值，数据同样来源于《中国统计年鉴 2016》，单位为亿元。

（4）二氧化碳排放量。二氧化碳排放主要来源于化石能源消费及其转化，采用 IPCC 碳排放计算指南公布的碳排放计算公式对我国各省二氧化碳排放量进行测算，单位为万吨。公式为 $b = \sum E \times CF \times CC \times 44/12$ 。2005 ~ 2015 年 29 个省市 8 种能源的消费量 E 数据来源于《中国能源统计年鉴 2016》，CF 为折标准煤系数来自《能源统计报表制度 2010》、CC 为碳排放 系数来自《IPCC 国家温室气体清单指南》，44/12 表示将碳原子质量转化为 二氧化碳质量的转换系数。以上所包含的各能源品的折标准煤系数和碳排 放系数见表 5 - 10。

表 5 - 9 变量统计性描述

变量	样本数	平均值	最大值	最小值	标准差
实际 GDP（亿元）	319	11028.31	53684.55	465.52	9631.32
碳排放量（万吨）	319	37321.42	137726.65	1639.56	25875.50
资本存量（亿元）	319	26707.78	120183.34	1464.21	22147.07
劳动力（万人）	319	2607.75	6636	291.04	1733.77

表 5 - 10 各种能源折标准煤及碳排放参考系数

种类	折标准煤系数	碳排放系数	种类	折标准煤系数	碳排放系数
原煤	0.7143	0.7559	柴油	1.4571	0.5921
焦炭	0.9713	0.855	煤油	1.4714	0.5741
原油	1.4286	0.5857	天然气	1.33	0.4483
汽油	1.4714	0.5535	燃料油	1.4286	0.6185

5.3.1.2 实证结果与分析

1. 二氧化碳排放变化的产出效应

表 5 - 11 给出了中国二氧化碳排放的产出效应与影子价格。可以看出，无论是碳排放量增加或减少，GDP 都保持着较高的增长率。PECH 指数给出了在保持技术和产业结构、要素投入和环境技术效率等条件不变的情况下二氧化碳排放变化对前沿产出的边际净效应，能够反映碳排放增加或减少给经济带来的实际效果。

2006 ~ 2008 年二氧化碳排放增长率分别为 8.98%、8.54% 和 4.15%，

碳排放的边际产出效应明显，分别为 1.05%、1.17% 和 0.16%。这说明在 2006～2008 年期间二氧化碳排放增加能够带来较好的经济提升作用，碳排放对产出的累计贡献（绝对效应）达到 4452 亿元。2009 年较上一年碳排放增加 5.15%，其边际产出效应开始放缓仅为 0.01%。2010～2012 年碳排放仍旧保持较高的增速，但碳排放的边际产出效应却出现了下滑。2010～2011 年碳排放增长率达历史增速最高值，分别为 7.72% 和 9.24%，但是其边际产出效应却分别为 -0.77% 和 -1.24%。2012 年碳排放增速有所放缓为 2.51%，但同样其边际产出效应为 -1.2%。从数据中可以发现，2010～2012 年碳排放保持较高的速度增长，但其增加已经不能给经济带来利好的局面，反而累计造成 GDP 直接损失 10184.52 亿元。2013 年和 2015 年碳排放增长率较上一年分别回落 0.46% 和 0.5%，但就排放规模而言还是维持在较高的水平，2013～2015 年边际产出效应分别为 -0.56%，-0.3% 和 -0.63%。进一步分析，发现 2006～2015 年由碳排放增加带来的产出绝对效应累计为 -6968.63 亿元，增加碳排放似乎已不能为经济增长助力。但需要注意的是，碳排放效应的累计存在年度之间产出正负变化的相互抵消，因而在一定程度上弱化了其可能存在的影响。

2. 二氧化碳排放的影子价格

表 5-11 同时给出了中国 2006～2015 年二氧化碳的影子价格，根据数据显示：2006～2008 年排放量的快速增长带来一定的产出增长，此时影子价格分别维持在 257.65 元/吨、305.15 元/吨和 90.59 元/吨。2009 年碳排放的增长所带动边际产出效应开始减弱，此时影子价格偏小，仅为 4.91 元/吨。这表明碳排放的增长所带来的经济收益开始减少，环境代价开始增大。2010～2012 年碳排放依旧维持较高水平的增长，但与此同时影子价格皆为负值，分别为 -267.33 元/吨、-377.76 元/吨和 -1377.23 元/吨。2014 年排放小幅增加但其影子价格仍旧为 -1073.79 /吨。出现负值的原因是由于排放的快速增加，政府进行排放管制后治理成本和原材料价格上涨对最终的经济增长进行了挤压甚至下降，由此碳排放的增加导致边际产出就可能出现负值。2013～2015 年数据有所波动。2013 年和 2015 年碳排放较上一年分别减少了 5661.76 吨和 6184.87 吨，其边际产出效应相应分别为 -0.56% 和 -0.23%，此时 2013 年的影子价格为历史最高值 3800.72 元/吨，2015 年则为 1690.74 元/吨。这表明减排所带来的经济代价较高。

综上分析，就总体而言全国 2006～2015 年二氧化碳排放的产出效应和影子价格并未完全体现减排由"加速区"向"缓冲区"转变最终到达"减速区"的明显过程。但因为简单的算术平均的原因，正负效应相互抵消一定程度上弱化了碳排放变化的边际产出效应，同时也弱化了实际各省市地区的碳排放的影子价格。为此，我们将中国各地区碳排放影子价格特征进行了区域划分和归类分析。

表 5 - 11　　　　　　　　中国二氧化碳排放的产出效应与影子价格

年份	二氧化碳排放量（万吨）	二氧化碳排放增长率（%）	GDP（亿元）	边际效应（PECH - 1）（%）	绝对效应（亿元）	二氧化碳排放变化量（万吨）	二氧化碳影子价格（元/吨）
2006	866692.1	8.98	193007.3	1.05	1839.90	71410.04	257.65
2007	940695	8.54	221192.8	1.17	2258.19	74002.97	305.15
2008	979760	4.15	247558.4	0.16	353.91	39064.99	90.59
2009	1030182	5.15	276256.2	0.01	24.76	50422.75	4.91
2010	1109752	7.72	312290.4	-0.77	-2127.17	79569.87	-267.33
2011	1212261	9.24	348745.5	-1.24	-3872.40	102509.1	-377.76
2012	1242648	2.51	384264.1	-1.2	-4184.95	30386.77	-1377.23
2013	1236986	-0.46	420288.6	-0.56	-2151.88	-5661.76	3800.72
2014	1248728	0.95	454652.7	-0.3	-1260.87	11742.15	-1073.79
2015	1242544	-0.50	489726.6	-0.23	-1045.70	-6184.87	1690.74

3. 三类梯度区域影子价格变化及特点

计算中国各省市 2006～2015 年二氧化碳影子价格均值，并根据其数据特征划分为三个梯度区域，分别为加速区、缓冲区和减速区，结果见表 5 - 12。处于加速区的省份包括福建、北京、浙江、四川、海南、广西、青海、江西和江苏；处于缓冲区的省份包括宁夏、山西、内蒙古、吉林、河南；处于减速区的省份包括河北、天津、陕西、辽宁、上海、山东、黑龙江、安徽、贵州、甘肃、广东、湖南、湖北、云南和新疆等。各区域影子价格的梯度划分，为探索各地区碳减排的代价和减排潜力，制定区域减排环境政策提供了参考。

表 5 - 12　　　　　　　　中国碳排放影子价格特征区域划分

所属区域	省份	二氧化碳排放量（万吨）	GDP（亿元）	边际效应（PECH - 1）（%）	绝对效应（亿元）	二氧化碳排放变化量（万吨）	二氧化碳影子价格（元/吨）
加速区	福建	22386.91	12312.83	2.95	363.28	1447.37	2509.93
	北京	13125.70	9493.01	0.04	3.64	16.56	2197.74
	浙江	41862.09	19937.75	1.55	308.80	1494.13	2066.73
	四川	33344.96	13254.28	2.23	295.52	1492.38	1980.16
	海南	5282.80	1609.41	5.06	81.48	596.08	1366.87
	广西	17971.94	6842.05	2.24	153.50	1185.21	1295.10
	青海	4651.11	895.96	4.06	36.39	326.79	1113.53
	江西	17613.19	6672.41	1.66	110.57	1048.63	1054.40
	江苏	69942.19	30237.61	- 1.01	- 305.51	- 3735.02	817.96
缓冲区	宁夏	14665.58	932.04	5.14	47.88	1411.05	339.32
	山西	72650.81	5954.51	1.20	71.71	2503.65	286.42
	内蒙古	62772.24	7652.69	1.82	139.42	4906.91	284.14
	吉林	25084.26	6610.58	0.21	14.01	709.69	197.45
	河南	59833.10	16309.27	0.23	37.18	2084.29	178.38
减速区	河北	82360.48	15203.23	- 2.01	- 306.13	3161.80	- 968.22
	天津	17790.38	7296.63	- 0.62	- 45.23	760.17	- 594.96
	陕西	35500.01	6457.59	- 0.29	- 18.49	3174.90	- 58.24
	辽宁	66564.96	15187.13	- 1.66	- 252.48	2038.37	- 1238.62
	上海	26503.18	14167.19	- 2.57	- 363.85	380.54	- 9561.49
	山东	108151.08	29152.18	- 1.66	- 482.91	6507.36	- 742.10
	黑龙江	33934.43	9340.21	- 1.36	- 126.64	1170.73	- 1081.75
	安徽	31985.43	9398.46	- 1.72	- 161.46	2036.55	- 792.80
	贵州	25404.71	3250.61	- 4.34	- 140.96	1009.22	- 1396.75
	甘肃	18256.54	3157.30	- 3.27	- 103.10	804.05	- 1282.32
	广东	55816.50	36071.25	- 0.55	- 196.80	2366.86	- 831.49
	湖南	29721.31	11415.35	- 0.48	- 54.54	945.30	- 576.99
	湖北	34505.46	11369.29	- 0.87	- 98.56	1196.28	- 823.89
	云南	23106.94	5758.98	- 1.84	- 105.82	269.85	- 3921.28
	新疆	31533.09	3881.35	- 9.34	- 362.48	3449.64	- 1050.77

5.3.2 典型案例与政策启示

5.3.2.1 "加速区"典型案例与政策启示

加速区的典型特征是较小的排放增长能带来较大的产出增长，故而影子价格较高。福建、北京、浙江、四川、海南、广西、青海、江西和江苏等9省市的共同特征是碳排放持续大幅增加（减少）的同时所带来的边际产出效应显著，影子价格相对较高。江苏省是我国碳排放大省，2006～2015年年均减少排放 3735.02 万吨，年均影子价格为817.96 元/吨。这说明近年江苏省碳排放管制政策产生了良好的环境效益，但与此同时也付出了高昂的经济代价，表 5-13 给出了江苏省 2006～2015 年碳排放与产出变化的详细数据。

江苏省作为我国的经济大省也是碳排放大省，经济发展及技术水平较高，资源配置能力较强。2006～2015 年，除了 2007 年和 2014 年影子价格表现为负值之外，其余年份影子价格都保持在较高的水平。2006 年江苏省较上年减少碳排放 3.46%，造成经济损失 1.03%，影子价格高达 540.41 元/吨。2008～2015 年分别较上年减少排放 2.22%、2.04%、13.29%、10.44%、4.34%、3.08%、7.21%、8.66%。持续的强制减排，对产出形成较强冲击，致使相应年份产出下降幅度分别达到 -0.43%、-0.74%、-2.16%、-3.12%、-0.46%、-0.49%、0.15% 和 -0.87%。影子价格分别达到 481.63 元/吨，1038.41 元/吨，532.2 元/吨，1269.24 元/吨，562.67 元/吨，965.81 元/吨，139.4 元/吨和 809.94 元/吨。这说明江苏省碳排放增加对经济增长仍有较强的带动能力，随着减排行动的开展，减排目标的实现付出了较高的经济代价。对于这类地区在坚持环境保护的同时，应当进一步加快产业结构调整和技术更新，努力降低减排成本。

表 5-13   "加速区"案例——江苏省二氧化碳排放的产出效应与影子价格

年份	二氧化碳排放量（万吨）	二氧化碳排放增长率（%）	GDP（亿元）	边际效应（PECH-1）（%）	绝对效应（亿元）	二氧化碳排放变化量（万吨）	二氧化碳影子价格（元/吨）
2006	83458.77	-3.46	18064.84	-1.03	-161.71	-2992.29	540.41
2007	84010.25	0.66	20756.5	-0.93	-168.17	551.48	-3049.51

年份	二氧化碳排放量（万吨）	二氧化碳排放增长率（ ）	GDP（亿元）	边际效应（PECH－1）（％）	绝对效应（亿元）	二氧化碳排放变化量（万吨）	二氧化碳影子价格（元/吨）
2008	82145.22	－2.22	23392.57	－0.43	－89.83	－1865.03	481.63
2009	80467.65	－2.04	26293.25	－0.74	－174.2	－1677.57	1038.41
2010	69771.92	－13.29	29632.49	－2.16	－569.23	－10695.7	532.2
2011	62489.62	－10.44	32892.07	－3.12	－924.3	－7282.3	1269.24
2012	59777.44	－4.34	36214.17	－0.46	－152.61	－2712.18	562.67
2013	57934.871	－3.08	39690.73	－0.49	－177.96	－1842.57	965.81
2014	53756.44	－7.21	43143.81	0.15	58.25	－4178.43	－139.4
2015	49100.85	－8.66	46811.04	－0.87	－377.07	－4655.59	809.94

5.3.2.2 "缓冲区"典型案例与政策启示

缓冲区其典型特征为碳排放大幅增加只带来了经济的缓慢增长，故而影子价格较低，减排所带来的经济代价相对较低。2006～2015年间宁夏、山西、内蒙古、吉林、河南等5省份的碳排放均有较大幅度增加，而其对产出的贡献则普遍偏弱。其中宁夏年均碳排放增长1411.05万吨，却仅带来年均47.88亿元的经济产值。表5－14给出了宁夏碳排放与经济增长的详细数据。

2006年宁夏碳排放8315.5万吨带动边际产出净效应4.56%的增加，边际贡献值仅22.69亿元，二氧化碳影子价格为311.78元/吨。2007～2010年碳排放分别大幅增加13.09%、10.60%、10.00%和18.31%，而四年累计边际贡献值仅为165.28亿元，影子价格分别为315.85元/吨、318.48元/吨、323.87元/吨、312.58元/吨。2011年碳排放增幅达到历史最大的33.28%，与此同时边际贡献率也达到最大值13.5%，而产出贡献值也仅为124.50亿元，影子价格进一步下降到276.38元/吨。2012～2015年碳排放增幅有所放缓但仍保持增长，边际产出贡献仍旧维持较高的水平分别为3.34%、2.88%、0.91%、1.72%，四年内年累计边际贡献值为100.55亿元，影子价格分别为256.17元/吨、266.44元/吨、291.5元/吨、313.39元/吨。相对较低的影子价格意味着，宁夏追求经济增长的环境代价开始增加，碳排放的增加并不能带动经济的快速增长。此时进行排放管制，可以通过一定的产出损失换来碳排放的较大减少。如在治理过程中仍要保证经济增长，这就要求转变发展方式，进一步学习先进地区的生产技术和治理能力，提高能源利用率，减少化石能源消费量，可以通过扶持第三产业发展的方式以贡献经济从而达到减排目的。

表5-14　　　　　"缓冲区"案例——宁夏回族自治区二氧化碳
排放的产出效应与影子价格

年份	二氧化碳排放量（万吨）	二氧化碳排放增长率（%）	GDP（亿元）	边际效应（PECH-1）（%）	绝对效应（亿元）	二氧化碳排放变化量（万吨）	二氧化碳影子价格（元/吨）
2006	8315.5	9.59	559.67	4.56	22.69	727.78	311.78
2007	9403.94	13.09	630.75	6.14	34.38	1088.43	315.85
2008	10401.07	10.60	710.22	5.03	31.76	997.13	318.48
2009	11440.79	10.00	794.74	4.74	33.67	1039.72	323.87
2010	13535.23	18.31	902.03	8.24	65.47	2094.45	312.58
2011	18039.66	33.28	1011.18	13.80	124.5	4504.43	276.38
2012	19357.09	7.30	1127.46	3.34	33.75	1317.43	256.17
2013	20577.65	6.31	1237.95	2.88	32.52	1220.57	266.44
2014	20964.46	1.88	1336.99	0.91	11.28	386.81	291.5
2015	21698.26	3.50	1443.95	1.72	23	733.79	313.39

5.3.2.3 "减速区"典型案例与政策启示

"减速区"的典型特征是经济发展水平和碳排放规模较大，大幅的碳排放增长并没有带来边际贡献率的增加，影子价格为负值，表明此区域面临的环境及排放问题较严重。河北、天津、陕西、辽宁、上海、山东、黑龙江、安徽、贵州、甘肃、广东、湖南、湖北、云南、新疆等15个省市基本都属于这种情况。表5-15给出了河北省碳排放和经济增长的详细数据。

河北是中国的碳排放大省，2006～2011年二氧化碳年均排放量达到84606万吨，排放增长率高达10.07%。如此大的排放规模和如此快的增长速度，带来的边际产出净效应却是负增长。2006～2013年河北省碳排放累计增长37260.31万吨，但高排放不仅没有推动高增长，反而变成了增长的障碍，8年间产出累计损失3191.65亿元。值得注意的是2014年和2015年，河北省通过强化环境管制措施，两年分别减少碳排放4761.74万吨和880.58万吨，经济产出反而由此增加了678.17亿元和143.22亿元，表现出"减速区"的典型特征。由此带来的启示是："减速区"各省在碳排放已经不能驱动经济显著增长的情况下，应当实行对高耗能行业等进行关停、改造等较为严格的排放治理政策，加大环境治理力度。除此之外还需要加大产业结构调整力度和环境治理技术创新，增加新能源消费的比重，保证进一步减少碳排放的同时能够使经济得到增长。

表 5-15　　"减速区"案例——河北省二氧化碳排放的产出效应与影子价格

年份	二氧化碳排放量（万吨）	二氧化碳排放增长率（%）	GDP（亿元）	边际效应（PECH-1）（%）	绝对效应（亿元）	二氧化碳排放变化量（万吨）	二氧化碳影子价格（元/吨）
2006	64673.65	13.20	9719.17	-1.62	-139.41	4771.85	-292.15
2007	70532.43	12.80	10963.23	-2.22	-215.94	5858.78	-368.57
2008	73726.18	10.10	12070.51	-1.45	-158.94	3193.75	-497.67
2009	78634.33	10.00	13277.57	-3.25	-392.17	4908.15	-799.02
2010	84639.21	12.20	14897.43	-4.84	-642.05	6004.88	-1069.21
2011	95719.12	11.30	16580.84	-9.72	-1447.84	11079.91	-1306.72
2012	97056.23	9.60	18172.6	-1.09	-181.11	1337.11	-1354.48
2013	97162.11	8.20	19662.75	-0.08	-14.19	105.88	-1339.73
2014	92400.38	6.50	20940.83	3.45	678.17	-4761.74	-1424.2
2015	91519.79	6.80	22364.81	0.68	143.22	-880.58	-1626.43

5.4　本章小结

本章利用动态方向性环境生产前沿函数构造污染物 *ME* 指数，提供了一个利用非参数化方法求解二氧化碳边际减排成本的模型。利用该模型计算了中国 36 个工业行业 2005~2015 年间的影子价格，结果显示：二氧化碳影子价格具有较强的行业异质性，碳排放强度较高的重化工业二氧化碳影子价格相对较低。从时间趋势上看，全工业行业二氧化碳排放的平均影子价格呈明显的上涨趋势。分别选择通信设备、计算机及其他电子设备制造业和电力、热力的生产与供应业作为低碳强度和高碳强度行业的典型案例，分析了碳减排对产出增长的不同影响。

以行业边际减排成本曲线为基础，进行碳交易市场出清的多情景模拟。

模拟主要着眼于不同减排目标约束及初始碳配额分配方案下，碳交易市场出清价格、均衡交易量及市场福利总量及其分布。模拟结果显示：（1）不同减排目标约束的影响。从市场角度看，随着碳减排强度目标的升级，市场交易价格逐步提高，碳市场的作用逐步显现，福利效应呈上升趋势。从行业角度看，虽然各目标情景下行业交易量有所波动，但交易最集中的行业分布却相对比较稳定。福利变化规律略有不同，减排目标约束不仅影响福利总量，具有总量效应，而且影响福利在行业间的分布，产生一定的结构效应。（2）免费配额比例变化的影响。从市场角度看，当我们针对相同的碳强度目标约束，横向比较不同免费配额比例对碳价的影响时，发现当免费配额比例下降时，在所有的强度目标约束下，均衡碳价都有所降低。但是，免费配额比例的下降无助于增进福利。从行业角度看，免费配额比例影响行业的均衡交易量，具有比较明显的总量效应，但是却不具有显著的结构效应，对于交易行业作为配额购买者或出售者的身份，甚至各行业在总交易量中的占比影响程度较小。证明各行业的交易角色和市场地位与免费配额比例即使相关，相关性也非常微弱。就福利而言，免费配额比例下降会引起各行业得自碳交易市场的福利缩减，但是对于福利在不同行业之间的分布影响较小，福利的结构效应不显著。

以相同的非参数法估算了中国 29 个省（市）2006 ~ 2015 年的区域边际减排成本。从各区域边际减排成本的时间变化趋势看，可以分为"加速区""缓冲区"和"减速区"三大类。本章分别选取江苏省、宁夏回族自治区、河北省作为这三类区域的典型代表，有针对性地提出了减排的重点策略。

第6章　基于递归动态 CGE 模型的成本传导效应评估与政策研究

6.1　计及碳交易政策的递归动态 CGE 模型

6.1.1　CGE 模型基本原理

CGE 模型是以瓦尔拉斯一般均衡理论为基础，通过将抽象概念转化为具体指标从而使得实体经济关系可以进行数值计算的模型。实质上，CGE 模型是由一系列的方程组来表达某一经济体中的供需和各个部门的平衡关系。在这组方程中，所有的商品和生产要素的价格、数量都是变量，在生产者利润最大化、消费者效用最大化等一系列约束条件下求解方程组，得到一组市场供需均衡条件下的价格和数量。一个完整的 CGE 模型一般由供给、需求及均衡三部分内容构成。

供给部分主要是对生产者的行为进行描述，生产者以利润最大化进行生产活动，可供使用的要素包括劳动、资本及其他要素。常用的生产函数类型主要有列昂惕夫生产函数（Leontief Production Function）、柯布－道格拉斯函数、常替代弹性（Constant Elasticity of Substitution Production Function）生产函数、常弹性转换函数（CET）等。

需求部分主要是对消费者在经济活动中的行为进行描述，经济体中的消费者一般可以分为居民、政府、企业和国外四类。假设居民为劳动及资本要素的拥有者及商品的需求者，居民通过提供要素获得居民收入，政府和企业对居民的转移支付也可以形成居民收入，居民在收入约束条件下，一部分用来缴纳个人所得税，剩余部分用来消费和储蓄投资；另外，企业通过生产活动获得资本要素的回报及政府的转移支付形成企业收入，其收入一部分用于缴纳企业所得税，一部分用于通过转移支付分配给居民，还有一部分用于企业的投资储蓄；政府是经济政策的调控者，既可以利用税收来增加收入，还可用来支付政府的支出；国外账户可以利用出口商品和提供要素获得外汇收入，收入一部分用来支付国外市场商品进口，一部分用来支付对居民、企业和政府的转移支付，还有一部分用来储蓄。政府储蓄、居民储蓄以及贸易顺差构成了储蓄总量，并形成总投资。

供给平衡部分是对一系列市场出清的条件进行描述，主要包括商品市场出清、要素市场出清、政府收支均衡、储蓄投资均衡及国际收支平衡。商品市场出清要求国内市场商品总供给等于商品总需求，即商品市场达到均衡；要素市场出清分为劳动力市场出清和资本市场出清。劳动力市场出清要求劳动力总供给等于劳动总需求，资本市场出清要求所有行业的资本总供给与资本总需求相等。在政府收支均衡中，引入政府净储蓄变量，为政府的收入和支出的差额。如果净储蓄为正，则为财政盈余，否则表现为财政赤字。储蓄投资均衡要求总储蓄等于总投资。国际收支均衡要求国外账户的总收入等于总支出。

为了保证上述各项均达到均衡，在 CGE 模型求解时可以去掉模型中一组约束或者将模型中一个外生变量或参数转化为内生变量，这一过程在 CGE 模型中被称为宏观闭合。

当前 CGE 模型的闭合规则主要有四种：（1）新古典主义闭合。这个闭合规则的特征是假设所有价格包括商品价格和要素价格都是完全弹性的，由模型内生决定，而要素如劳动和资本的现有实际供应量都实现充分就业。总投资内生，等于总储蓄，模型变为"储蓄驱动"。（2）约翰逊宏观闭合。在要素市场上，约翰逊宏观闭合的设置与新古典主义宏观闭合的设置类似，也是假设价格完全弹性，要素充分就业。不同的是在储蓄投资和政府收支上，约翰逊闭合假设投资是外生的，而储蓄率是内生的。因此，模型是"投资驱动"的。（3）凯恩斯宏观闭合。这个闭合规则假设在宏观经济萧条的情况下，劳动力大量失业，资本闲置。因此，劳动和资本要素供应量内生，而要素价格是固定的。（4）路易斯闭合。这个闭合规则假设在发展中国家，资本紧缺，劳动力剩余，劳动力价格被固定在生存工资水平上，在这个价格上，劳动力供应量是无限的。因此，劳动力价格外生，劳动供应内生，而在资本市场上，与新古典主义闭合规则相同，资本供应外生。

6.1.2　递归动态 CGE 模块设计

1. 生产模块

模型假设每个部门只生产一种产品，且市场为完全竞争市场。在所有的生产部门，技术都呈现规模报酬不变的特性，生产者根据成本最小化原则进行生产决策。在生产模块中，投入包含煤炭、石油、天然气、电力等能源投入、资本、劳动要素投入以及中间投入，生产函数形式为六层嵌套常替代弹性（CES）函数，生产模块结构如图 6-1 所示。

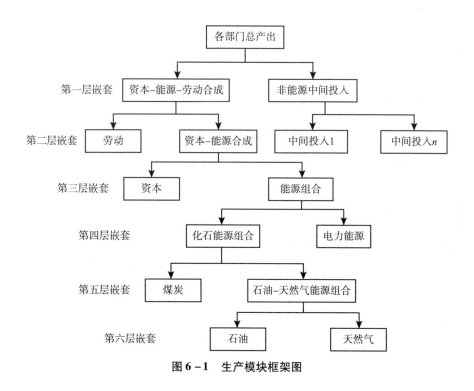

图 6-1　生产模块框架图

第一层 CES 嵌套生产函数：

$$QX_i = A_i^q \left[\alpha_i^{nd} ND_i^{\rho_i^q} + (1 - \alpha_i^{nd}) KEL_i^{\rho_i^q} \right]^{1/\rho_i^q} \tag{6.1}$$

$$\frac{PKEL_i}{PND_i} = \frac{\alpha_i^{nd}}{\alpha_i^{kel}} \left(\frac{ND_i}{KEL_i} \right)^{1-\rho_i^q} \tag{6.2}$$

$$PX_i QX_i = PKEL_i KEL_i + PND_i ND_i \tag{6.3}$$

式（6.1）~式（6.3）表示部门 i 总产出的 CES 嵌套生产函数，其中，

QX_i 表示部门 i 的总产出，ND_i 表示部门 i 的非能源中间投入的数量，KEL_i 表示部门 i 的资本－能源－劳动合成束。PX_i 表示部门 i 生产活动的产出价格，PND_i 和 $PKEL_i$ 分别代表部门 i 的中间投入价格和资本－能源－劳动的合成投入价格。A_i^q 代表部门 i 总产出的 CES 生产函数中的规模参数，ρ_i^q 代表部门 i 的中间投入与资本－能源－劳动合成投入的替代弹性相关系数，α_i^{nd} 代表部门 i 的中间投入的份额系数，α_i^{kel} 代表部门 i 的资本－能源－劳动合成投入的份额系数。

第二层：

$$KEL_i = A_i^{kel} \left[\alpha_i^{ke} KE_i^{\rho_i^{kel}} + (1 - \alpha_i^{ke}) LAB_i^{\rho_i^{kel}} \right]^{1/\rho_i^{kel}} \tag{6.4}$$

$$\frac{WL}{PKE_i} = \frac{\alpha_i^{ke}}{\alpha_i^l} \left(\frac{KE_i}{LAB_i} \right)^{1 - \rho_i^{kel}} \tag{6.5}$$

$$PKEL_i KEL_i = PKE_i \cdot KE_i + WL \cdot LAB_i \tag{6.6}$$

$$UND_j^i = u_j^i \cdot ND_i \tag{6.7}$$

$$PND_i = \sum_j u_j^i \cdot PQ_j \tag{6.8}$$

式（6.4）～式（6.6）表示第二层 CES 生产函数，式（6.7）～式（6.8）表示第二层中间投入生产函数，采用 Leontief 函数形式。KE_i 表示部门 i 的资本－能源合成投入的数量，LAB_i 表示部门 i 的劳动投入的数量。PKE_i 和 WL 分别代表部门 i 的资本－能源合成价格和劳动价格。UND_j^i 代表单位 i 部门的产出需要 j 部门的投入，u_j^i 代表 i 部门中间投入的直接消耗系数，A_i^{kel} 代表部门 i 资本－能源－劳动合成的 CES 生产函数规模参数，ρ_i^{kel} 代表部门 i 的资本－能源合成投入与劳动投入的替代弹性相关系数，α_i^{ke} 代表部门 i 的资本－能源合成投入份额系数，α_i^l 代表部门 i 的劳动投入份额系数。

第三层：

$$KE_i = A_i^{ke} \left[\alpha_i^k K_i^{\rho_i^{ke}} + (1 - \alpha_i^k) E_i^{\rho_i^{ke}} \right]^{1/\rho_i^{ke}} \tag{6.9}$$

$$\frac{PEC_i}{WK} = \frac{\alpha_i^k}{\alpha_i^e} \left(\frac{K_i}{E_i} \right)^{1 - \rho_i^{ke}} \tag{6.10}$$

$$PKE_i KE_i = WK \cdot K_i + PEC_i E_i \tag{6.11}$$

式（6.9）～式（6.11）表示第三层 CES 嵌套生产函数，K_i 表示部门 i 的资本投入的数量，E_i 表示部门 i 的能源投入的数量。PEC_i 和 WK 分别代表部门 i 的能源合成价格和资本价格。A_i^{ke} 代表部门 i 资本－能源合成的 CES 生产函数规模参数，ρ_i^{ke} 代表部门 i 的资本投入与能源合成投入的替代弹性相关系数，α_i^k 代表部门 i 的资本投入份额系数，α_i^E 代表部门 i 的能源投入份额系数。

第四层：

$$E_i = A_i^e \left[\alpha_i^{fe} FE_i^{\rho_i^e} + (1 - \alpha_i^{fe}) ELE_i^{\rho_i^e} \right]^{1/\rho_i^e} \qquad (6.12)$$

$$\frac{PQ_{ele}}{PFE_i} = \frac{\alpha_i^{fe}}{\alpha_i^{ele}} \left(\frac{FE_i}{ELE_i} \right)^{1-\rho_i^e} \qquad (6.13)$$

$$PEC_i E_i = PFE_i FE_i + PQ_{ele} ELE_i \qquad (6.14)$$

式（6.12）～式（6.14）表示第四层 CES 嵌套生产函数，FE_i 表示部门 i 的化石能源合成投入的数量，ELE_i 表示部门 i 的电力能源投入的数量。PQ_{ele} 和 PFE_i 分别代表电力能源的消费价格和部门 i 的化石能源合成价格。A_i^e 代表部门 i 能源合成的 CES 生产函数规模参数，ρ_i^e 代表部门 i 的化石能源合成投入与电力能源投入的替代弹性相关系数，α_i^{ele} 代表部门 i 的电力能源投入份额系数，α_i^{fe} 代表部门 i 的化石能源投入份额系数。

第五层：

$$FE_i = A_i^{fe} \left[\alpha_i^{coal} Coal_i^{\rho_i^{fe}} + (1 - \alpha_i^{coal}) OG_i^{\rho_i^{fe}} \right]^{1/\rho_i^{fe}} \qquad (6.15)$$

$$\frac{POG_i}{PQ_{coal}} = \frac{\alpha_i^{coal}}{1 - \alpha_i^{coal}} \left(\frac{coal_i}{OG_i} \right)^{1-\rho_i^{fe}} \qquad (6.16)$$

$$PFE_i FE_i = PQ_{coal} Coal_i + POG_i OG_i \qquad (6.17)$$

式（6.15）～式（6.17）表示第五层 CES 嵌套生产函数，$Coal_i$ 表示部门 i 的煤炭投入的数量，OG_i 表示部门 i 的石油－天热气合成投入的数量。PQ_{coal} 和 POG_i 分别代表煤炭资源的消费价格和部门 i 的石油－天然气合成价格。A_i^{fe} 代表部门 i 化石能源合成的 CES 生产函数规模参数，ρ_i^{fe} 代表部门 i 的煤炭能源投入与石油－天然气能源合成投入的替代弹性相关系数，α_i^{coal} 代表部门 i 的煤炭能源投入份额系数，α_i^{coal} 代表部门 i 的石油－天然气合成能源投入份额系数。

第六层：

$$OG_i = A_i^{og} \left[\alpha_i^{oil} Oil_i^{\rho_i^{og}} + (1 - \alpha_i^{oil}) Gas_i^{\rho_i^{og}} \right]^{1/\rho_i^{og}} \qquad (6.18)$$

$$\frac{PQ_{gas}}{PQ_{oil}} = \frac{\alpha_i^{oil}}{\alpha_i^{gas}} \left(\frac{oil_i}{gas_i} \right)^{1-\rho_i^{og}} \qquad (6.19)$$

$$POG_i OG_i = PQ_{gas} gas_i + PQ_{oil} oil_i \qquad (6.20)$$

式（6.18）～式（6.20）表示第六层 CES 嵌套生产函数，Oil_i 表示部门 i 的石油投入的数量，Gas_i 表示部门 i 的天热气投入的数量。PQ_{oil} 和 PQ_{gas} 分别代表石油资源的消费价格和天然气的消费价格。A_i^{og} 代表部门 i 石油－天然气能源合成的 CES 生产函数规模参数，ρ_i^{og} 代表部门 i 的石油能源投入与天然气能源投入的替代弹性相关系数，α_i^{oil} 代表部门 i 的石油能源投入份额系数，α_i^{gas} 代表部门 i 的天然气能源投入份额系数。

2. 贸易模块

贸易模块的结构如图 6 - 2 所示。在贸易模块中，国内生产的商品在国内销售和出口的数量按照 CET 函数形式分配，采取收入最大化的原则进行一阶优化。国内市场销售的商品由进口和国内生产国内销售两部分组成，基于"阿明顿假设条件"进行复合。函数形式如下：

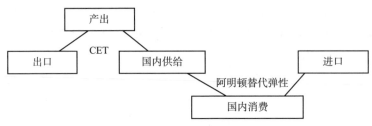

图 6 - 2　贸易模块框架图

进口产品价格：

$$PM_j = pwm_j \cdot (1 + tm_j) \cdot EXR \qquad (6.21)$$

出口产品价格：

$$PE_i = pwe_i \cdot EXR \qquad (6.22)$$

国内产品分配函数（CET 函数）：

$$QX_i = \theta_{ei}[\varepsilon d_i \cdot QD_i^{\rho_{ei}} + (1 - \varepsilon d_i) \cdot QE_i^{\rho_{ei}}]^{1/\rho_{ei}} \qquad (6.23)$$

$$\frac{PDA_i}{PE_i} = \frac{\delta d_i}{1 - \delta d_i}\left(\frac{QE_i}{QDA_i}\right)^{1 - \rho_{ei}} \qquad (6.24)$$

$$PX_i \cdot QX_i = PDA_i \cdot QDA_i + PE_i \cdot QE_i \qquad (6.25)$$

国内产品需求函数（Armington 假设）：

$$QQ_j = \theta_{mi}[\delta d_i \cdot QDC_j^{\rho_{mi}} + (1 - \delta d_i) \cdot QM_j^{\rho_{mi}}]^{1/\rho_{mi}} \qquad (6.26)$$

$$\frac{PDC_j}{PM_j} = \frac{\delta d_j}{1 - \delta d_j}\left(\frac{QM_j}{QDC_j}\right)^{1 - \rho_{mi}} \qquad (6.27)$$

$$PQ_j \cdot QQ_j = PM_j \cdot QM_j + PDA_j \cdot QDA_j \qquad (6.28)$$

PM_j 代表进口商品 j 的价格，QM_j 代表进口商品 j 的数量，EXR 代表汇率，pwm_j 代表进口商品 j 的国际价格，tm_j 代表进口关税税率。PE_i 代表国内生产商品 i 的价格，QE_i 代表国内生产商品 i 出口的数量，pwe_i 代表出口商品 i 的国际价格。QDA_j 代表国内生产国内使用商品 j 的数量，PDA_j 代表国内生产国内使用商品 j 的价格，θ_{ei} 代表 CET 函数参数，εd_i 代表 CET 函数份额参数，ρ_{ei} 代表 CET 函数替代弹性参数。QQ_j 代表国内市场商品 j 的数量，PQ_j 代表国内市场商品 j 的价格，QDC_j 代表国内生产国内使用商品 j 的数量，PDC_j 代表国内生产国内使用商品 j 的价格，θ_{mi} 代表 Armington 函数参数，δd_j 代表 Armington 函数份额参数，ρ_{mi} 代表 Armington 函数替代弹性参数。

3. 收入支出模块

在收入支出模块中有四类经济主体：居民、企业、政府及国外。居民的收入主要来源于劳动报酬收入、资本收益、企业对居民的转移支付和政府对居民的转移支付。居民在收入一定的情况下，效用函数为柯布－道格拉斯函数，根据效用最大化的原则进行储蓄与消费。居民的支出包括居民对商品的消费和个人所得税的支出，其剩余部分形成居民储蓄。企业收入包括资本收益和政府对企业的转移支付，企业支出包括缴纳企业所得税以及对居民的转移支付两部分。政府收入则包括个人所得税、企业所得税、进口关税，政府支出由政府消费、转移支付两部分构成。政府收入与支出的差额形成政府储蓄。

（1）居民收入和支出函数：

$$YH = WL \cdot QLS + rate_{hk} \cdot WK \cdot QKS + YGH + YEH \tag{6.29}$$

$$PQ_j \cdot QH_j = \beta_j \cdot mpc \cdot (1 - th) \cdot YH \tag{6.30}$$

$$SH = (1 - mpc) \cdot (1 - th) \cdot YH \tag{6.31}$$

其中，YH 代表居民总收入，QLS 代表劳动总供给，QKS 代表资本总供应，$rate_{hk}$ 为资本要素收入分配给居民的份额，YGH 为政府对居民的转移支付，YEH 为企业对居民的转移支付；β_j 居民对商品 j 消费的比例系数，th 为居民的所得税率，mpc 为居民的消费倾向，SH 为居民储蓄。

（2）企业收入和支出函数：

国外资本投资收益：

$$YWK = ratewk \cdot WK \cdot QKS \tag{6.32}$$

$$YENT = rate_{entk} \cdot WK \cdot QKS \tag{6.33}$$

$$YEH = rate_{he} \cdot YENT \tag{6.34}$$

$$SE = (1 - rate_{he}) \cdot (1 - te) \cdot YENT \tag{6.35}$$

$$INV_j = invest_j \cdot TINV_j / PQ_j \tag{6.36}$$

$$VSTK_j = ivstk_j \cdot QX_j \tag{6.37}$$

其中，$rate_{entk} = 1 - ratewk - ratehk$，$YENT$ 代表企业总收入，SE 代表企业储

蓄，$TINV$ 代表经济总投资，$VSTK_j$ 代表商品 j 存货变化量。$ratewk$ 代表国外资本投资收益的比例系数，$rate_{entk}$ 为资本要素分配给企业的份额，$rate_{he}$ 企业对居民转移支付的比例系数，te 代表企业所得税税率，$invest_j$ 代表对商品 j 的投资需求占总投资的比例，$ivstk_j$ 代表商品 j 的存货变化率。

（3）政府收入和支出函数：

$$YGW \;=\; rate_{gw} \cdot \sum_j PM_j \cdot QM_j \tag{6.38}$$

$$YG \;=\; \sum_i t_{indi} \cdot PX_i \cdot QX_i + th \cdot YH + te \cdot YENT +$$

$$\sum_j tm_j \cdot PM_j \cdot QM_j + YGW \tag{6.39}$$

$$SG = sg \cdot YG \tag{6.40}$$

$$YGH = rate_{hg} \cdot YG \tag{6.41}$$

$$QG_j = \mu_{gj} \cdot (1 - rate_{hg} - sg) \cdot YG/PQ_j \tag{6.42}$$

式中，YGW 代表政府国外收入，YG 代表政府总收入，$\sum_i t_{indi} \cdot PX_i \cdot QX_i$ 代表政府间接税收入，$rate_{gw} \cdot \sum_i PM_i \cdot QM_i$ 代表政府国外收入，t_{indi} 代表间接税税率，$rate_{gw}$ 为政府国外收入的比例系数，SG 代表政府储蓄，sg 代表政府储蓄率，$rate_{hg}$ 为政府对居民转移支付的比例系数，QG_j 为政府对商品 j 的消费量，μ_{gj} 为政府对商品 j 的消费比例。

4. 碳交易政策模块

根据现行的碳交易政策，碳配额的分配方式主要有拍卖配额和免费配额两种方式。其中，免费配额分配方式又可以分为历史排放量法［如式（6.44）］和历史强度法［如式（6.45）］。

碳交易政策的实施会影响到市场中的各个交易部门的生产活动，初始配额分配、碳价以及惩罚率都会对部门生产成本产生影响。

综上，将合理的碳交易机制嵌入 CGE 模型中，碳交易基本方程表示如下：

$$TP \;=\; CIN \cdot \sum_i SGDP_i \tag{6.43}$$

$$FP_{ei,t} \;=\; \frac{EM_{i,t-1}}{\sum_{ei,t} EM_{i,t-1}} \cdot TP \cdot rf \tag{6.44}$$

$$FP_{i,t} = \frac{EM_{i,t-1}}{SGDP_{i,t-1}} \cdot SGDP_{i,t} \cdot (1 - w) \cdot rf \tag{6.45}$$

$$PT_i \cdot QX_i = PX_i \cdot QX_i + pc \cdot (EM_i - FP_i) \tag{6.46}$$

式中，*TP* 代表配额总量，*CIN* 代表强度目标，$SGDP_i$ 代表部门 i 的 GDP，$FP_{i,t}$ 代表部门 i 第 t 年的免费配额量，$EM_{i,t-1}$ 为行业 i 第 $t-1$ 年的实际碳排放量，pc 为碳交易价格，rf 代表免费配额比例，w 代表行业 i 的碳强度年递减率，PT_i 代表加入碳交易之后的生产者价格，PX_i 代表未加入碳交易的生产者价格。

5. 均衡与闭合模块

可计算一般均衡模型的闭合模块主要用来确定内生变量和外生变量，本模块的假设主要有：

（1）模型采用新古典经济学假设，即总投资等于总储蓄。

（2）政府收支均衡，政府储蓄内生决定，各种税率由模型外生校准决定。

（3）国际收支平衡，选择国外储蓄外生，汇率内生的闭合规则。

均衡模块主要包含商品市场均衡、要素市场均衡、投资储蓄均衡和国际收支平衡，其中要素市场均衡又包括劳动力市场均衡和资本市场均衡。

商品市场均衡要求社会总需求等于总供给，即：

$$QH_j + QG_j + INV_j + ND_j + VSTK_j = QQ_j \tag{6.47}$$

要素市场均衡包括劳动力市场均衡和资本市场均衡，本模型中由于假设碳交易市场为完全竞争市场，因此劳动力市场均衡假设社会实现充分就业，相对工资为内生变量；资本市场均衡中假设资本价格为内生变量，经济政策变化对资本价格产生冲击，资本实现自由流动，进而实现资本的充分利用。要素市场均衡函数如下：

$$\sum_i L_i = \overline{QLS} \tag{6.48}$$

$$\sum_i K_i = \overline{QKS} \tag{6.49}$$

投资储蓄均衡采用新古典闭合规则，投资由储蓄决定，为了检验投资与储蓄是否相等，在投资等于储蓄的函数中加入了一个虚拟变量 WALRAS，其函数形式如下：

$$TINV = TSAV - \sum_j VSTK_j \cdot PQ_j \tag{6.50}$$

$$TSAV = SE + SG + SH + \overline{SF} \tag{6.51}$$

$$TINV = TSAV - \sum_j VSTK_j \cdot PQ_j + WALRAS \tag{6.52}$$

国际收支平衡选择汇率内生，国外储蓄外生的闭合规则，其函数形式如下：

$$\sum_i PM_i \cdot QM_i + YWK = \sum_i PE_i \cdot QE_i + YGW + \overline{SF} \tag{6.53}$$

6. 递归动态模块

为了模拟经济社会的动态变化，在一系列静态可计算一般均衡模型基础上构建动态 CGE 机制。动态 CGE 机制主要有递归动态和跨期动态两种类型，此处采取递归动态机制，并主要考虑资本要素积累、劳动力增长和技术进步等动态化因素。

资本要素积累的递归公式如下：

$$QKS_t = QKS_{t-1} \cdot (1 - dep) + TINV_{t-1} \tag{6.54}$$

全要素生产率的递归公式如下：

$$A_i^t = A_i^{t-1} \cdot (1 + g_i) \tag{6.55}$$

假设在同一时期劳动力增长与人口增长率相同，则劳动力增长的递归公式为：

$$QLS_t = QLS_{t-1} \cdot (1 + pop) \tag{6.56}$$

式中，QKS_t 代表 t 时期资本总供给，QKS_{t-1} 代表 $t-1$ 时期资本总供给，$TINV_{t-1}$ 代表 $t-1$ 时期社会总投资，dep 代表资产折旧率，本书假设资本折旧率为 5%。A_i^t 代表 t 时期部门 i 的全要素生产率，A_i^{t-1} 代表 $t-1$ 时期部门 i 的全要素生产率，g_i 代表部门 i 的全要素生产率增长率。QLS_t 代表 t 时期劳动总供给，QLS_{t-1} 代表 $t-1$ 时期劳动总供给，pop 为人口增长率。。

6.1.3 社会核算矩阵编制

1. 宏观社会核算矩阵

宏观社会核算矩阵（Macro – SAM）表是 CGE 模型的数据基础，同时也为微观表（Micro – SAM）的编制提供总量控制。宏观 SAM 表是根据 2012 年投入产出表自行编制的，账户设置包括了活动、商品、要素、主体账户以及投资储蓄等账户。其中，要素包括劳动和资本，主体包括居民、企业、政府和国外账户。原始社会核算矩阵中的数据来源于《中国统计年鉴 2012》《中国财政年鉴 2013》以及 2012 年投入产出表。

由于在编制 SAM 表的过程中，数据来源广泛，因此大多数情况下编制出来的初始 SAM 是不平衡的，需要调平。对 SAM 的调平方法主要有最小二乘法、手动平衡法、RAS 法，直接交叉熵法和系数交叉熵法等，此处采取了手动平衡方法对 SAM 表进行调平，得到平衡后的 2012 年 SAM 表，如表 6-1 所示。

表 6 − 1　　中国 2012 年宏观 SAM 表

单位:亿元

项目	活动	商品	劳动	资本	居民	企业	政府	投资储蓄	存货	国外	汇总
活动		1464961.00								136666.00	1601627.00
商品	1064826.91				198536.78		73181.79	237750.61	12692.11		1586988.21
劳动	264134.09										264134.09
资本	199059.85										199059.85
居民			264134.09	24336.60		31936.80	14764.21				335171.71
企业				178347.74							178347.74
政府	73606.23	17586.09			5820.32	19654.53	28525.62			−195.54	116471.63
投资储蓄					130814.60	126756.41				−35653.91	250442.72
存货								12692.11			12692.11
国外		104440.89		−3624.45						100816.55	100816.44
汇总	1601627.08	1586987.98	264134.09	199059.89	335171.71	178347.74	116471.63	250442.72	12692.11	100816.44	

· 173 ·

2. 微观社会核算矩阵

为了研究需要，对 42 部门与 135 部门的投入产出表进行部门拆分与合并，将所有产业划分为 14 个部门，具体见表 6 – 2。需要强调的是，根据官方数据 2015 年中国工业行业的能源消耗量占全部能源消耗总量的 67.99%，碳排放量占比更高达 88.70%，工业已成为我国能耗最多、碳排放量最大的行业领域。为此，我们在后面的讨论中将集中关注低碳政策对工业行业的影响。根据《国民经济行业分类与代码》，工业包括采矿业、制造业、电力、热力、燃气及水的生产和供应业，即表 6 – 2 中序号为 2 – 12 的 11 个行业。按照这一分类标准，后续可计算一般均衡模拟虽然覆盖国民经济所有部门和行业，而我们的讨论将主要集中于上述 11 个工业行业。

表 6 – 2　　　　　　　　　　产业部门划分

行业序号	行业缩写	行业名称	2012 年投入产出表对应部门
1	Agri	农林牧副渔业	农林牧副渔业
2	Coal	煤炭采选业	煤炭采选业
3	Oil	石油开采和加工业	石油及天然气开采、石油、炼焦产品和核燃料加工品
4	Gas	天然气开采业	石油及天然气开采、燃气
5	Othm	其他采矿业	金属矿采选产品，非金属矿和其他矿采选产品
6	Othl	其他轻工业	食品和烟草、纺织品、纺织服装鞋帽皮革羽绒及其制品、木材加工品和家具、水的生产和供应
7	Paper	造纸业	造纸印刷和文教体育用品
8	Chem	化工业	化学产品
9	Cement	水泥	非金属矿物制品
10	Iron	钢铁	金属冶炼和压延加工品
11	Othh	其他重工业	金属制品 – 废品废料、金属制品、机械和设备修理 9 个部门
12	Ele	电力、热力、燃气及水的生产和供应	电力、热力、燃气及水的生产和供应
13	Cons	建筑业	建筑业
14	Serv	服务业	批发和零售 – 公共社会组织与管理 14 个部门

6.1.4　基础参数标定

基础参数标定是 CGE 模型构建过程中的一个重要环节，此处构建的动态 CGE 模型中需要标定的基础参数包括生产模块和贸易模块中的替代弹性、二氧化碳排放系数、以及动态递归模块参数。

1. 生产模块替代弹性参数

替代弹性的估计方法主要有两种：一种是运用计量的方法；另一种是经验法，即参考现有文献。此处对各个部门的 CES 函数替代弹性进行估计赋值主要参考王灿（2005）、贺菊煌（2002）、娄峰（2014）等学者的研究成果，并根据研究需要做出相应的调整，具体赋值见表 6 - 3。

表 6 - 3　　　　　　　　生产模块替代弹性参数

类别	01	02	03	04	05	06	07	08	09	10	11	12	13	14
δ_i^q	0.3	0.3	0.3	0.3	0.3	0.3	0.3	0.3	0.3	0.3	0.3	0.3	0.3	0.3
δ_i^{kel}	0.91	0.91	0.91	0.91	0.91	0.91	0.91	0.91	0.91	0.91	0.91	0.91	0.91	0.91
δ_i^{ke}	0.3	0.3	0.3	0.3	0.3	0.3	0.3	0.3	0.3	0.3	0.3	0.3	0.3	0.3
δ_i^e	0.5	0.5	0.5	0.5	0.5	0.5	0.5	0.5	0.5	0.5	0.5	0.5	0.5	0.5
δ_i^{fe}	1.25	1.25	1.25	1.25	1.25	1.25	1.25	1.25	1.25	1.25	1.25	1.25	1.25	1.25
δ_i^{og}	1.25	1.25	1.25	1.25	1.25	1.25	1.25	1.25	1.25	1.25	1.25	1.25	1.25	1.25

2. 贸易模块替代弹性参数

贸易模块替代弹性参数主要包括 CET 替代弹性和 Armington 替代弹性，具体赋值见表 6 - 4。

3. 二氧化碳排放系数

二氧化碳排放系数的确定方法主要有三种方法：方法一采用联合国政府间气候变化专门委员会（IPCC）编制的《IPCC 国家温室气体清单指南》中化石能源的碳排放因子，通过能源实物消费量与实际热量的相互转换来计算；方法二直接引用《日本能源经济统计手册》中的碳排放系数；方法三利用化石能源的二氧化碳排放量除以能源实际消费量进行测算。考虑到二氧化碳排放系数存在国别差异，此处采用方法三计算中国的碳排放系数。其中，二氧化碳排放量直接来自国际能源署（International Energy Statistics）中的数据，能源消费总量数据来自 Macro - SAM 价值量表的部门分解，据此计算得到单位价值能源消费的碳排放系数，计算结果见表 6 - 5。

表6-4   贸易模块替代弹性参数

类别	01	02	03	04	05	06	07	08	09	10	11	12	13	14
δ_{ei}	4	4	4	4	4	4	4	4	4	4	4	4	4	4
δ_{mi}	3	3	3	3	3	3	3	3	3	3	3	3	3	3

表6-5   化石能源二氧化碳排放系数

能源类型	2012年二氧化碳排放量（10^6t）	最终需求（亿元）	二氧化碳排放系数（t/万元）
煤炭	7532	27433.346	27.456
石油	1306	44018.332	2.967
天然气	281	5003.417	5.616

4. 动态模块参数

在资本动态函数中，设定折旧率统一为5%。2012～2030年的人口增长率设定参考国家人口发展战略研究课题组（2016）对我国人口总数预测的研究结果，详见表6-6。对于全要素生产率，一般采用经济计量法或者索洛余差法进行估算。此处在参考现有研究成果的基础上，假定多数部门全要素生产率增长率在模拟期内保持一致，由于中国原油的可采储量相对较低，设原油全要素生产率年增长率为1%，农业部门为2.5%，其余部门均设为2%。

表6-6   动态模块参数设定

年份	人口增长率（%）	TFP增长率
2012～2015	0.65	农业部门2.5%，石油部门1%，其他部门2%
2016～2020	0.61	
2021～2025	0.14	
2026～2030	0.12	

5. 模型计算机求解与检验

上述多部门和多主体的动态CGE模型构成了一个包括500多个方程在内的庞大的非线性方程组，因此求解均衡的过程需要专门的计算软件编程实现。目前大多数学者采用的是GAMS软件，它是为满足大型线性、非线性和混合整数等优化模型建模需要而开发的软件，经过多年的发展，GAMS软件已广泛应用于CGE模型的计算和实现中，其具体实现步骤如图6-3。

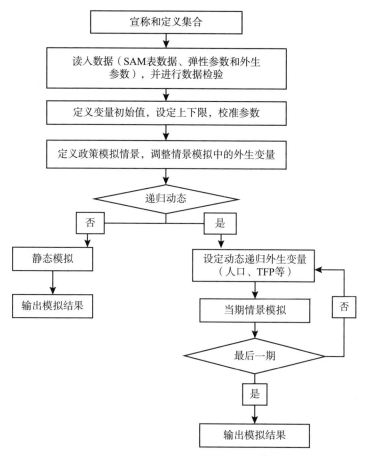

图 6 – 3　GAMS 程序实现 CGE 步骤

在实际应用 CGE 模型进行模拟之前，需要对模型及 GAMS 程序进行检验。主要包括：

（1）模型内生变量与方程相等检验。在模型运行结束后，检查 "MODEL STATISTICS" 中 "SINGLE EQUATIONS" 与 "SINGLE VARIABLES" 是否相同。

（2）一致性检验。设基期价格为 1，模型中所有变量的当前值与初始值相等。

（3）价格齐次性检验。CGE 模型遵循价格齐次性，基准价格变动为原来的任意倍数，所有内生价格变量和价值变量将会等比例变化，而实物内生变量不变。

（4）瓦尔拉斯变量为零，模型中储蓄与投资相等，因此在储蓄与投资平衡方程中，瓦尔拉斯变量将为 0。

6.2 行业成本传导效应多情景模拟评估与政策比较

运用包含碳交易模块的动态递归 CGE 模型模拟我国工业行业碳交易活动，并从产出效应和减排效应两方面对其所产生的福利进行测度。为了更好地理解不同交易规则对行业的影响差异，这里设计六种不同的政策情景，以期为我国碳交易政策的制定以及工业行业如何采取应对之策提供科学借鉴。

6.2.1 碳交易政策情景设计

碳交易政策情景设计包含减排目标、初始配额分配方式、行业覆盖范围以及收入返还方式等要素。减排目标选择 2030 年强度减排目标，即 2030 年碳强度要比 2005 年碳强度下降 60% ~ 65%，结合我国国情，这里将减排目标设为 62%。

配额机制是碳交易政策设计中非常关键且复杂的核心问题之一，配额分配方式的不同将直接导致碳交易市场参与主体减排成本的差异。根据现有相关研究成果，配额分配方式主要有拍卖配额与免费配额两种方式。其中，免费配额又主要可以分为按历史排放量原则和按历史强度原则发放。对于免费配额比例，从国际经验和国内试点实践看，碳交易政策实施初期一般采用全部免费或者绝大部分配额免费发放，之后不断增加拍卖配额比例的方式。为了比较不同初始配额分配方式对工业行业的影响差异，设计六种配额分配情景和一个无交易时的基准情景，详见表 6 - 7。其中，在这六种政策情景中，碳交易市场中的其他要素均相同。

表 6 - 7 碳交易配额情景设计

情景名称	免费配额分配准则	配额比例	
		免费配额比例（%）	拍卖配额比例（%）
BAU	None	0	0
CE90	历史排放量法	90	10
CE80	历史排放量法	80	20
CE50	历史排放量法	50	50

续表

情景名称	免费配额分配准则	配额比例	
		免费配额比例（%）	拍卖配额比例（%）
CI90	历史强度法	90	10
CI80	历史强度法	80	20
CI50	历史强度法	50	50

另外，根据全国统一碳排放交易体系的最初构想，建设初期参与交易的主体行业主要包括石化、化工、建材、钢铁、有色、造纸、电力、航空等 8 大重点工业，因此选择钢铁、化工、水泥、造纸、电力等为模拟交易机制的覆盖行业。

同时，为了缓解碳交易政策对居民福利的冲击，假设将碳交易市场上的拍卖收入返还给居民。由于全国统一碳交易市场的启动时间是在 2017 年底，因此设定碳交易政策模拟的初始时间为 2017 年。

6.2.2　行业间碳交易多情景模拟与福利效应测度

6.2.2.1　均衡碳价

图 6-4 显示了行业间碳交易市场 2017～2030 年间均衡交易价格的模拟结果。从时间序列看，每一种配额分配情景下的碳交易价格均随时间呈现单调递增趋势，其中 CE90、CE80、CE50、CI90、CI80、CI50 情景下的价格变化区间分别为（185 元/tCO_2 - 525 元/tCO_2）、（72 元/tCO_2 - 214 元/tCO_2）、（25 元/tCO_2 - 77 元/tCO_2）、（69 元/tCO_2 - 341 元/tCO_2）、（45 元/tCO_2 - 180 元/tCO_2）、（4 元/tCO_2 - 86 元/tCO_2）。碳价随着时间递增在一定程度上反映了随着减排率逐年上升，减排难度不断增大，边际减排成本呈现出递增趋势。

比较历史排放量配额分配原则下的三种情景，碳价按照 CE90、CE80、CE50 的顺序依次递减，且差距并未随时间呈现稳定的或明显的缩小趋势，2017 年的三种情境下的碳价分别为 185 元/tCO_2、72 元/tCO_2、25 元/tCO_2，到 2030 年预期碳价仍然保持了较大差距，分别为 525 元/tCO_2、214 元/tCO_2、77 元/tCO_2。这一变化趋势与有些学者的结论一致（Li，W.，Jia，Z.，2016），一种可能的解释是均衡碳价的变化取决于交易双方供需力量对比。随着免费配额比例的减少和拍卖比例的提升，供给方能够供给的配额指标减少且会力图提高配额售价，而需求方则更倾向于自主减排，从而减少配额需求量，如果供给变动幅度超过需求变动幅度则均衡碳价会上升，但如果供给变动幅度小于需求变动则会引起碳价下降。预期的结果表明，交易的结果更大概率会呈现出第二种情况。

历史强度配额分配原则下，预期均衡碳价变化规律与历史排放量原则下的结果很相似，随着免费配额比例的下降，均衡碳价也呈现出递减的趋势。2017 年 CI90、CI80、CI50 情景下的均衡碳价分别为 69 元/tCO_2、45 元/tCO_2 和 4 元/tCO_2，至 2030 年三种情景下的碳价依然保持了明显差距，分别为 341 元/tCO_2、183 元/tCO_2、86 元/tCO_2。

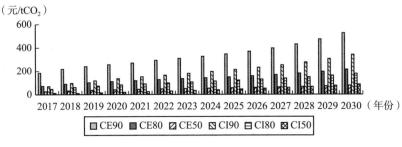

图 6 - 4   多情景下行业间碳交易市场均衡碳价

6.2.2.2 福利效应

图 6 - 5 显示了多情景下行业间碳交易市场均衡情况下的社会福利效应。结果表明，与基准情景（BAU）相比较，在实现相同减排目标时除 CI50 情景外，其余碳交易情景下的福利均有所上升，且上升幅度随着时间呈递增趋势。CE90、CE80、CE50、CI90、CI80 情景下，福利相较于基准情景提升幅度分别由 2017 年的 3.2%、2.9%、2.8%、2.9% 和 2.8%，提升至 2030 年的 9.5%、8.9%、8.6%、8.7% 和 8.6%。在一定程度上表明，相较于自主减排而言，碳交易政策具有持续的成本有效性。值得注意的一点是，按照历史强度法分配配额时，免费配额比例过低会对福利产生明显的负向影响。在 CI50 情景下，交易均衡情况下的福利效应甚至会低于无交易时自主减排的福利值，2017 年 CI50 情景下的福利效应低于基准情景（BAU）21.4%。虽然这一劣势会随着时间有所缓解，但直至 2030 年 CI50 下的福利仍低于基准情景 18.4%。因此，历史强度原则下分配配额不宜与过低的免费配额比例同时使用。

对比五种福利相较 BAU 上升的情景，同期的福利也存在差距。按照福利效应从大到小排序，依次为 CE90、CE80、CI90、CI80、CE50。由此，可以得出两点结论：（1）依据福利效应指标，相同免费配额比例下历史排放量原则优于历史强度分配原则；（2）免费配额比例越高，福利效应越大。

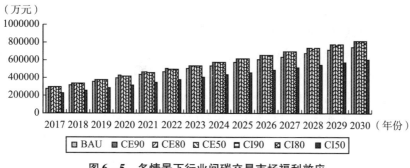

图 6－5　多情景下行业间碳交易市场福利效应

6.3　区域成本传导效应多情景模拟评估与政策比较

6.3.1　全国 MAC 曲线省域分解模型

基于投入产出表数据建立的 CGE 模型，原则上主要反映行业间的投入和产出关系，可以用于模拟行业间碳交易市场的运行结果，却不能直接用于分析区域间碳交易的运行情况。为此，我们需要首先利用本章 6.2 节构建的计及碳交易政策的递归动态 CGE 模型以及 2012 年的全国投入产出表，求解不同减排率约束下的全国边际减排成本值，并拟合得出全国边际减排成本 MAC（Marginal Abatement Cost）曲线。之后，再对全国 MAC 曲线进行省域分解，得到各省（市）的 MAC 曲线。这里我们采用基于各省（市）初始碳强度值的平移转换法进行分解。

6.3.1.1　全国 MAC 曲线模型

目前，研究界关于如何选择 MAC 曲线函数形式的问题看法不一。大致可以划分为四种：（1）二次函数形式；（2）对数函数形式；（3）幂函数形式；（4）指数函数形式。

本章在进行全国 MAC 曲线拟合时选择著名经济学家诺德豪斯（1991）提出的对数函数形式：

$$MAC(R) = \alpha + \beta(1 - R) \qquad (6.57)$$

其中，$MAC(R)$ 代表在减排率为 R 时的边际减排成本。

6.3.1.2 全国 MAC 曲线省域分解模型

将全国 MAC 曲线进行分解得到各省（市）MAC 曲线的理论基础在于：全国 MAC 曲线是由各省（市）MAC 曲线组合而成的。各省（市）因其技术水平等因素的差异，其 MAC 曲线作为一部分位于全国 MAC 曲线的不同位置。因此，在得出全国 MAC 曲线之后，只需衡量各省（市）技术水平等因素的差异，就可将全国的 MAC 曲线进行平移变换得出各省（市）MAC 曲线。这里，我们使用碳强度作为衡量区域间碳减排技术水平差异的指标。

如图 6-6 所示，曲线代表全国的 MAC，原点代表全国的平均技术水平下的边际减排成本。各省（市）因其技术水平差异，从而拥有不同的碳强度，进而位于全国 MAC 曲线的不同位置。技术水平高于全国平均水平的省份，其碳强度较低，位于原点的右侧；反之，位于原点左侧。参照冈田（Okada，2007）和李陶等（2010）的思路，对于技术水平低于（或高于）全国的省份，即碳强度高于（或低于）全国平均水平的 l 省份，R_h^o 的横坐标为 $r_h (r_h < 0$ 或 $r_h > 0)$，满足 $\bar{e}(1 - r_h) = e_h$ 由此可得：

$$r_h = 1 - e_h / \bar{e} \qquad (6.58)$$

同时，容易证得对于 i 省份，减排率为 R_i 时其边际减排成本为：

$$MAC_i = MAC(R_i + r_i) - MAC(r_i) = \beta \ln(1 - R_i / 1 - r_i) \qquad (6.59)$$

写成减排量的形式为：

$$MAC_i = \beta \ln\left(1 - \frac{A_i}{E_i(1 - r_i)}\right) \qquad (6.60)$$

其中，A_i 代表 i 省的减排量，E_i 代表该省（市）的碳强度。

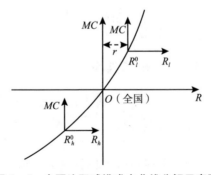

图 6-6 全国边际减排成本曲线分解示意图

可以看出，对于技术水平较高的省（市），其进一步提升技术水平的难度更大，因而位于全国 MAC 曲线的位置更为陡峭，其边际减排成本上升的速度更快。

6.3.2　区域边际减排成本曲线求解

6.3.2.1　全国 MAC 曲线求解

我们将减排率作为外生政策冲击代入 CGE 模型，得出不同减排率下的全国边际减排成本，如表 6 - 8 所示。利用对数函数进行最小二乘法拟合，得出 MAC 曲线方程：

$$MAC(R) = -42.12 - 1906.16\ln(1 - R) \tag{6.61}$$

对比李陶（2010）和崔连标（2013）等的研究，可以发现本书中 MAC 曲线更为陡峭。这主要是由于李陶等的研究时间相对较早，随着中国持续的减排努力，减排的空间越来越小，难度进一步加大。这一点在表 6 - 8 中也有非常直观的体现，随着减排率的提高，边际减排成本呈持续、快速增加的趋势。

表 6 - 8　　　　　　　　　　全国边际减排成本　　　　　　　　单位：元/吨

减排率（%）	边际减排成本	减排率（%）	边际减排成本
1	4.61	25	170.98
5	24.42	35	294.98
15	85.70	45	517.98

6.3.2.2　区域 MAC 曲线求解

利用式（6.59）分解得到的各省（市）的 MAC 曲线，如图 6 - 7 所示。可以发现，所有省（市）边际减排成本曲线向右上方倾斜，意味着随着减排率上升，各省市边际减排成本也呈上升趋势。宁夏、新疆、山西等省（市）的 MAC 曲线相对比较平坦，这是由于其技术水平较低，碳强度高于全国平均水平，因而 $r_l < 0$ 位于图 6 - 6 中的第三象限，此时全国的 MAC 曲线较为平缓，成本变化较小。与此相对应，北京、湖北、江苏等省（市）的 MAC 曲线非常陡峭，则是因其碳强度远低于全国平均水平，$r_l > 0$ 位于第一象限造成的。

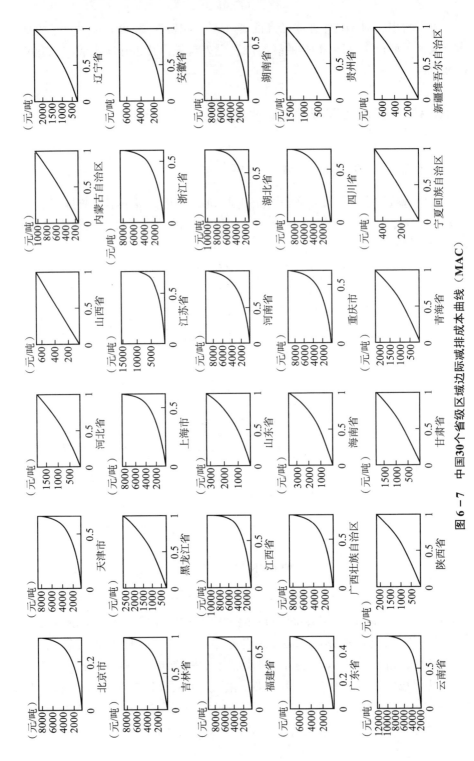

图 6 - 7　中国30个省级区域边际减排成本曲线（MAC）

6.3.3　区域间碳交易多情景模拟与福利效应测度

6.3.3.1　区域间碳交易情景设计

1. 配额减排量目标

中国提出"十三五"时期节能减排目标，到 2020 年碳排放强度相对于 2015 年下降 18%，本章以此作为模拟减排目标。由于 2015 年全国平均碳强度为 1.83 吨/万元，意味着到 2020 年全国平均碳强度需下降到 1.50 吨/万元，以其差额与 2020 年 GDP 预期值的乘积得出 2020 年的配额减排量大约为 28.22 亿吨二氧化碳，年均减排量 5.655 亿吨二氧化碳。

2. 配额分配准则

基于"十三五"时期减排目标计算得出的总配额减排量，分别以 2015 年各省市 GDP 占比、初始二氧化碳排放量占比和年末人口数占比三种原则在 30 个省级区域间进行初始配额减排量的分配。表 6-9 对三种模拟情景进行了定义。

表 6-9　　　　　　　　　　　　情景设计

3 种情景	情景介绍
情景 1	减排目标：2020 年碳强度比 2015 年下降 18% 初始配额分配原则：根据历史排放量占比分配
情景 2	减排目标：2020 年碳强度比 2015 年下降 18% 初始配额分配原则：根据人口数量占比分配
情景 3	减排目标：2020 年碳强度比 2015 年下降 18% 初始配额分配原则：根据 GDP 占比分配

3. 市场出清

假定在均衡市场价格下，既没有超额需求也没有超额供给，供需平衡。

4. 免费配额

假设所有交易参与方获取碳排放配额均不需要成本。

5. 技术水平保持不变

假定若政府不施加行政压力，企业没有直接的减排动力，因而其减排技术水平会在观察期内保持相对稳定的水平。

6.3.3.2 区域间碳交易市场均衡模拟

1. 均衡价格、均衡交易总量及福利总量

表6-10给出了三种交易情景下的均衡价格、均衡交易量及福利总量。结果显示,三种交易情景下的均衡价格相同,这与之前的理论分析结果相同,在减排目标确定的情况下,配额分配方案不会影响最终的均衡价格。但是,分配方案对交易量产生了显著影响,按照交易量排序人口数占比方案>GDP占比方案>历史排放量占比方案。从福利总量上看,三种不同方案的排序表现为与交易量排序相同的特征,即人口数占比方案>GDP占比方案>历史排放量占比方案。

表6-10 三种情景下均衡价格、均衡交易总量及福利总量模拟结果

情景	情景1	情景2	情景3
均衡价格（元/吨）	58.54	58.54	58.54
均衡交易总量（万吨）	21700	271400	269400
福利总量（亿元）	66.1	8027.15	7030.5

2. 区域均衡交易量

图6-8描述了在2020年碳强度比2015年下降18%的减排目标下,中国30个省市作为市场交易主体根据均衡价格及自身边际减排成本选择的最优二氧化碳排放量与根据历史排放量占比分配到的初始配额之差,即区域碳交易量。图中的正值说明部分省份的最终二氧化碳排放量大于初始配额,这意味着这些省市将会成为碳交易市场上的配额购买者。按照购买量从大到小排序,分别是江苏、广东、浙江、河南、山东、湖北、湖南、四川、上海、福建、天津、安徽、江西、北京、广西、重庆、吉林、云南、黑龙江、海南等20个省市。相反地,有8个省份数值为负,表明这些区域二氧化碳实际排放量小于初始配额,成为碳交易市场的配额出售者。根据配额出售量由大到小对各省排序,分别是山西、新疆、内蒙古、宁夏、河北、贵州、甘肃、山西。另外,辽宁和青海数值接近于0,意味着这两个省份将主要采取省内自主减排方式,不参与碳市场交易。

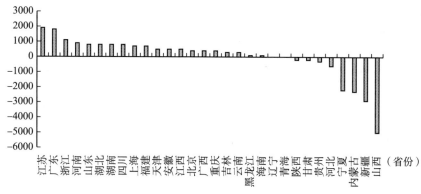

图 6-8　区域碳交易量——情景 1

图 6-9 给出了情景 2 下各省市的碳市场均衡交易量。可以看到购买配额的省份按照交易量由大到小排序分别是内蒙古、山东、山西、辽宁、新疆、河北、陕西、宁夏、江苏、天津、上海、黑龙江、吉林、青海等 14 个省市；出售配额的省份按照从大到小的排序分别是四川、广东、湖南、河南、云南、广西、江西、湖北、安徽、重庆、北京、福建、浙江、贵州、甘肃和海南。

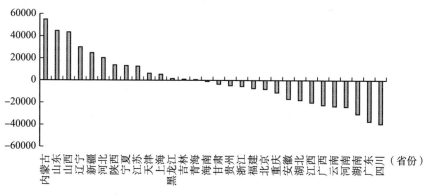

图 6-9　区域碳交易量——情景 2

图 6-10 给出的是情景 3 下各省市的配额交易量。其中，购买配额的省份有 14 个，按照由大到小的顺序分别是山西、内蒙古、河北、新疆、山东、辽宁、陕西、宁夏、贵州、黑龙江、甘肃、青海、海南、吉林。出售配额的省份有 16 个，按照交易量由大到小排序分别是广东、江苏、浙江、北京、湖南、福建、四川、上海、湖北、重庆、天津、江西、广西、云南、河南等。

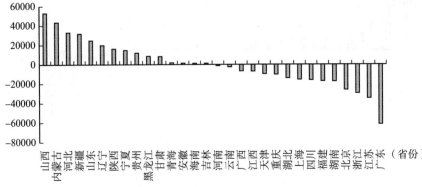

图 6 - 10　区域碳交易量——情景 3

6.3.3.3　区域福利效应测度

图 6 - 11 描述了在 2020 年碳强度比 2015 年下降 18% 的减排目标下，按照历史排放量占比来进行初始配额分配时 30 个省市的福利效应。如图所示，在达到上述减排目标的条件下，相对于各区域自主减排时的情况，由于碳交易市场的成本节约效应而增加的社会总福利为 66.1 亿元。其中，获得福利最大的 5 个省份分别是广东、山西、江苏、新疆和浙江，福利共计 33.29 亿元，占全国总福利的 50.36%。获得福利最小的 5 个省份分别是青海、辽宁、山西、海南和黑龙江，福利总计仅 0.09 亿元，占全国总福利的 0.14%。各省份福利标准差为 2.52 亿元。

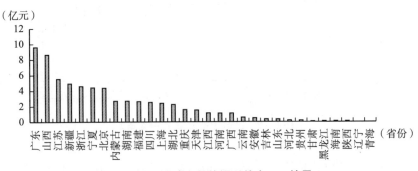

图 6 - 11　区域碳交易的福利效应——情景 1

图 6 - 12 描述了在 2020 年碳强度比 2015 年下降 18% 的减排目标下，按照人口数量占比来进行初始配额分配时 30 个省市的福利效应。如图所示，在达到上述减排目标的条件下，相对于各区域自主减排时的情况，由于碳

交易市场的成本节约效应而增加的社会总福利为 8027.15 亿元。其中，获得福利最大的 5 个省份分别是内蒙古、山东、辽宁、山西和新疆，福利共计4985.62 亿元，占全国总福利的 62.11%。获得福利最小的 5 个省份分别是青海、吉林、海南、黑龙江和甘肃，福利总计 27.31 亿元，占全国总福利的0.3%。各省份福利标准差为 393.36 亿元。

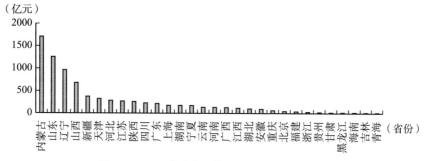

图 6-12　区域碳交易的福利效应——情景 2

图 6-13 描述了在 2020 年碳强度比 2015 年下降 18% 的减排目标下，按照 GDP 占比来进行初始配额分配时 30 个省市的福利效应。如图所示，在达到上述减排目标的条件下，相对于各区域自主减排时的情况，由于碳交易市场的成本节约效应而增加的社会总福利为 7030.5 亿元。其中，获得福利最大的 5 个省份分别是内蒙古、山西、河北、新疆和辽宁，福利共计3847.22 亿元，占全国总福利的 54.72%。获得福利最小的 5 个省份分别是吉林、河南、安徽、云南和海南，福利总计 36.54 亿元，占全国总福利的0.5%。各省份福利标准差为 283.74 亿元。

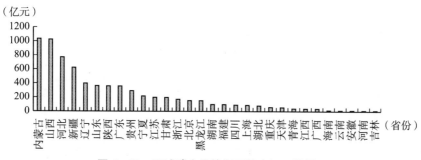

图 6-13　区域碳交易的福利效应——情景 3

6.3.4　多情景比较与政策评估

6.3.4.1　市场角色多情景比较

表6-11给出了不同配额分配情景下，各省份在参与碳市场交易时的交易角色。由于配额分配方案直接决定了各区域在自主减排过程中可用的配额数量，实际用量如果超出或低于可用量则需要借助碳市场进行购买或出售，所以碳配额分配方案不同直接决定了各区域的角色承担。可以看到，在不同配额情景中，为将减排成本降至最低或实现福利最大化目标，几乎所有省市都存在角色的转移和变化。

表6-11　　　　　　　　　多情景下各区域市场交易角色

省份	情景1	情景2	情景3
北京	买	卖	卖
天津	买	买	卖
河北	卖	买	买
山西	卖	买	买
内蒙古	卖	买	买
辽宁	—	买	买
吉林	买	买	买
黑龙江	买	买	买
上海	买	买	卖
江苏	买	买	卖
浙江	买	卖	卖
安徽	买	卖	买
福建	买	卖	卖
江西	买	卖	卖
山东	买	买	卖
河南	买	卖	卖
湖北	买	卖	卖
湖南	买	卖	卖

省份	情景 1	情景 2	情景 3
广东	买	卖	卖
广西	买	卖	卖
海南	买	卖	买
重庆	买	卖	卖
四川	买	卖	卖
贵州	卖	卖	买
云南	买	卖	卖
陕西	卖	买	买
甘肃	卖	买	买
青海	—	买	买
宁夏	卖	买	买
新疆	卖	买	买

注：—代表不参与碳交易市场，交易量为 0。

6.3.4.2　福利效应多情景比较与政策评估

表 6-10 中给出了多情景下全社会福利总效应的比较结果，显示在以人口数量占比原则分配初始配额的情景 2 中，碳交易实现的社会总的减排成本节约额最大，也即全社会福利总量最大。但是，这一结果并不适用于所有单个区域，表 6-12 给出了各区域在不同配额分配情景中的福利效应。可以看到，所有省份的一个共同特征是，以历史排放量分配初始配额的情景 1 实现的福利最小。而以人口数占比作为分配原则的情景 2 中，仅有 15 个省市的福利效应达到最大，分别是天津、内蒙古、辽宁、上海、江苏、安徽、江西、山东、河南、湖北、湖南、广西、重庆、四川、云南等。而以 GDP占比原则分配配额的情景 3 中，也有 15 个省市的福利效应达到最大，分别是北京、河北、山西、吉林、黑龙江、浙江、福建、广东、海南、贵州、陕西、甘肃、青海、宁夏和新疆。这意味着，如果从福利总量的角度寻找最优配额分配方案或许相对简单，但是如果同时考虑到福利在不同地区间的分配，则涉及更多复杂的因素，方案的选取应当更为谨慎。

表 6 – 12   多情景下区域福利效应比较

省份	情景 1	情景 2	情景 3
北京	4.37	45.8	152.79
天津	1.52	326.99	55.81
河北	0.2	285.48	769.21
山西	8.64	681.15	1023.69
内蒙古	2.69	1704.84	1034.49
辽宁	0	965.97	397.68
吉林	0.35	0.53	1.42
黑龙江	0.03	5.23	152.07
上海	2.4	176.18	89.02
江苏	5.53	267.63	198.33
浙江	4.59	29.37	171.44
安徽	0.5	94.6	4.8
福建	2.63	40.76	98.09
江西	1.15	115.55	39.2
山东	0.34	1256.62	362.62
河南	1.12	133.51	2.56
湖北	2.24	101.54	79.54
湖南	2.69	175.42	99.24
广东	9.6	215.03	357.09
广西	1.12	129.11	37.91
海南	0.03	4.91	14.95
重庆	1.58	63.25	58.93
四川	2.52	227.58	91.27
贵州	0.19	22.9	291.17
云南	0.58	134.56	12.81
陕西	0.03	257.12	359.11
甘肃	0.08	16.54	197.15

省份	情景 1	情景 2	情景 3
青海	0	0.1	39.33
宁夏	4.42	171.81	216.64
新疆	4.93	377.04	622.15

6.4　本 章 小 结

本章首先构建了一个包含碳交易模块的动态递归 CGE 模型，利用包含 42 部门和 135 部门的两大投入产出表数据，建立了宏观社会核算矩阵及包含 14 个部门大类的微观社会核算矩阵。以 2030 年碳强度相对 2005 年下降 62% 作为减排目标约束，模拟了免费配额/拍卖配额的不同比例、历史排放量法、历史强度法两种免费配额发放原则等多种初始配额分配方案下的均衡结果。2017 ~ 2030 年间碳市场模拟结果显示：碳价随时间和减排率上升呈单调递增趋势，但是免费配额比例下降会引起碳价降低。这一结论与之前利用参数法和非参数法模拟的结论一致，再次说明控排行业对预期碳价的配额需求弹性非常高，一旦免费配额比例收紧，预期碳价上升，高排放行业会大幅减少配额需求，转而更多依赖自主减排，带动实际碳价下降。福利效应模拟结果表明，多数情景下碳市场福利效应高于自主减排的基准情景，并且按照历史排放量原则分配初始配额的福利效应高于按照历史强度原则分配时产生的福利。值得关注的是，当免费配额比例过低，更多企业脱离市场时，碳市场的福利效应也会低于无交易的基准情景，表明市场机制的设计对于发挥碳交易市场的成本有效性至关重要。

利用平移转换法对 CGE 模型求解的全国边际减排成本曲线进行省域分解，得到中国 30 个省的区域边际减排成本曲线。以"十三五"时期强度减排目标作为约束条件，模拟了按照历史排放量、人口数量和 GDP 占比等不同配额分配方案下的市场出清结果。从市场全域角度看，相同减排目标约束下，不同的配额分配方案不会影响碳市场的均衡价格，但是会按照相同的方式影响碳交易总量和福利总量，这与利用参数法模拟的结果完全相同。所不同的是，参数法模拟的福利排序中历史排放量原则优于人口数量原则，而本章人口原则下模拟的福利效应最大。一个可能的解释是，两项模拟设定的减排目标约束不同。我们在之前利用参数法和非参数法模拟区域间交易时也都曾得到结论，证明减排目标对市场福利既具有总量效应，又具有结构效应，福利效果是减排目标、配额分配方案和控排主体边际减排成本综合作用的结果。这再次提醒我们，从市场全域福利总量角度评判某种碳交易机制的有效性时，切忌草率地将特定情景的模拟结论做一般化的推广。从区域模拟结果看，不同的分配方案会促使区域选择配额购买方或售卖方的不同角色转换，而得自市场交易的福利效应也因此呈现出多种不同的复杂情形。

第三部分　多情景模拟下统一碳交易对我国出口竞争力的"价格传导效应"评估与政策研究

第 7 章　相对成本变化率再估算

本书第二部分分析了碳交易所引起的行业减排成本变化，接下来需要分析这种成本变化如何影响产品出口价格。此时，需要将减排成本变化的绝对值转换为相对的成本变化率。为此，本章提供了一个碳减排相对成本变化率的估算方法。其中，行业减排成本的绝对值选用参数法的估算结果。但是，与第 4 章不同的是，为了与海关六位码商品统计分类相衔接，从而使减排成本与出口数据在行业划分口径上保持一致，本章将工业压缩至 39 个细分行业。

7.1　相对成本变化率估算模型

7.1.1　修正的能源价格模型

绝大部分工业碳排放来自化石能源消费，因此，对于工业行业而言碳减排成本可以被理解为一种变相的能源成本，相当于在原有能源价格基础上额外增加一部分价格。依据这一思想，本书借鉴林等（Lin et al.，）的方法构建碳交易市场均衡情况下，各行业单位减排成本与能源价格的映射关系。经过碳减排成本映射后，行业单位标煤能源价格为：

$$P_{total,h} = P_{energy,h} + P_{carbon,h} \times \theta_h \tag{7.1}$$

其中，$P_{total,h}$ 表示映射碳减排成本后 h 行业单位标煤能源价格；$P_{energy,h}$ 表示映射碳减排成本前 h 行业单位标煤能源价格；$P_{carbon,h}$ 表示在碳交易市场实现均衡之后，h 行业每单位均衡碳排放量平均负担的行业减排成本；θ_h 为映射系数。

映射碳减排成本前 h 行业单位标煤能源价格，是由行业的主要燃料消费量和燃料价格加权平均的方式计算得到：

$$P_{energy,h} = \frac{\sum P_{e,h} \times ES_{e,h}}{\sum EB_{e,h}} \tag{7.2}$$

在式（7.2）中，e 表示主要燃料品种；$P_{e,h}$ 表示燃料 e 的市场价格；$ES_{e,h}$ 表示 h 行业燃料 e 的能源消费实物量；$EB_{e,h}$ 表示 h 行业燃料 e 的能源消费标煤量。

由于不同行业的能源结构和能源消耗品种不同，单位标煤能源消耗的碳排放量存在差异，则映射碳减排成本后各行业 1 单位标煤能源消耗中应纳入的碳减排成本，取决于两个因素：一是交易实现均衡之后各行业平均每单位实际碳排放量最终负担的行业减排成本，即 $P_{carbon,h}$；另一个是行业单位标煤能耗的平均碳排放量两个因素，将后者定义为映射系数 θ_h，即：

$$\theta_h = \frac{\sum CO_{2,h}}{\sum EB_{e,h}} \tag{7.3}$$

7.1.2 出口产品相对成本变化率估算模型

碳交易对工业行业单位出口产品总成本以及能源消费量的影响，可以通过投入产出法，利用碳交易后各行业单位碳减排成本与完全消耗系数进行分析。投入产出法最早是由美国经济学家瓦西里·列昂惕夫于 1936 年创立的，其核心是通过投入产出表，解释国民经济中各部门、各产业之间在生产过程中的直接联系与间接联系。其公式为：

$$X = (I-A)^{-1}Y = (I+B)\ Y \tag{7.4}$$

其中，X 是碳交易后各部门均衡总产出向量；A 是直接消耗系数矩阵；B 是完全消耗系数矩阵，Y 是碳交易后各部门最终均衡产出向量。

数据统计时通常只记录各部门最终产出数量，并没有将中间消耗记录在内。通过式（7.4），可以将每一部门的最终产出还原为总产出。第 h 部门提供 1 单位最终产出需要所有部门的总投入为：

$$\begin{bmatrix} X_1 \\ \vdots \\ X_h \\ \vdots \\ X_n \end{bmatrix} = \begin{bmatrix} b_{11} & \cdots & b_{1j} & \cdots & b_{1n} \\ \vdots & \ddots & \vdots & \ddots & \vdots \\ b_{h1} & \cdots & b_{hj} & \cdots & b_{hn} \\ \vdots & \ddots & \vdots & \ddots & \vdots \\ b_{n1} & \cdots & b_{nj} & \cdots & b_{nn} \end{bmatrix} \begin{bmatrix} 0 \\ \vdots \\ 1 \\ \vdots \\ 0 \end{bmatrix} = \begin{bmatrix} b_{1j} \\ \vdots \\ b_{hj} \\ \vdots \\ b_{nj} \end{bmatrix} \tag{7.5}$$

其中，第 h 部门提供 1 单位最终产品需要第 j 部门提供的投入就是完全消耗

系数矩阵中第 h 列中的第 j 个元素 b_{hj}：

$$X_j^{(h1)} = b_{hj} \tag{7.6}$$

与此同时，第 h 部门提供 1 单位最终出口产品需要的总成本为：

$$C^h = \sum_{h=1}^{n} b_{hj} \tag{7.7}$$

在价值型投入产出表中，各部门单位总产出消耗能源部门的产品量是价值型的能源消耗量。为了得到实物型标煤消耗量，需要做一下转换。根据《中国能源统计年鉴》中"按行业分能源消费量"，可以编制行业间的实物标煤产出分配表。假定第 i 能源部门分配到第 j 部门标煤量是 EB_{ij}，即 j 部门消耗 i 能源部门的标煤量。它与价值型投入产出表中能源部门的价值流量 x_{ij} 一一对应。可以得到，j 部门消耗 i 能源部门单位价值所对应的标煤量。

$$r_{ij} = \frac{EB_{ij}}{x_{ij}} \tag{7.8}$$

于是，j 部门单位总产出消耗第 i 能源部门的标煤量为：

$$E_{ij} = r_{ij} \times a_{ij} \tag{7.9}$$

其中，a_{ij} 是 j 部门单位总产出需要投入的 i 能源部门产出的直接消耗系数，将所有能源部门的消耗量相加，就是 j 部门单位总产出消耗的能源标准煤量为：

$$E_j = \sum_{i=1}^{k} E_{ij} = \sum_{i=1}^{k} (r_{ij} \cdot a_{ij}) \tag{7.10}$$

将式（7.6）和式（7.10）结合起来，可以得到 k 部门 1 单位最终产品需要 j 部门产出所消耗 $X_j^{(h1)}$ 所消耗的能源实物标煤量为：

$$E_j^{(h1)} = E_j X_j^{(h1)} = \sum_{i=1}^{k} (r_{ij} \cdot a_{ij}) \cdot b_{jk} \tag{7.11}$$

加总 k 部门 1 单位最终产品所需要所有部门的总产出所消耗的能源标煤量，得到 k 部门 1 单位最终产品的能源标煤完全消费量 $E^{(h1)}$：

$$E^{(h1)} = \sum_{j=1}^{H} E_j^{(h1)} = \sum_{j=1}^{H} \left[\sum_{i=1}^{k} (r_{ij} \cdot a_{ij}) \cdot b_{jk} \right] \tag{7.12}$$

因此，当能源价格中不包含碳减排成本时，第 h 部门提供 1 单位最终出口产品的能源成本为：

$$C_e^h = E^{(h1)} \cdot P_{energy,h} \tag{7.13}$$

当碳减排成本映射到能源价格中时，第 h 部门提供 1 单位最终出口产品的能源成本为：

$$C_t^h = E^{(h1)} \cdot P_{total,h} \tag{7.14}$$

建立统一碳交易后，能源成本变化导致单位出口产品总成本相对变化量为：

$$C^h\% = \frac{\left[C^h + (C_t^h - C_e^h)\right] - C^h}{C^h} \times 100\%$$

$$= \frac{E^{(h1)} \times P_{carbon,h} \times \theta_h}{C^h} \times 100\% \qquad (7.15)$$

式（7.15）表明，既定减排目标约束下，碳交易市场均衡时，一个行业单位碳负担的减排成本越高（$P_{carbon,h}$ 越大）、能源标煤完全消费量越大（$E^{(h1)}$ 越高）、生产过程中中间消耗的产值越小（C^h 越低），成本变化率越高。

7.2 行业选取、数据来源及碳交易情景设置

7.2.1 行业选取

1. 工业细分行业的选取

本章研究对象是工业行业，研究的时间范围为 2005～2017 年，涉及前后的行业分类标准不一致的问题，这里以 2011 年版的《国民经济行业分类》为基准进行行业调整。2011 年的国民经济行业分类标准将工业分为 3 个门类（采矿业；制造业；热力、燃气及水生产和供应业），41 个大类和 193 个门类。通过比较 2011 版及 2002 版《国民经济行业分类》的行业分类标准，对行业拆分归并处理，最终选取了 39 个工业大类行业（见表 7-1）。

表 7-1　　　　　　　　　　　39 个工业大类行业

序号	门类	行业编号	行业名称
1	采矿业	SEC01	煤炭开采和洗选业
2		SEC02	石油和天然气开采业
3		SEC03	黑色金属矿采选业
4		SEC04	有色金属矿采选业
5		SEC05	非金属矿采选业

续表

序号	门类	行业编号	行业名称
6	制造业	SEC06	农副食品加工业
7		SEC07	食品制造业
8		SEC08	酒、饮料和精制茶制造业
9		SEC09	烟草制品业
10		SEC10	纺织业
11		SEC11	纺织服装、服饰业
12		SEC12	皮革、毛皮、羽毛及其制品和制鞋业
13		SEC13	木材加工和木、竹、藤、棕、草制品业
14		SEC14	家具制造业
15		SEC15	造纸和纸制品业
16		SEC16	印刷和记录媒介复制业
17		SEC17	文教、工美、体育和娱乐用品制造业
18		SEC18	石油加工、炼焦和核燃料加工业
19		SEC19	化学原料和化学制品制造业
20		SEC20	医药制造业
21		SEC21	化学纤维制造业
22		SEC22	橡胶制品业
23		SEC23	塑料制品业
24		SEC24	非金属矿物制品业
25		SEC25	黑色金属冶炼和压延加工业
26		SEC26	有色金属冶炼和压延加工业
27		SEC27	金属制品业
28		SEC28	通用设备制造业
29		SEC29	专用设备制造业
30		SEC30	汽车制造业
31		SEC31	铁路、船舶、航空航天和其他运输设备制造业
32		SEC32	电气机械和器材制造业
33		SEC33	计算机、通信和其他电子设备制造业
34		SEC34	仪器仪表制造业
35		SEC35	其他制造业
36		SEC36	废弃资源综合利用业
37	电力、热力、燃气及水生产和供应业	SEC37	电力、热力生产和供应业
38		SEC38	燃气生产和供应业
39		SEC39	水的生产和供应业

注：行业选取来源于《国民经济行业分类》（GB/T 4754 – 2011）。

2. 工业细分行业与海关商品的匹配

为得到工业行业的出口额和出口量，根据布兰特等（Brandt et al.,）的处理方式，以 HS2002 编码为基准，将 HS2002（2005－2006），HS2007（2007－2011），HS2012（2012－2016），HS2017（2017）标准下相应的六位码海关商品匹配到各个工业细分行业中。在上述的 39 个细分行业中，燃气生产和供应业（SEC38）及水的生产和供应业（SEC39）贸易额非常小，这里将其视为非贸易行业，涉及出口部分分析将不对这两个行业进行考察。受篇幅限制，这里仅列举工业大类行业与四位码商品的对照情况（见表 7－2）。

表 7－2　　　　　　　　工业大类行业对应的海关四位码商品

行业	商品
SEC01	27 章（01－03）
SEC02	27 章（09, 11, 14）
SEC03	26 章（01, 02, 10）
SEC04	25 章（19, 30）；26 章（03－09, 11－17）；71 章（06, 07, 10－12）
SEC05	25 章（01, 02, 04－18, 20, 21, 24－26, 28－30）；27 章（14）；31 章（04）；71 章（02－05）
SEC06	2 章；3 章（03－07）；4 章（07, 08）；7 章（10－12）；8 章（11, 12）；10 章（06）；11 章（01－06, 08, 09）；12 章（12, 14）；15 章（01－04, 06－18, 21, 22）；16 章（01－05）；17 章（01－03）；18 章（01－04）；19 章（03, 04）；20 章（01－05, 07, 08）；21 章（06）；23 章（01－06, 08, 09）；35 章（01, 02, 05）；71 章（01）
SEC07	4 章（01－04, 06）；13 章（02）；16 章（02, 04, 05）；17 章（04）；18 章（05, 06）；19 章（01, 02, 04, 05）；20 章（02, 03, 05－08）；21 章（02－06）；22 章（09）；23 章（09）；25 章（01）；29 章（22）；35 章（07）；96 章（02）
SEC08	9 章（02）；11 章（07）；20 章（09）；21 章（01, 06）；22 章（01－08）；23 章（03, 07）
SEC09	24 章（01－03）；56 章（01）
SEC10	15 章（05）；50 章（02, 04－07）；51 章（01－03, 05－13）；52 章（01, 03－12）；53 章（01－11）；54 章（01－03, 06－08）；55 章（06－16）；56 章（01－09）；57 章（04）；58 章（01－04, 06－08, 11）；59 章（01－04, 07－11）；60 章（01－06）；61 章（01－17）；62 章（10, 12－17）；63 章（01－09）；65 章（05）；88 章（04）；94 章（04）
SEC11	62 章（01－11）；65 章（01－07）
SEC12	5 章（05）；41 章（04－07, 12－15）；42 章（01－06）；43 章（02－04）；62 章（01, 02）；64 章（01－06）；91 章（13）；94 章（04）

行业	商品
SEC13	44章（01，05-19，21）；45章（01-04）；46章（01，02）
SEC14	94章（01，03，04）
SEC15	47章（01-06）；48章（01-19，21-23）；59章（05）
SEC16	48章（20）；49章（01-11）；84章（42）；85章（24）
SEC17	32章（15）；34章（06，07）；35章（06）；38章（24）；39章（26）；42章（03）；44章（20）；46章（02）；57章（01-03，05）；58章（05，10）；60章（06）；62章（11）；63章（04）；65章（06）；67章（01-04）；68章（09）；71章（01，03，13，14，16，17）；73章（17，19）；83章（04-06）；90章（17）；92章（01-09）；95章（01-08）；96章（01，02，08-12，18）；97章（01-04）
SEC18	27章（04，06，08-13）；28章（44，45）；84章（01）
SEC19	15章（20）；22章（07）；25章（03）；27章（07，11）；28章（01-04，06-43，46-51）；29章（01-22，26-31，33，34）；31章（01-05）；32章（01-15）；33章（01-07）；34章（01-07）；35章（03-07）；36章（01-05）；37章（01-07）；38章（02，03，05-15，17-20，23-25）；39章（01-14，21）；40章（02）；44章（02）；85章（23）
SEC20	17章（02）；29章（16，18，22-25，32-42）；30章（01-06）；34章（07）；38章（21，22）；96章（02）
SEC21	47章（02，04，06）；54章（02-05）；55章（01-04）
SEC22	32章（14）；40章（03，05-17）；59章（06）；95章（06）
SEC23	39章（16-26）；56章（07）；63章（05）；65章（06）；85章（47）；94章（05）
SEC24	25章（18，20，22，23）；27章（15）；28章（18）；38章（01，16，24）；44章（10，12）；68章（01-15）；69章（01-14）；70章（01-20）；85章（45-47）；94章（01，03，05）；96章（17）
SEC25	72章（01-03，05-16，18-22，24-28）；73章（01-07，25）
SEC26	28章（05，18）；71章（06-11）；74章（01-03，05-12，19）；75章（01-02，04-07）；76章（01，03-09，16）；78章（01，03-05）；79章（01，03-06）；80章（01，03-06）；81章（01-13）
SEC27	58章（09）；65章（06）；71章（06，08，10，15，18）；72章（11，12，17，23，29）；73章（01，08-16，19，22-26）；74章（08，13，14，18，19）；75章（05，08）；76章（05，10-16）；78章（03，06）；79章（04，07）；80章（03，07）；81章（01，02，04，08）；82章（01-15）；83章（01-04，06-11）；84章（68，81，85）；85章（15）；86章（08，09）；87章（10）；93章（01-07）；94章（06）；95章（06）；96章（15）
SEC28	73章（15，17，18，20）；74章（15，16）；76章（16）；84章（01-28，31，38，43，54，56-63，66-73，79，81-85）；85章（14，15，25）；87章（09）；90章（02，06-10，22）

行业	商品
SEC29	73章（26）；84章（13，14，17 - 24，28 - 55，61 - 66，70 - 72，74 - 80）；85章（14，43）；87章（01，04，08，16）；90章（18 - 22，25，31）；94章（02）
SEC30	84章（07，08）；86章（05）；87章（01 - 08，16）；
SEC31	84章（01，07，08，11，12，79）；86章（01 - 08）；87章（11 - 14，16）；88章（01 - 03，05）；89章（01 - 08）
SEC32	63章（01）；73章（21）；74章（17）；84章（14，15，18，19，21，22，50，51，79）；85章（01 - 07，09 - 13，16，30 - 32，35 - 44，46 - 48）；90章（06，19，27）；94章（05）
SEC33	84章（71，73）；85章（05，17 - 29，32 - 34，40 - 43）；90章（22）
SEC34	84章（71，79）；85章（26，43）；90章（01 - 06，11 - 17，22 - 23）；91章（01 - 14）
SEC35	5章（09）；27章（01）；36章（06）；42章（02）；58章（11）；66章（01 - 03）；73章（20）；84章（01）；87章（15）；95章（03）；96章（03 - 07，13 - 17）
SEC36	26章（18 - 21）；38章（04）；39章（15）；40章（04，12）；41章（15）；44章（01）；47章（07）；50章（03）；51章（03，04）；52章（02）；55章（05）；63章（10）；71章（12）；72章（04）；74章（04）；75章（03）；76章（02）；78章（02）；79章（02）；80章（02）；85章（48）
SEC37	27章（16）

注：HS 编码详情来源于中国海关网站相关数据。

7.2.2　数据来源及处理

（1）资本投入。这里采用资本存量指标表示资本投入。我国还没有对资本存量的相关数据进行过具体的统计，在进行学术研究的过程中，通常采用永续盘存法对资本进行估算。即：

$$K_t = I_t + (1 - \delta_t) K_{t-1} \tag{7.16}$$

其中，K_t，K_{t-1} 分别表示第 t，$t-1$ 年的资本存量；I_t 表示第 t 年的新增投资额；δ_t 表示第 t 年的折旧率。其中，基期的资本存量以及折旧率的计算参考陈诗一论文中处理方法，其他数据来源于 2006 ~ 2018 年《中国统计年鉴》以及 2004 年、2008 年、2013 年《中国经济普查年鉴》。用固定资产投资价格指数进行平减，得到以 2005 年为基期的 2005 ~ 2017 年可比价资本存量。

（2）劳动投入。这里采用工业企业从业平均人数表示劳动投入，计算工业企业从业平均人数的数据来源于 2006～2012 年《中国统计年鉴》、2013～2017 年《中国劳动统计年鉴》以及 2004 年、2008 年、2013 年《中国经济普查年鉴》。

（3）能源投入。这里选取能源消费量表示能源投入，该指标的数据来源于 2006～2018 年《中国能源统计年鉴》。

（4）期望产出。这里用工业增加值表示期望产出。国家统计局自 2007 年后不再公布工业增加值的相关数据。此处通过月度工业全行业增加值累计增长速度以及 2005 年的工业增加值计算得到 2005～2017 年工业细分行业的工业增加值，所用指标数据来源于国家统计局。鉴于累计增长速度已消除价格因素，工业增加值是以 2005 年为基期的可比数据。

（5）非期望产出。这里将工业生产中排放的二氧化碳量作为非期望产出。从工业生产使用的能源视角，考虑了工业常使用的八大能源品种，计算工业各大类行业的二氧化碳排放量，具体计算公式为：

$$CO_2 = \sum_{i=1}^{n} CO_{2,i} = \sum_{i=1}^{n} E_i \times SC_i \times NCV_i \times CC_i \times COF_i \times \frac{44}{12} \qquad (7.17)$$

其中，$CO_{2,i}$ 表示第 i 品种化石燃料所排放的二氧化碳；E_i，SC_i，NCV_i，CC_i，COF_i，44/12 分别表示能源消费量，标煤系数，净热值，含碳率，碳氧化率以及碳向二氧化碳的转换系数。相关数据分别来源于 2006～2018 年《中国能源统计年鉴》，2006 年国家温室气体清单指南（$IPCC$）。

（6）工业总产值。工业总产值指标数据搜集是为了进一步得到工业的中间投入量。与工业总产值类似的是，自 2011 年之后国家统计局不再公布工业总产值相关数据。但工业总产值可以通过工业企业销售产值与工业产品销售率计算得到，上述两个指标数据来源于国家统计局。用工业增加值平减指数对计算而来的工业总产值进行平减，可以得到以 2005 年为基期的 2005～2017 年可比价工业总产值。

（7）中间投入。自 1995 年开始，《中国统计年鉴》公布了工业细分行业的应缴纳增值税的相关数据。根据生产法计算得到的工业增加值，进而可以计算工业大类行业的中间投入，即中间投入等于工业增加值加上应缴纳的增值税再减去工业增加值。

（8）完全消耗系数矩阵。为计算单位出口产品的完全投入以及完全能源消费量，需基于完全消耗系数矩阵进行测算。这里假定 2030 年与 2017 年的技术未发生显著变化，因此可通过国家统计局公布的 2017 年投入产出表计算得到 2030 年的完全消耗系数矩阵。

（9）工具变量。这里选用工业行业分工业生产者出厂价格指数作为边际成本的工具变量，该指标数据来源于 2006 ~ 2018 年《中国统计年鉴》。

（10）出口价格。将工业大类行业与海关六位编码商品进行匹配后，用行业中商品的出口额占该行业总出口额的比重对该商品出口单价进行加权，进而构造得到分行业出口价格，具体公式如下：

$$P_h = \sum_{i=1}^{n} \frac{EX_{ih}}{EX_h} \cdot \frac{EX_{ih}}{Q_{ih}} \tag{7.18}$$

上述公式中，各商品的出口额和出口量来源于国研网对外贸易数据库。各商品的出口额均以工业增加值平减指数进行平减，得到的是以 2005 年为基年的 2005 ~ 2017 年商品出口额。鉴于所搜集到的出口额数据是以美元为计价单位，这里基于同期的人民币对美元年平均汇率折算为以人民币为计价单位的出口价格，具体汇率值来源于国家统计局。

7.2.3 碳交易情景设置

（1）工业行业分类。早在"十三五"时期，国家发展与改革委员会应对气候变化司提出我们将继续提出控制温室气体排放的强度控制目标，并且在强度上要提高要求，同时研究并逐步引入碳排放总量控制目标，实现强度和总量"双控"。这里，基于碳排放强度和碳排放量两个减排控制目标，利用 SPSS 软件对 39 个工业大类行业进行分类，具体分类见表 7 - 3。

表 7 - 3 工业大类行业分类

类型	行业	数量
"高碳排放 - 高碳强度"型	SEC01，SEC15，SEC18，SEC19，SEC24，SEC25，SEC26，SEC37	8
"中碳排放 - 中碳强度"型	SEC02，SEC03，SEC05，SEC06，SEC07，SEC08，SEC10，SEC13，SEC20，SEC21，SEC22，SEC28，SEC35，SEC38	14
"低碳排放 - 低碳强度"型	SEC04，SEC09，SEC11，SEC12，SEC14，SEC16，SEC17，SEC23，SEC27，SEC29，SEC30，SEC31，SEC32，SEC33，SEC34，SEC36，SEC39	17

注：根据 SPSS 聚类结果作者自行整理该分类。

（2）配额总量目标。《国家应对气候变化规划（2014 - 2020 年）》中提出，到 2020 年，实现单位国内生产总值二氧化碳排放比 2005 年下降 40% ~

45％。该目标于 2017 年就提早实现，2017 年中国碳排放强度比 2005 年下降约 46％，这为 2030 年碳排放与碳强度"双控"目标达成奠定了坚实基础。根据上述搜集到的工业全行业碳排放及工业增加值数据计算可知，工业碳强度从 2005 年的 8.12 吨碳/万元，下降至 2017 年的 3.85 吨碳/万元，减排率达到 52.67％，超出国家总体减排进程 15％。因此，以较积极的预期来看，2030 年全国碳强度相对 2005 年可下降 65％，工业行业减排率仍可超出全国计划 15％。到 2030 年，中国工业行业碳强度将下降至 2.08 吨碳/万元。在上述期望目标下，中国工业碳排放将于 2025 年达到峰值 1207135.68 万吨，而到 2030 年，中国工业总体将有 1067900.51 万吨碳排放配额可供分配。由于这里考虑到了碳达峰目标，因此配额总量目标相对于第二部分的预测值更低一些。

（3）初始配额分配方案。由于中国碳交易市场仍处于起步阶段，采用拍卖方式对碳配额进行分配容易导致碳权价格产生较大波动，所以借鉴试点地区做法，本书采用免费分配的方式对工业碳排放配额进行分配。在对碳配额进行免费分配时，需要兼顾效率和公平的原则。基于该原则，本书将基准线法与祖父法结合来确定各工业细分行业的配额量。首先将某一碳强度值设置为基准线，碳强度高于基准线的行业仅能获得基准线与工业增加值乘积相应的碳配额，从而抑制了高污染行业的排放，但工业增加值越高所获得的碳配额就越多，这在一定程度上保障了高污染高产出行业的生产积极性；而碳强度低于基准线的其他行业分别通过历史排放量以及历史产出量对剩余碳配额的划分。根据上述行业的分类，将设置四种基准线模式，即"高碳排放－高碳强度"型行业的平均碳强度为高基准线；"高碳排放－高碳强度"型和"中碳排放－中碳强度"型行业的平均碳强度为中基准线；工业全行业的平均碳强度设为低基准线；不设置基准线。具体情景设置如表 7 － 4 所示。

表 7 － 4　　　　　　　　　　碳交易市场的情景设置

情景	情景设置
情景 1	无基准线 其他行业根据历史总碳排放量对剩余碳配额进行初始分配
情景 2	无基准线 其他行业根据历史总工业增加值对剩余碳配额进行初始分配

续表

情景	情景设置
情景3	高基准线（6.24吨/万元）[SEC18，SEC37] 其他行业根据历史总碳排放量对剩余碳配额进行初始分配
情景4	高基准线（6.24吨/万元）[SEC18，SEC37] 其他行业根据历史总工业增加值对剩余碳配额进行初始分配
情景5	中基准线（3.59吨/万元）[SEC18，SEC25，SEC37] 其他行业根据历史总碳排放量对剩余碳配额进行初始分配
情景6	中基准线（3.59吨/万元）[SEC18，SEC25，SEC37] 其他行业根据历史总工业增加值对剩余碳配额进行初始分配
情景7	低基准线（2.15吨/万元）[SEC01，SEC18，SEC19，SEC25，SEC26，SEC37] 其他行业根据历史总碳排放量对剩余碳配额进行初始分配
情景8	低基准线（2.15吨/万元）[SEC01，SEC18，SEC19，SEC25，SEC26，SEC37] 其他行业根据历史总工业增加值对剩余碳配额进行初始分配

注：（）内为基准线具体的碳强度值；[ ]内受基准线限制的相关行业。

7.3 相对成本变化率多情景模拟与估算

7.3.1 行业边际减排成本测算

这里仍然采用第4章的参数法对行业边际减排成本进行测算。从总体测算结果来看，工业年均边际减排成本以较快的增速逐年增长，截止到2017年，年均边际减排成本已达到4685.80元/吨，是2005年的5.98倍。与此同时，39个工业行业的边际减排成本之间存在着显著的差异，且随着时间的推移，这种差异更为突出。工业年均边际减排成本标准差从2005年的1172.77上升至2017年的11232.06，年均增幅达到20.71%。

通过行业分析可以发现，三种类型工业行业的年均边际减排成本按从大到小的顺序依次为"低碳排放－低碳强度"型、"中碳排放－中碳强度"型、"高碳排放－高碳强度"型。2005～2017年，"高碳排放－高碳强度"型工业行业的二氧化碳年均边际减排成本最低，这表明该类型行业减排潜力最强，是降低碳强度和碳排放量的关键工业部门。2005～2017年间三种类型工业行业的年均边际减排成本平均增速分别为 16.21%、15.19%、5.14%。前两种类型行业的年均边际减排成本显著增加，说明前两类工业行业的二氧化碳减排是较为成功的，且随着时间的推移，进一步减少二氧化碳的难度越来越大。然而，在 2005~2011 年间，第三类工业行业的年均边际减排成本基本保持不变；2011 年之后，该类行业边际减排成本以缓慢的增速增加。这意味着第三类行业前期减排成效不大，后期减排也没有到达预期效果，这类行业需要加强减排。因此，应首先监督"高碳排放－高碳强度"型工业行业降低碳强度和二氧化碳排放量。

比较图 7－1 和图 7－2 发现，单一部门的平均边际减排成本大体上也保持着与年均边际减排成本的相同大小序列。其中，第一类工业行业的平均减排成本是最高的，第三类行业是最低的。第一类行业中金属制品业（SEC27）的平均边际减排成本略低于第二类行业中木材加工和木、竹、藤、棕、草制品业（SEC13）。究其原因可发现，第二十七部门虽然二氧化碳排放量高于第十三部门，但其碳强度较低。观察三类行业中细分行业，仍可得到类似的结论。由此可以得出，具有较高碳排放强度的行业也具有较高的边际减排成本；在同一碳强度水平下，低碳排放量行业的边际减排成本高于高碳排放行业。

工业部门的边际减排成本越低，二氧化碳减排造成的经济损失越小，工业部门的碳减排潜力也就越大。高碳强度的工业部门通常具有较低的碳减排率和较高的碳减排潜力，应进一步推动碳强度的降低进程。在相同的碳强度水平下，高碳排放的工业部门边际减排成本较低，这些工业部门具有更大的减排空间。

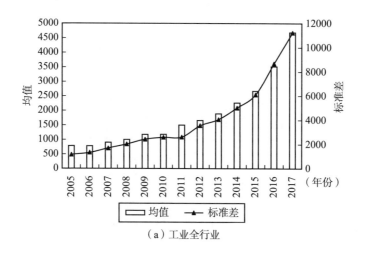

（a）工业全行业

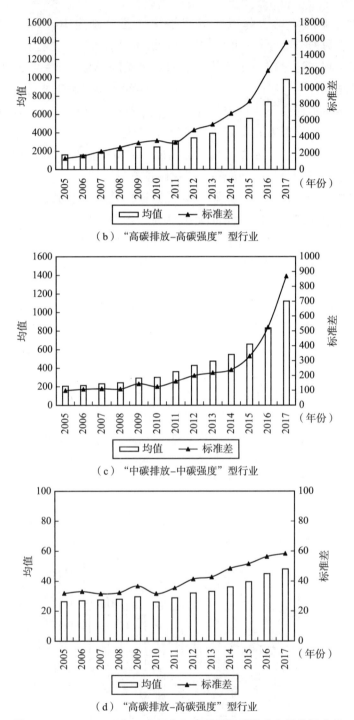

（b）"高碳排放–高碳强度"型行业

（c）"中碳排放–中碳强度"型行业

（d）"高碳排放–高碳强度"型行业

图 7 - 1　2005～2017 年工业行业年均碳边际减排成本及其标准差

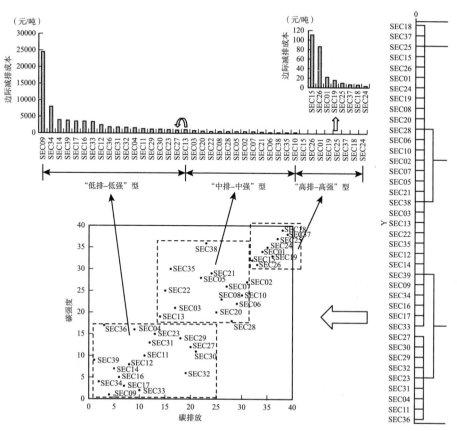

图 7 - 2　2005 ~ 2017 年 39 个工业行业的平均边际减排成本

7.3.2　行业边际减排成本曲线拟合

根据测算得到的 2005 ~ 2017 年 39 个工业行业的边际减排成本，以著名经济学家诺德豪斯（Nordhaus）1991 年提出的经典对数形式拟合工业细分行业边际减排成本曲线，即：

$$MAC(r_h) = \alpha + \beta \times \ln(1 - r_h) \qquad (7.19)$$

其中，MAC 是边际减排成本，r 为减排量，α 和 β 为估计参数。

将 2005 年工业的平均碳强度设为基准碳强度 $\bar{e}$，则 h 行业的减排率 r_h 为：

$$r_h = \frac{\bar{e} - e_h}{\bar{e}} \qquad (7.20)$$

拟合结果如图 7-3 所示，所有行业的边际减排成本曲线都呈现向上弯曲的形态，这说明随着减排工作的进一步推进，二氧化碳边际减排成本也会随之增加，所有工业行业的持续减排难度也会逐级加大。式（7.19）中，系数 β 表示工业行业的减排难度，系数绝对值越大表明相应行业的边际减排成本曲线越陡峭，边际减排成本上升速度越快。按照行业分类及边际减排成本大小顺序绘制各工业细分行业边际减排成本曲线的 β 系数绝对值图，如图 7-4 所示。烟草制品业（SEC09）的系数绝对值最大为 2.48，约为系数绝对值最小的非金属矿物制品业（SEC24）的 3100 倍，意味着工业各细分行业的减排难易程度存在显著差异，这也是碳交易能顺利开展的重要前提。从整体上来看，具有较低碳强度和碳排放的行业系数绝对值较大，其边际减排成本相较于其他行业上升更快，减排工作的开展难度会更高。相反，"高碳排放 - 高碳强度"行业具有更大的减排潜力，当碳减排任务相同时，该类行业因减排所带来的经济损失会远低于其他行业。因此，为促使工业全行业减排总成本最小，政府应该给"高碳排放 - 高碳强度"型行业设定更高的减排目标。鉴于"高碳排放 - 高碳强度"型工业行业多为重工业，是支撑中国经济发展的命脉，过重的减排负担会打击相应行业的生产积极性，不利于经济的高质量发展。因此，在进行碳配额分配时，应综合考量行业的减排潜力以及生产积极性，以实现工业整体的帕累托最优。

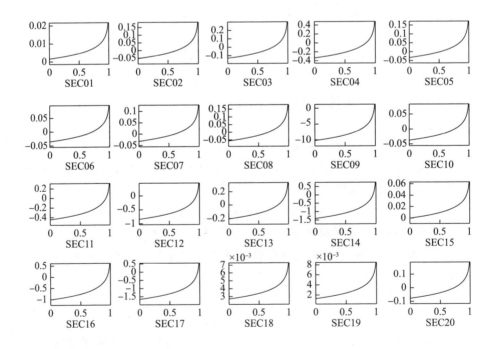

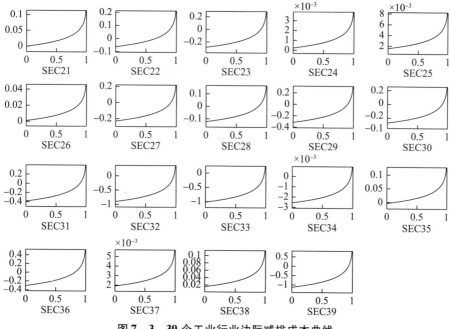

图 7 - 3 39 个工业行业边际减排成本曲线

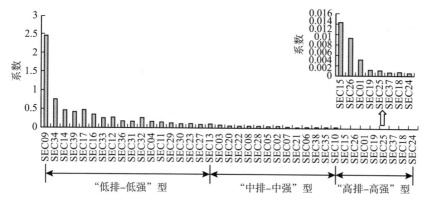

图 7 - 4 39 个工业行业边际减排成本曲线系数 β 绝对值图

7.3.3 碳交易市场均衡多情景模拟

基于拟合所得的各行业边际减排成本曲线，进行碳交易市场在已设置的八种情景下的模拟运行。各情景模式下碳配额的交易量以及交易的福利效应如图 7 - 5 所示（左坐标轴为均衡后的配额交易量，右坐标轴为福利效应）。行业碳配额交易量为正意味着该行业是碳配额的出售方，反之行业为碳配额的购买方。福利效应则是行业在进行碳交易后所获得的收益，即在完成同样减排义务的情况下，交易后的行业减排成本相较于没有交易的行业自主减排成本的下降幅度。各行业的福利效应均为正值，体现了碳交易市场的成本有效性。

在8种情景下，仅情景1（无基准线－历史排放量）中，市场中的出售方占少数，共有石油加工、炼焦和核燃料加工业（SEC18），有色金属冶炼和压延加工业（SEC26），电力、热力生产和工业应（SEC37），化学纤维制造业（SEC21），文教、工美、体育和娱乐用品制造业（SEC17），废弃资源综合利用（SEC36）六个行业，分别供给了市场配额总量的52.71%、32.44%、14.38%、0.22%、0.16%及0.09%。在其他场景中，由于人为设定了基准线，受到基准线限制的行业，如电力、热力生产和供应业（SEC37），石油加工、炼焦和核燃料加工业（SEC18），在初始配额分配中获得了远低于实际排放量的配额，因此为了达成既定的减排目标，这些行业成为了主要的配额购买者。在不同的基准线标准下，高基准线的配额总交易量是最低的，低基准线的总额则是最高的，这也是因为在严格碳排放标准限制下，高污染型行业对配额的需求量就会更大，其他行业为获得更高的收益，则会倾向于选择减少排放，将额外的配额出售给高污染型行业。相对于基于历史排放量进行配额分配的碳交易情景，基于历史产出量进行配额分配的情景中配额的成交量也更高一点。在前者情景中，高污染型行业由于历史排放量更高将获得更高的碳配额，在能够满足自身减排目标时还能出售一部分配额给初始配额较少的清洁型行业，市场中流通的配额相对较少；而后者情景中，一些低碳排放的行业由于产出较高获得相对更多的碳配额，那么产出少的一些高碳排放型行业所得配额远低于其实际排放量，带动市场中碳配额交易量就会更大。

从福利效应来看，非金属矿物制品业（SEC24）始终没有受到基准线限制，基于历史排放量分配得到了更多的碳配额，由于该行业减排潜力最大、减排难度最小，该行业倾向于减少自身的碳排放，将更多的配额出售给其他行业，获得了较高的福利效应；但是该行业在基于历史产出量分配碳配额的场景下失去了较高的福利效应，而计算机、通信和其他电子设备制造业（SEC33），电气机械和器材制造业（SEC32）等行业由于具有较高的历史工业增加值，在进行配额分配时得到更多的允许碳排放量，这在一定程度上缓解了这类清洁型行业的减排负担，还可以通过出售部分配额给努力达标的污染型行业以此从碳交易市场中获取高额的福利。不同的基准线下，碳交易给工业带来的福利效应也有所不同，与配额交易量相似的是，高基准线情景中总福利效应最低，中基准线情景较高，低基准线情景的减排成本减少量最高。与基准线情景不同的是，不设置基准线时，高污染行业不受基准线限制可分得更多配额，并将部分配额出售给清洁型行业，总交易量可能较少，但极大缓解了清洁型行业的减排压力，福利效应则更高一些。

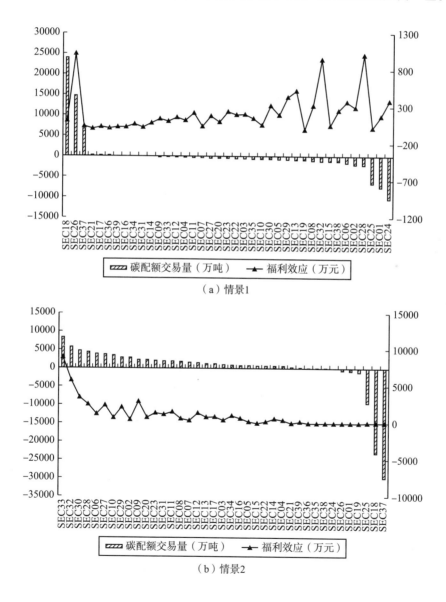

（a）情景1

（b）情景2

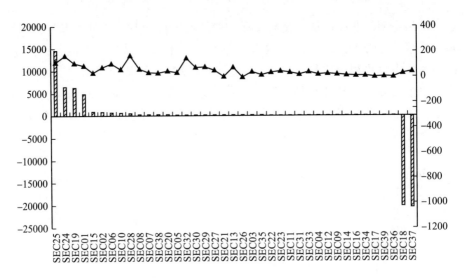

（c）情景3

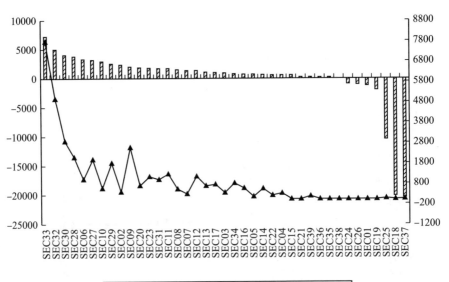

（d）情景4

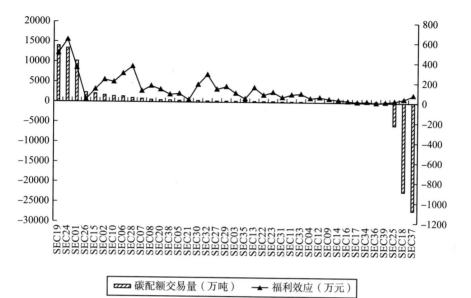

（e）情景5

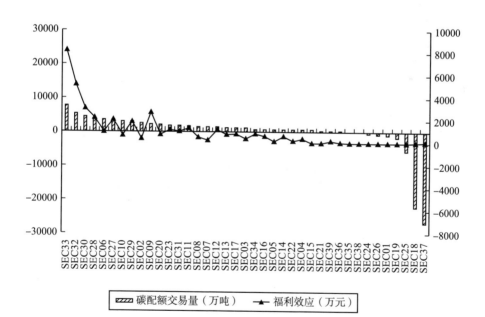

（f）情景6

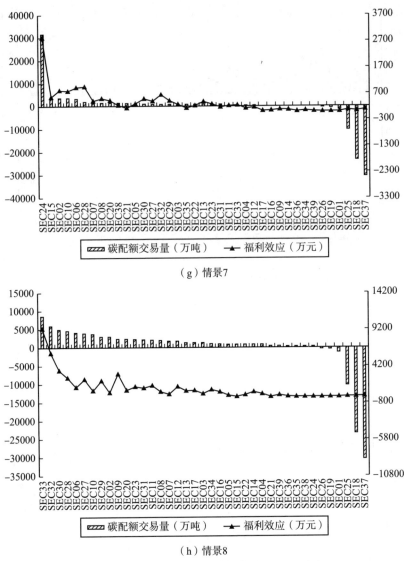

（g）情景7

（h）情景8

图7-5　多情景下碳交易后39个工业行业碳配额交易量及福利效应

7.3.4　行业出口相对成本变化率多情景估算

此部分研究中，从实际意义出发，去掉了 SEC38 和 SEC39 两个行业，将工业细分行业压缩至 37 个。根据多情景下碳交易市场均衡模拟运行的结果，可以得到多情景下工业行业出口成本变化率，见图 7-6。比较 8 种碳交易情景，情景 1、3、5、7 的成本上升幅度要略高于情景 2、4、6、8，这说明在同一减排目标约束下，根据历史排放量分配配额相比依据历史工业增加值分配配额引起的出口成本上升幅度更高。其原因可能是复杂的，根据对式（7.15）的分析，高碳排放行业本身减排成本较低，在按照历史排放量原则分配配额时，高碳排放的行业可以分得更多的配额，从而进一步降低其减排成本和压力。加之，其排放量基数较大，平均到单位排放中的减排成本会相对更低，即 $P_{carbon,h}$ 较低。但是，这些行业一般同时都是高能耗行业，因此能源完全消耗标煤 $E^{(h1)}$ 较高。另外，这些高碳排放行业多是分布在产业链前端的基础性行业（SEC01 煤炭开采和洗选业，SEC15 造纸和纸制品业，SEC18 石油加工、炼焦和核燃料加工业，SEC19 化学原料和化学制品制造业，SEC24 非金属矿物制品业，SEC25 黑色金属冶炼和压延加工业，SEC26 有色金属冶炼和压延加工业，SEC37 电力、热力生产和供应业），在生产过程中这些行业消耗其他产业中间投入的产值较小，即 C^h 较低。因此，当 $E^{(h1)}$ 较高和 C^h 较低的力量超越了 $P_{carbon,h}$ 较低时，历史排放量原则下高排放行业的成本变化率就会较高。而对于排放量较低的行业，按照历史排放量原则分配配额时，一般会导致其 $P_{carbon,h}$ 较高，如果超出了 $E^{(h1)}$ 较低和 C^h 较高的力量，则其出口成本上升幅度也可能很大。因此，如果中国的工业行业符合上述假设，则按照历史排放量原则分配配额就可能产生出口成本上升率较高的结果。

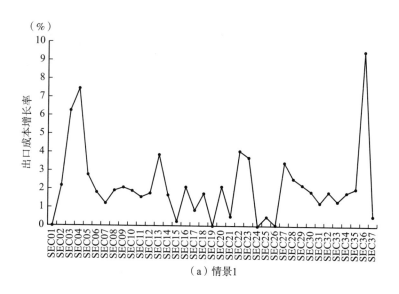

（a）情景1

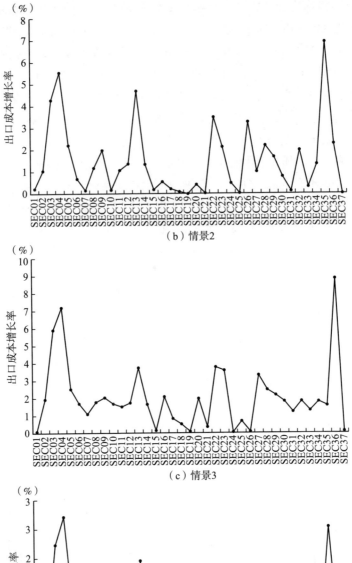

（b）情景2

（c）情景3

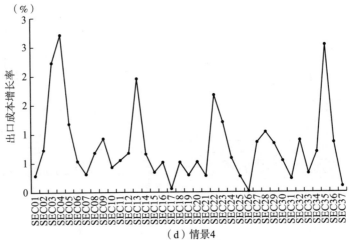

（d）情景4

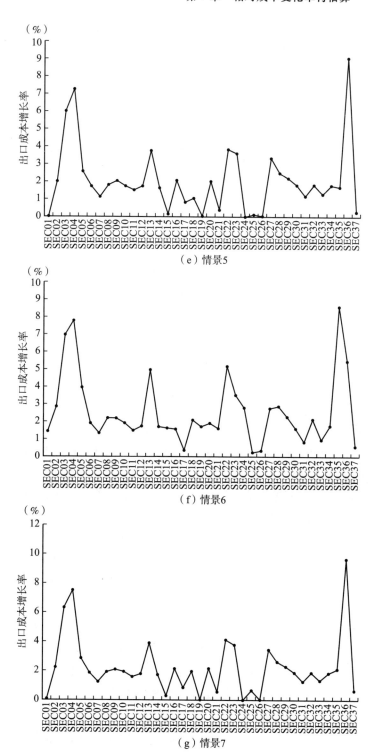

（e）情景5

（f）情景6

（g）情景7

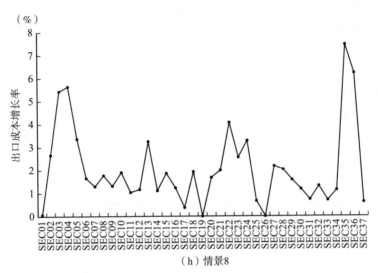

（h）情景8

图 7-6   多情景下碳交易后 37 个工业行业出口相对成本变化率

从基准线设置来看，出口成本上升幅度依据高基准线（6.24 吨/万元）–中基准线（3.59 吨/万元）–低基准线（2.15 吨/万元）顺序依次递增。表明以碳强度设置的基准线对出口成本影响较大，碳强度越低减排越困难，减排成本越高。

从具体行业看，在所有场景下，石油和天然气开采业（SEC02），黑色金属矿采选业（SEC03），有色金属矿采选业（SEC04）以及废弃资源综合利用业（SEC36）都具有较高的行业出口成本上升率。一方面，这些行业都不属于"高碳排放–高碳强度"行业，其减排空间有限，持续减排的难度较大，单位减排成本相对较高，总体在 300～500 元/吨碳之间；另一方面，上述行业单位出口产品的总投入相对于其他行业较少，其中废弃资源综合利用业（SEC36）每万元产值成本投入仅需 0.30 万元，当碳减排成本映射到能源价格中时，能源成本变动剧烈，则导致这些行业的出口成本出现较大的增长。

对于造纸和纸制品业（SEC15），石油加工、炼焦和核燃料加工业（SEC18），电力、热力生产和供应业（SEC37）等"高碳排放–高碳强度"行业来说，虽然不同场景下所付出的减排成本会有所区别，由于其具有较大的碳排放体量，平均到每单位碳排放的成本相对较小，这些行业平均碳减排成本水平仅为每吨碳十几元，因而碳交易对于这些行业的出口成本的影响反而没有预期中那么大。当然，还有一些行业的成本变动是符合预期的,如非金属矿物业(SEC24),在基于历史排放量进行配额划分时,该行业达到减排目标是不费力的,因此所付出的减排成本相对较低,仅为几元/吨碳。在基于历史产出值分配碳配额的情景下,该行业需要从市场中向其他行业购买配额,付出较高的减排成本才能达成减排目标,每吨碳排放的价格基本处于五十元左右,从而导致在该类情景下的出口产品成本增长幅度较大。

7.4 本章小结

本章提供了一个碳减排相对成本变化率的理论估算模型,用以将碳交易市场不同机制设计所引起的产品绝对成本变化转化为相对成本变化。首先,利用碳市场模拟出清的均衡碳价对单位标煤的能源价格进行理论修正,结合投入－产出模型计算得到的单位出口产品完全能源消耗量,可以计算得出单位出口产品的含碳能源成本。将含碳能源成本与不含碳的能源成本进行对比,即为碳交易引起的各类出口产品成本相对变化率。

实证模拟利用了中国 39 个工业行业 2005～2017 年的投入、产出数据。以 2030 年中国工业总体碳强度相对 2005 年下降 65％为目标约束,设计了基准线法与祖父法相结合的 8 种配额分配方案。模拟结果显示:所有配额分配情景下,交易后的减排成本均比无交易的自主减排成本低,证明碳交易市场均为有效。从交易量上看,低基准线配额原则下的交易量高于高基准线配额情景,历史产量原则下的交易量大于历史排放量原则下的交易量。福利效应的分析结果与此相似,市场福利总量按照低基准线－中基准线－高基准线依次递减。

在对《国民经济行业分类》与海关四位码商品对照归类的基础上,进一步选择 37 个工业行业计算碳交易之后出口产品相对成本变化率。计算结果显示,在同一减排目标约束下,历史排放量分配原则相比历史工业增加值原则下的行业出口成本上升幅度更高。这一结果,可能与不同配额分配方案下的交易量有关。因为历史排放量原则下的交易量小于历史产量原则下的交易量,即前者更多依赖自主减排,导致碳市场的成本节约效应发挥不充分。比较不同基准线分配原则下的模拟结果显示,出口成本上升幅度依据高基准线－中基准线－低基准线顺序依次递增,表明以碳强度设置的基准线对出口成本影响较大,碳强度越低减排越困难,成本相对上升幅度越高。

对比不同配额分配机制对福利总量和出口成本变化率的影响,有一点值得关注,即如果单纯以福利总量最大化作为衡量碳市场机制优劣的标准,则低基准线分配原则优于中基准线和高基准线原则。但是,如果考虑到开放经济中碳市场对出口的影响,则低基准线原则会造成出口成本较大幅度上升,抑制出口竞争力。因此,反映成本节约的福利效应在此刻不适于作为衡量市场机制设计的唯一标准,碳市场的机制设计必须兼顾对国内和国外的双重影响。

第8章 成本－价格不完全传导效应评估

在既定碳配额约束下，当统一碳市场完成交易、实现均衡之后，出口商接下来需要考虑的是如何处理由减排增加的成本负担。目前多数研究都假定在完全竞争市场上，出口商将减排成本直接传导至出口价格，将减排增加的成本完全转嫁给出口市场上的消费者。但现实的国际市场并非是完全竞争的，出口商必须充分考虑所处市场的竞争状态，根据其实际的市场势力决定成本向价格的传导程度。一般来说，市场势力越大的出口商越具有较高的成本－价格转嫁能力。反之，市场势力较弱的出口商，为保证出口份额只能以压缩利润的方式，内部消化更多的减排成本。本章即是基于不完全竞争的市场假设，考虑厂商在出口市场上的竞争力差异，构建成本－价格不完全传导模型，并在八种配额交易情景下模拟评估 37 个出口行业减排成本－出口价格的传导效应。

8.1 成本－价格不完全传导模型

8.1.1 成本加成率模型

假设不完全竞争市场上，追求利润最大化的出口商采用边际成本加成的方法进行策略性定价，则出口产品定价公式为：

$$P_{ht} = MC_{ht} \cdot \mu_{ht} \tag{8.1}$$

其中，P_{ht} 是行业 h 在时期 t 的出口价格，MC_{ht} 是行业 h 在时期 t 出口产品的边际成本，μ_{ht} 是行业 h 在时期 t 的出口成本加成率。

对于工业行业出口成本加成率的测算，我们主要参考 DLW 模型。

假设 t 时期行业 h 的生产函数为：

$$Q_{ht} = Q_{ht}(X_{ht}^1, \cdots, X_{ht}^v, K_{ht}, \omega_{ht}) \tag{8.2}$$

其中，$X_{ht}^j(j=1，\cdots，v)$ 表示行业 h 在 t 时期各种可变要素投入，如劳动、中间投入等。同时，企业的生产还依赖于它的资本积累 K_{ht}，资本作为一种动态投入进入生产函数，这表明企业的生产函数无法在短时间内调整其资本投入，只能在短期内改变其可变投入。ω_{ht} 为行业的生产率。

为了得到行业加成率的表达式，假定生产函数 $Q_{ht}(\cdot)$ 是连续且二次可微的。假设各行业都是在给定目标产量的情况下使得成本最小化，因此行业的目标函数为：

$$\min \sum_{v=1}^{V} p_{ht}^v X_{ht}^v + r_{ht}K_{ht} \tag{8.3}$$
$$\text{s. t. } Q_{ht}(\cdot) \geqslant Q_{ht}$$

因此，可以得到相应的拉格朗日函数：

$$L(X_{ht}^1，\cdots，X_{ht}^v，K_{ht}，\lambda_{ht}) = \sum_{v=1}^{V} P_{ht}^v X_{ht}^v + r_{ht}K_{ht} + \lambda_{ht}[Q_{ht} - Q_{ht}(\cdot)] \tag{8.4}$$

其中，P_{ht}^v 和 r_{ht} 分别为行业 h 的第 v 种可变投入以及资本投入 K 的投入价格。对于任何一种无调整成本的可变投入求一阶条件，可得：

$$\frac{\partial L}{\partial X_{ht}^v} = P_{ht}^v - \lambda_{ht}\frac{\partial Q_{ht}(\cdot)}{\partial X_{ht}^v} = 0 \tag{8.5}$$

其中，λ_{it} 衡量了行业单位产出的边际成本，因为根据包络定理有 $\lambda_{ht} = \frac{\partial L_{ht}}{\partial Q_{ht}}$。因此，式（8.5）可以重新写为：

$$\theta_{ht}^v = \frac{\partial Q_{ht}(\cdot)}{\partial X_{ht}^v} \cdot \frac{X_{ht}^v}{Q_{ht}} = \frac{1}{\lambda_{ht}} \cdot \frac{P_{ht}^v X_{ht}^v}{Q_{ht}} \tag{8.6}$$

即成本最小化条件要求企业的任何可变投入要素 X_{ht}^v 的产出弹性等于 $\frac{1}{\lambda_{ht}} \cdot \frac{P_{ht}^v X_{ht}^v}{Q_{ht}}$。

已知行业加成率 $\mu_{ht} = \frac{P_{ht}}{\lambda_{ht}}$，将其代入式（8.6），则行业加成率可以写为：

$$\mu_{ht} = \theta_{ht}^v \cdot \left(\frac{P_{ht}^v X_{ht}^v}{P_{ht}Q_{ht}}\right)^{-1} = \theta_{ht}^v \cdot (\alpha_{ht}^v)^{-1} \tag{8.7}$$

其中，α_{ht}^v 是行业 h 投入要素 X 的支出占总产值的比例。一般从行业的生产数据中可以直接计算得到 α_{ht}^{v}。在 DLW 模型中，行业的投入要素是可以充分流动的。结合我国现实情况，在劳动投入、中间投入和资本投入中，只有中间投入品是充分流动要素。因此，这里仅选用行业中间投入品作为计算产出弹性的投入要素。

为简便起见，假设企业的生产函数是超越对数形式的，技术进步为希克斯中性，并将总产值作为衡量总产出的替代变量：

$$
\begin{aligned}
y_{ht} = &\beta_l l_{ht} + \beta_k k_{ht} + \beta_m m_{ht} + \beta_{ll} l_{ht}^2 + \beta_{kk} k_{ht}^2 + \beta_{mm} m_{ht}^2 + \\
&\beta_{lk} l_{ht} k_{ht} + \beta_{lm} l_{ht} m_{ht} + \beta_{km} k_{ht} m_{ht} + \beta_{lkm} l_{ht} k_{ht} m_{ht} + \omega_{ht} + \varepsilon_{ht}
\end{aligned}
\tag{8.8}
$$

其中，y_{ht} 是 t 时期行业 h 总产出的对数，l_{ht} 是 t 时期行业 h 劳动投入的对数，m_{ht} 是 t 时期行业 h 中间投入品的对数，k_{ht} 是 t 时期行业 h 资本存量的对数，ω_{ht} 是行业的全要素生产率，ε_{ht} 是随机误差项。采用 GMM 方法，对式（8.8）的参数进行估算，从而可以得到中间投入品的产出弹性：

$$
\theta_{ht} = \beta_m + 2\beta_{mm} m_{ht} + \beta_{lm} l_{ht} + \beta_{km} k_{ht} + \beta_{lkm} l_{ht} k_{ht}
\tag{8.9}
$$

8.1.2　成本－价格传导效应系数模型

根据式（8.1），可知出口产品价格对数等于边际出口成本和出口加成率对数之和，即：

$$
\ln P_{ht} = \ln MC_{ht} + \ln \mu_{ht}
\tag{8.10}
$$

基于式（8.7）计算得到的出口成本加成率值 μ_{ht} 和利用海关数据计算得到的行业出口价格 P_{ht}，可以得到行业出口产品边际成本的表达式：

$$
\ln MC_{ht} = \ln P_{ht} - \ln \mu_{ht}
\tag{8.11}
$$

借鉴祝树金的研究，式（8.10）可以重新表述为：

$$
\ln P_{ht} = \ln \mu_h + \ln MC_{ht} + (\ln \mu_{ht} - \ln \mu_h)
\tag{8.12}
$$

其中，$\ln \mu_h$ 是行业 h 出口产品的平均加成率的对数，它不随时间的变化而变化；$(\ln \mu_{ht} - \ln \mu_h)$ 表示可变加成率对不变平均加成率的偏离程度。当加成率不随时间而变化时，式（8.12）最后一项为 0，此时，边际成本与价格的变动幅度相等，说明成本与价格之间存在完全传导效应。当加成率可变时，式（8.12）最后一项不为 0，说明成本与价格之间存在不完全传导效应。此时，价格的变动幅度要小于边际成本的变动幅度，且边际成本与加成率之间呈现负向变动。成本－价格传导效应越小，说明加成率的调整幅度越大，反之越小。

基于式（8.12）构建检验成本－价格传导效应的计量模型：

$$\ln P_{ht} = \alpha_h + \lambda_h \ln MC_{ht} + \varepsilon_{ht} \tag{8.13}$$

其中，α_h 是行业固定效应系数，$\exp(\alpha_h)$ 用以衡量行业 h 出口产品不随时间变化的平均固定成本加成率，λ_h 是成本－价格传导效应系数，预期估计值处于 0～1 之间。由于边际成本存在测量偏误问题，导致边际成本与误差项相关联，模型估计存在内生性问题。因此，可以为边际成本选取合适的工具变量，采用两阶段最小二乘法（2SLS）估计模型参数。

8.1.3　出口价格变动率模型

在建立统一碳交易后，减排行为引起产品出口成本发生变化，并通过成本－价格传导效应进入出口价格，则产品出口成本变动引起的出口价格变动为：

$$P^h\% = \lambda_h C^h\% \tag{8.14}$$

其中，$P^h\%$ 为 h 行业出口价格变动率，$C^h\%$ 为 h 行业在碳交易之后出口产品相对成本变动率［求解公式详见式（7.1）］，λ_h 为行业 h 成本－价格传导效应系数。

8.2　行业选取、数据来源与碳交易情景设置

8.2.1　行业选取

为了与第 7 章相对成本传导效应的最终模拟结果相衔接和相对照，这里出口行业的选取中，仍然去掉了 $SEC38$ 和 $SEC39$ 两个行业，将工业细分行业保留至 37 个。

8.2.2　数据来源与处理

（1）资本投入、劳动投入、能源投入、期望产出、非期望产出、工业总产值、中间投入、完全消耗系数矩阵等变量数据来源与处理方法同第 7 章。

（2）出口边际成本的工具变量。选用工业行业分工业生产者出厂价格指数作为出口边际成本的工具变量，该指标数据来源于 2006 ~ 2018 年《中国统计年鉴》。

（3）出口价格。将工业大类行业与海关六位编码商品进行匹配后，用行业中商品的出口额占该行业总出口额的比重对该商品出口单价进行加权，进而构造得到分行业出口价格，具体公式如下：

$$P_h = \sum_{i=1}^{n} \frac{EX_{ih}}{EX_h} \cdot \frac{EX_{ih}}{Q_{ih}} \qquad (8.15)$$

上述公式中，各商品的出口额和出口量数据来源于国研网对外贸易数据库。各商品的出口额均以工业增加值平减指数进行平减，得到以 2005 年为基年的 2005 ~ 2017 年商品出口额。鉴于所搜集到的出口额数据是以美元为计价单位，进一步根据同期人民币对美元年平均汇率折算为以人民币为计价单位的出口价格，具体汇率值来源于中国统计局。

8.2.3　碳交易情景设置

碳交易情景设置同第 7 章，2030 年工业总体碳配额 1067900.51 万吨，初始配额分配方案见表 8 - 1。

表 8 - 1　　　　　　　　　　碳交易市场的情景设置

情景	情景设置
情景 1	无基准线 其他行业根据历史总碳排放量对剩余碳配额进行初始分配
情景 2	无基准线 其他行业根据历史总工业增加值对剩余碳配额进行初始分配
情景 3	高基准线（6.24 吨/万元）［SEC18，SEC37］ 其他行业根据历史总碳排放量对剩余碳配额进行初始分配
情景 4	高基准线（6.24 吨/万元）［SEC18，SEC37］ 其他行业根据历史总工业增加值对剩余碳配额进行初始分配
情景 5	中基准线（3.59 吨/万元）［SEC18，SEC25，SEC37］ 其他行业根据历史总碳排放量对剩余碳配额进行初始分配

续表

情景	情景设置
情景6	中基准线（3.59吨/万元）［SEC18，SEC25，SEC37］ 其他行业根据历史总工业增加值对剩余碳配额进行初始分配
情景7	低基准线（2.15吨/万元）［SEC01，SEC18，SEC19，SEC25，SEC26，SEC37］ 其他行业根据历史总碳排放量对剩余碳配额进行初始分配
情景8	低基准线（2.15吨/万元）［SEC01，SEC18，SEC19，SEC25，SEC26，SEC37］ 其他行业根据历史总工业增加值对剩余碳配额进行初始分配

注：（ ）内为基准线具体的碳强度值；［ ］内受基准线限制的相关行业。

8.3 成本－价格不完全传导效应多情景模拟评估

8.3.1 出口成本加成率测算

行业出口成本加成率可用来衡量某一行业在国际市场的垄断地位，显示该行业在市场上的竞争力。基于DLW模型，这里估算了2005~2017年37个出口工业行业的成本加成率，发现工业全行业的加成率从2005年的1.40上涨至2017年的1.95，总体上竞争力呈现逐年上升的趋势，年平均加成率为1.72。鉴于本书使用的是宏观行业数据而非微观企业数据，受极值的影响较小，所得结果比其他文献要略大。但总体来说，工业出口市场是不完全竞争的，其加成率的平均值大于1。

从图8－1可以看出，除石油和天然气开采业（SEC02）、烟草制品业（SEC09）外，其余35个行业的成本加成率都随着时间的推移而逐年增长。工业行业在国际市场上的行业竞争力逐年增大，获得超额利润也逐年增长。烟草制品业（SEC09），电力、热力生产和供应业（SEC37），黑色金属冶炼和压延加工业（SEC25）为仅有的平均加成率超过2的行业，分别达到了3.84、2.21、2.10，这表明这三个行业在市场上竞争力较强；而其他制造业（SEC25），废弃资源综合利用业（SEC36）以及家具制造业（SEC14）的平均成本加成率最低，分别为1.22，1.24，1.34，说明上述三个行业的市场自由度相对更高，面临的行业竞争也更大。

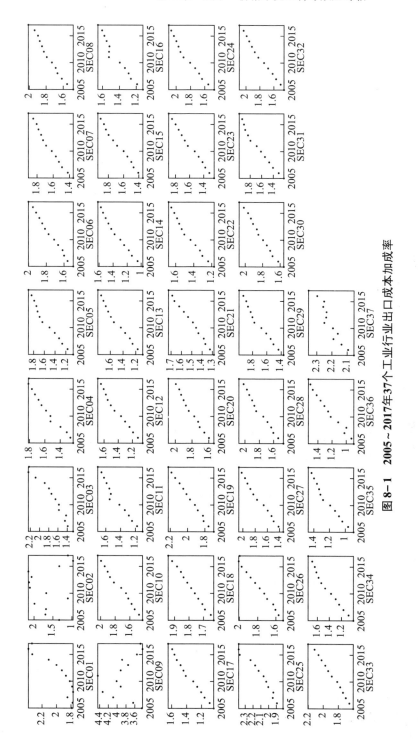

图 8-1　2005～2017年37个工业行业出口成本加成率

8.3.2 成本－价格传导效应系数测算

各行业出口成本－价格传导效应系数 λ_h 需要根据式（8.13），利用行业出口价格 P_{ht} 和出口产品边际成本 MC_{ht} 的历史经验值估算得出。为此，首先需要根据工业细分行业的出口额及出口量，计算出分行业出口价格历史值。图 8-2 为 37 个工业行业在 2005~2017 年十三年间的平均出口额及出口量。计算机、通信和其他电子设备制造业（SEC33）平均出口额最高，占工业出口总额比重达到 17.70%。平均出口额排名前十的行业中多为轻工业品制造行业，如纺织业（SEC10）、文教、工美、体育和娱乐用品制造业（SEC17）等，以及设备、器材制造品相关行业，如通用设备制造业（SEC28），电气机械和器材制造业（SEC32）等。前十名行业出口额占工业出口总额比重达到 73.14%。

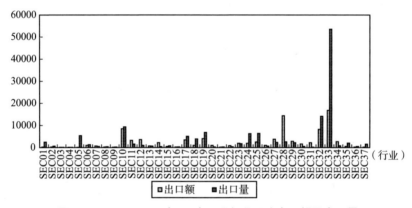

图 8-2　2005~2017 年 37 个工业行业平均出口额及出口量

加权后的行业出口价格，如图 8-3 所示。部分行业如造纸和纸制品业（SEC15），皮革、毛皮、羽毛及其制品和制鞋业（SEC12），电气机械和器材制造业（SEC32）等行业的出口价格在研究期间总体上呈现上升趋势，主要是因为这些行业受原材料价格上涨、行业市场竞争力增强、技术进步等多种因素影响。另外一些行业如黑色金属矿采选业（SEC03），化学纤维制造业（SEC21）等出口价格随时间呈现下降趋势，是因为大力开发矿产资源导致资源稀缺性降低，以及技术成熟、生产效率提高引起成本下降所致。还有部分行业出口价格并不总是随着时间上升或是下降，而是在一定范围内波动，如木材加工和木、竹、藤、棕、草制品业（SEC13）出口价格围绕 1.2 万元/吨上下波动，电力、热力生产和供应业（SEC37）价格总是在 0.3~0.5 元/千瓦时这一范围内波动。

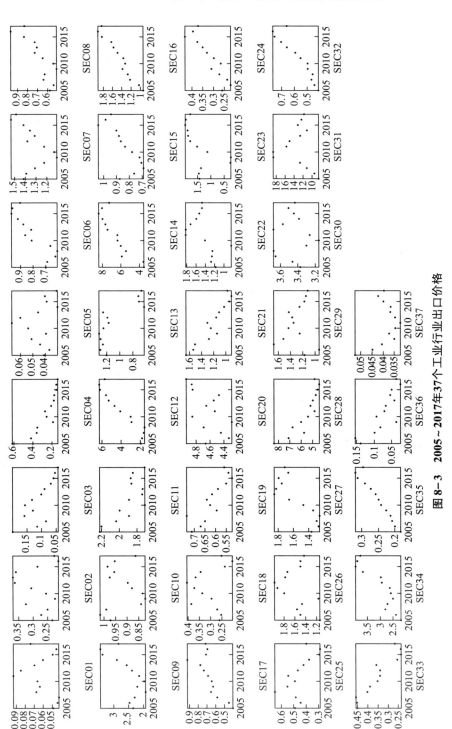

图8－3 2005～2017年37个工业行业出口价格

根据计算得到的行业出口成本加成率以及出口价格，可以计算出相应行业的出口边际成本历史经验值［依据式（8.11）］，进而通过计量模型估计得到行业出口成本 - 价格传导效应系数 λ_h 及固定效应 α_h 两个参数值［依据式（8.13）］。由于边际成本与误差项存在内生性问题，这里选取了工业生产者出厂价格指数作为边际成本的工具变量，并采用 2SLS 方法进行参数估计。相较于传统的 OLS 方法，2SLS 提高了模型的拟合优度，尤其是大大提高了石油和天然气开采业（SEC02），食品制造业（SEC07），造纸和纸制品业（SEC15），金属制品业（SEC27），以及仪器仪表制造业（SEC34）等行业的模型拟合优。结果显示，各行业成本 - 价格传导效应系数在 0.2 ~ 0.9 的范围内。这意味着行业出口成本与价格之间确实存在不完全传导性，当成本提高时，厂商并不会以出口成本增长的幅度同比例提高出口产品售价，消费者只承担了一部分成本上涨的压力，剩余部分则由厂商自行消纳。

具体来看，根据图 8 - 4 的计算结果，金属制品业（SEC27），造纸和纸制品业（SEC15），文教、工美、体育和娱乐用品制造业（SEC17）的成本 - 价格传导效应系数排名前三，分别为 0.84、0.81、0.79，也就是说当出口成本增加 1% 时，这三个行业的出口价格将相应增长 0.84%，0.81%，0.79%。而其他制造业（SEC35），纺织服装、服饰业（SEC11）以及烟草制品业（SEC09）的成本 - 价格传导效应系数最小，分别为 0.20、0.31、0.32，意味着当这三个行业出口成本增加 1% 时，厂商则会分别将 20%、31%、32% 的成本增长负担转嫁给消费者，自己承担剩余部分。

从固定成本加成率 $\exp(\alpha_h)$ 来看，所有工业行业的固定成本加成率均大于 1，行业的出口边际收益要高于出口边际成本，所有工业行业都在出口市场上获得了超额利润。烟草制品业（SEC09），铁路、船舶、航空航天和其他运输设备制造业（SEC31），石油和天然气开采业（SEC02）具有较高的固定成本加成率，分别为 2.24、1.96、1.95，即这三个工业行业的出口价格高于其出口边际成本的 124%、96%、95%，当出口成本上升时，上述行业将会获得更高的收益。而煤炭开采业和洗选业（SEC01），黑色金属矿采选业（SEC03），其他制造业（SEC35）的固定成本加成率排在末尾，上述三个行业在市场中仅能获得 22%、36%、38% 的超额利润。

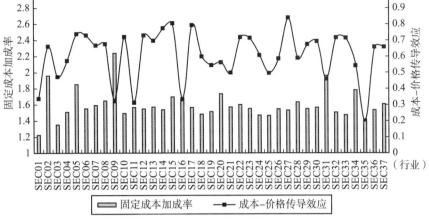

图 8 – 4　37 个工业行业固定成本加成率及成本 – 价格传导效应系数

8.3.3　出口价格变化率多情景模拟

　　根据第 7 章出口行业相对成本传导效应的多情景模拟结果（见图 7 – 6），本章进一步测算了各种模拟情景下工业行业出口价格变化率，如图 8 – 5 所示。结果可以发现，碳交易引起的行业出口成本增长的部分中，大约只有 60% 左右会以价格上涨的形式转嫁给消费者。可见，工业行业在面临碳交易导致的成本变化时，通常会采取策略性定价行为。单纯以减排成本变动评判不同碳交易机制的优劣是片面的，当同样的减排成本变动以不完全传导方式决定出口定价时，对不同行业出口竞争力的影响会有很大不同。竞争力强的出口行业有能力通过价格转嫁更多的减排成本，从而可以承受更多的减排压力；而竞争力弱的行业则相反。

　　举例来说，在设置的八种情景下，烟草制品业（SEC09）边际减排成本最高，具有较低的减排潜力，其进一步减排时难度较大。纳入碳减排成本核算后，该行业的出口成本增长率处于相对较高的水平。在对外贸易中，该行业出口额与出口量都处于末尾水平，在国际市场上的竞争力较弱，厂商只能将成本增长部分的 32.12% 转嫁给消费者，导致行业减排的承压能力就很低。又如黑色金属矿采业（SEC03）、有色金属矿采业（SEC04）等行业，在进行碳交易后行业成本增长率相对较高，但上述行业以资源密集为特征，在出口层面竞争力不足，因而其高行业成本增长率并不能完全由出口价格增长体现出来。一旦对这些行业设置较高的减排义务或给予较少的排放配额，对其出口竞争力的负面影响就会很大。相反，对于碳排放体量较大、减排潜力充足的行业，如造纸和纸制品业（SEC15），碳交易对于其产品出口成本的影响并不大，加之该行业的成本－价格传导效应系数高达0.81，赋予其较高的减排义务对该行业的出口竞争力影响并不大。与此相似的，皮革、毛皮、羽毛及其制品业和制鞋业（SEC12）的行业成本增长率也较低，同时其作为具有贸易比较优势的轻工业品出口行业，在市场上竞争力较强，致使该行业厂商能够将73%的成本增长转移给消费者，由消费者承担大部分环境管制的压力。

比较8种交易情景的模拟结果，可以看到情景1、情景3、情景5、情景7中各行业出口价格增长率要高于情景2、情景4、情景6、情景8，即按照历史排放量原则分配配额比按照工业增加值分配配额带来的出口价格上升幅度要大。这主要是因为按照历史排放量分配配额时，均衡情况下各行业的成本上升幅度更高（在第7章已经验证）。因此，依据行业成本－价格传导效应系数 λ_h 计算得到的价格上升幅度就会大于后者。情景3、情景5、情景7中各行业出口价格上升幅度依次递增，存在同样规律的情景4、情景6、情景8中各行业出口价格上升幅度也依次递增，说明以碳强度作为配额分配基准时，碳强度越低减排难度越大，出口成本及出口价格上升幅度越大。（见图8－5）

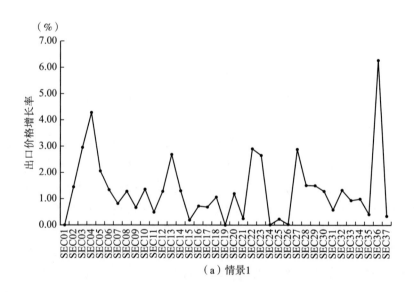

（a）情景1

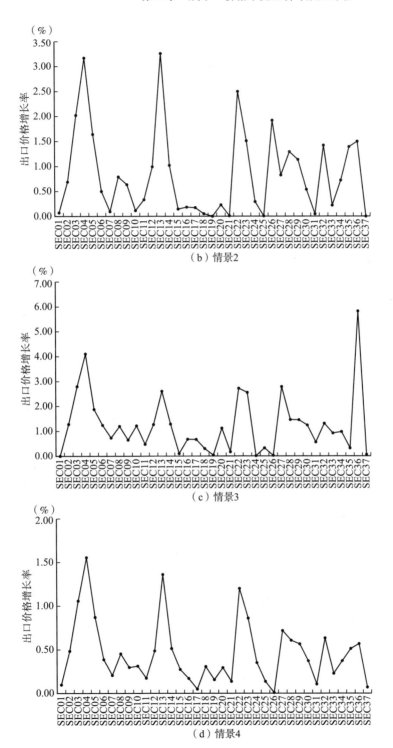

（b）情景2

（c）情景3

（d）情景4

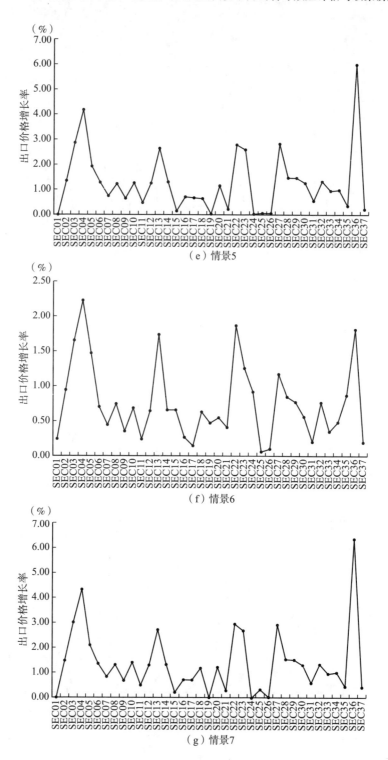

（e）情景5

（f）情景6

（g）情景7

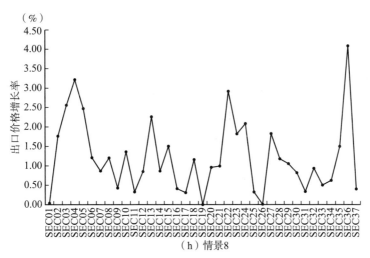

（h）情景8

图8－5　多情景下碳交易后37个工业行业出口价格变化率

8.4　本章小结

本章承接第7章碳交易市场政策模拟机制，进一步评估不同机制设计所引起的相对成本变动向出口价格传导的政策效应。首先，提供了一种利用要素产出弹性估算边际成本加成率的方法，该加成率可以用于反映非完全竞争市场上出口厂商的市场势力。进而建立求解"成本－价格传导效应系数"与"出口价格变动率"两大核心指标的计量经济模型，用以估算不同出口产品成本变化向价格的不完全传导效应。

以2005～2017年37个出口工业行业的投入产出数据构建超越对数生产函数，并计算各出口行业的成本加成率。计算结果表明：37个出口工业行业年均加成率为1.72，工业品出口市场确实存在成本－价格不完全传导效应，各行业成本－价格传导效应系数在0.2～0.9的范围内。意味着当成本提高时，迫于竞争压力出口商仅将成本变化的20%～90%计入价格，剩余部分则由厂商自行消纳。

对碳交易市场的8种配额分配机制进行模拟，结果显示：按照历史排放量原则分配配额比按照工业增加值分配配额带来的出口价格上升幅度要大。这主要是因为按照历史排放量分配配额时，碳市场均衡情况下各行业的相对成本上升幅度更高。同时，行业出口价格上升幅度按照高基准线－中基准线－低基准线原则依次递增，说明以碳强度作为配额分配基准时，碳强度越低减排难度越大，出口成本及出口价格上升幅度越大。

第9章　价格-出口竞争力传导效应评估与政策比较

9.1　价格-出口竞争力传导效应模型

9.1.1　行业出口需求价格弹性估算模型

出口厂商根据利润最大化原则进行产量决策时，其边际收益等于边际成本，即：

$$MR = MC \tag{9.1}$$

其中，MR 为出口产品的边际收益，MC 为出口产品边际成本。出口产品边际收益是厂商增加一单位产品出口所增加的收益，即：

$$MR = \frac{\partial(PQ)}{\partial Q} = P + \frac{\partial(P)}{\partial Q} \cdot Q = P\left(1 - \frac{1}{\varepsilon_P}\right) \tag{9.2}$$

其中，P 为产品出口价格，Q 为产品出口量，ε_P 为出口需求价格弹性。在完全竞争市场上，出口厂商面临的是一条水平的需求曲线，此时 ε_P 趋于无穷大，则边际收益曲线与需求曲线重合。根据利润最大化原则，可知：

$$P = MC \tag{9.3}$$

而在不完全竞争的市场上，厂商面临的需求曲线向右下方倾斜，其边际收益曲线位于需求曲线下方，边际收益低于产品价格，则市场价格高于厂商边际成本。此时：

$$P - MC = -\frac{\partial P}{\partial Q} \cdot Q = \frac{P}{\varepsilon_P} > 0 \tag{9.4}$$

价格高于边际成本的比例我们一般用勒纳指数来反映，该指数公式为：

$$L = \frac{P - MC}{P} \tag{9.5}$$

式（9.5）还可以进一步写成：

$$P = MC\left(\frac{1}{1 - L}\right) \tag{9.6}$$

式（9.6）可以理解为，出口厂商在边际成本 MC 基础上按照 $\left(\frac{1}{1-L}\right)$ 加成率制定出口价格 P，勒纳指数越高，加成率越大，表明厂商越有能力在成本基础上加成更大比例形成价格，厂商的市场竞争力越强。将式（9.4）代入式（9.5）中，可得需求价格弹性 ε_P 与加成率 $\left(\frac{1}{1-L}\right)$ 的关系为：

$$\frac{1}{1 - L} = \frac{1}{1 - \dfrac{1}{\varepsilon_p}} \tag{9.7}$$

以行业固定成本加成率 $\exp(\alpha_h)$（详解见 8.1.2）替代 $\dfrac{1}{1-L}$，则可以求解行业出口产品需求价格弹性：

$$\varepsilon_p = 1 + \frac{1}{\exp(\alpha_h) - 1} \tag{9.8}$$

9.1.2　行业出口量（额）变化量估算模型

以碳配额交易通过成本－价格传导渠道最后引起行业出口量（额）变化的程度来反映对行业出口竞争力的影响。碳交易后，当行业出口产品价格变化 $\lambda_h C^h\%$（详解见 8.1）时，根据产品的出口需求价格弹性，可以得到该行业产品的出口量变化率为：

$$Q^h\% = \left(1 + \frac{1}{\exp(\alpha_h) - 1}\right)\lambda_h C^h\% \tag{9.9}$$

其中，$Q^h\%$ 为行业 h 出口量变化率。

进而可以得到，该行业产品的出口额变化率为：

$$EX^h\% = (1 + P^h\%)(1 + Q^h\%) - 1$$

$$= (1 + \lambda_h C^h\%)\left[1 + \left(1 + \frac{1}{\exp(\alpha_h) - 1}\right)\lambda_h C^h\%\right] - 1 \tag{9.10}$$

其中，$EX^h\%$ 为行业 h 出口额变化率。

进一步，工业出口总额变化量为：

$$\Delta EX = \sum_{h=1}^{n} \Delta EX^h$$

$$= \sum_{h=1}^{n} \left\{ (1 + \lambda_h C^h\%) \left[1 + \left(1 + \frac{1}{\exp(\alpha_h) - 1} \right) \lambda_h C^h\% \right] - 1 \right\} \times EX^h$$

$$\text{(9.11)}$$

其中，ΔEX 是所有工业行业出口额变化之和，EX^h 是行业 h 碳交易前的出口额。

9.2　行业选取、数据来源与碳交易情景设置

9.2.1　行业选取

同第 7 章，共包括 37 个工业行业。

9.2.2　数据来源及处理

数据来源及其处理方式同第 7 章。

9.2.3　碳交易情景设置

碳交易情景设置同第 7 章。2030 年工业总体碳配额 1067900.51 万吨，初始配额分配方案见表 9 - 1。

表 9 - 1　　　　　　　　　　碳交易市场的情景设置

情景	情景设置
情景 1	无基准线 其他行业根据历史总碳排放量对剩余碳配额进行初始分配
情景 2	无基准线 其他行业根据历史总工业增加值对剩余碳配额进行初始分配

续表

情景	情景设置
情景 3	高基准线（6.24 吨/万元）［SEC18，SEC37］ 其他行业根据历史总碳排放量对剩余碳配额进行初始分配
情景 4	高基准线（6.24 吨/万元）［SEC18，SEC37］ 其他行业根据历史总工业增加值对剩余碳配额进行初始分配
情景 5	中基准线（3.59 吨/万元）［SEC18，SEC25，SEC37］ 其他行业根据历史总碳排放量对剩余碳配额进行初始分配
情景 6	中基准线（3.59 吨/万元）［SEC18，SEC25，SEC37］ 其他行业根据历史总工业增加值对剩余碳配额进行初始分配
情景 7	低基准线（2.15 吨/万元）［SEC01，SEC18，SEC19，SEC25，SEC26，SEC37］ 其他行业根据历史总碳排放量对剩余碳配额进行初始分配
情景 8	低基准线（2.15 吨/万元）［SEC01，SEC18，SEC19，SEC25，SEC26，SEC37］ 其他行业根据历史总工业增加值对剩余碳配额进行初始分配

注：（ ）内为基准线具体的碳强度值；［ ］内受基准线限制的相关行业。

9.3 价格 – 出口竞争力传导效应多情景模拟评估

9.3.1 行业出口量变化多情景模拟

根据式（9.8）计算各行业相应的出口需求价格弹性系数，结果见图 9 – 1。根据需求价格弹性系数的定义可知，弹性系数越小，如果行业商品出口价格上涨，其出口量下跌幅度越小；反之，需求价格弹性系数越大，价格上涨时出口量下跌幅度越大。模拟结果显示，中国所有工业行业的出口需求价格弹性系数均大于 1。这意味着，当出口价格上升 1% 时，其出口量下降幅度都将会超过 1%，出口总额因此也会相应下降。这说明，行业若想获得更高的出口收入必须降低其出口价格。

图 9 – 1 的右半轴再次标示出了成本 – 价格传导效应系数 λ_h 的值（详解见 8.3）。对比需求价格弹性系数和 λ_h 的值可以发现，当行业需求价格弹性较高时，该行业的成本 – 价格传导效应系数相对较低。例如，黑色金属矿采业（SEC03）和有色金属矿采业（SEC04）的出口需求价格弹性系

数分别为 3.81 和 2.98，对应的成本－价格传导效应系数分别为 0.47 和 0.57。这意味着，现实中在需求价格弹性系数较高的行业，当出口成本上升时，为避免消费者的流失，厂商确实无力通过大幅度提升出口价格，将更多的成本负担转嫁给消费者；而在需求价格弹性较低的行业，当出口成本上升时，厂商会选择转嫁大部分的成本负担，从而成本－价格传导效应系数就会相对较高。成本－价格不完全传导效应模型假说得到了经验数据的支持。

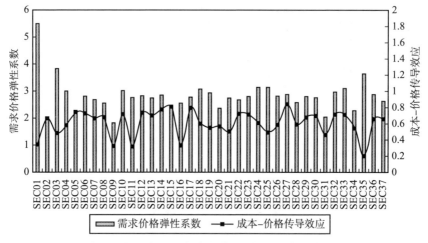

图 9－1　37 个工业行业出口需求价格弹性系数及成本－价格传递效应系数

当厂商出于稳定利润的目的，将成本增加的一部分转嫁给消费者时，消费者反过来也会根据商品价格上涨的程度通过减少购买量或者转移需求至竞争对手市场的方式来对抗，从而造成厂商出口量的减少。出口量的减少程度取决于价格上涨的幅度，以及出口需求价格弹性。

图 9－2 给出了 8 种模拟情景下，碳交易所引起的 37 个工业行业出口变化率情况。所有碳交易情景下，各行业出口量都有不同程度的下降。这说明，碳减排约束确实会在一定程度上降低行业的出口竞争力。从受影响程度看，情景 1、3、5、7 出口量平均下降幅度要大于情景 2、4、6、8；情景 3、5、7 出口下降幅度依次递增，情景 4、6、8 出口下降幅度依次递增。关于这两种结论的解释，与之前我们在解释成本变化率和价格变化率时是一样的，这里不再赘述。

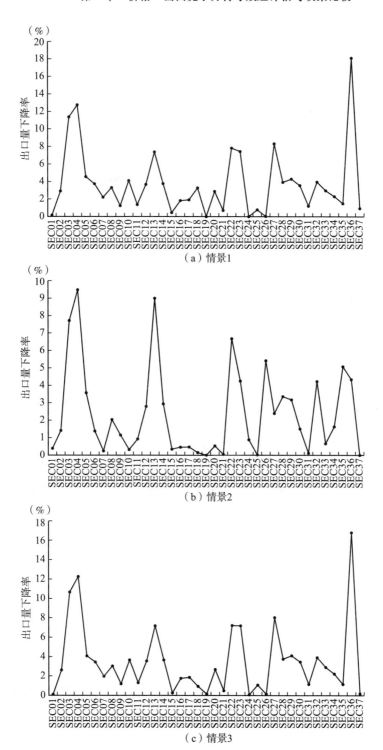

（a）情景1

（b）情景2

（c）情景3

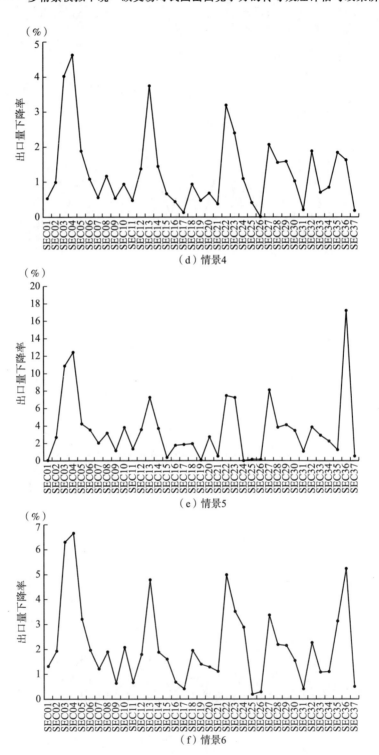

（d）情景4

（e）情景5

（f）情景6

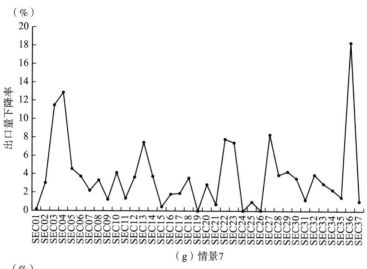

（g）情景7

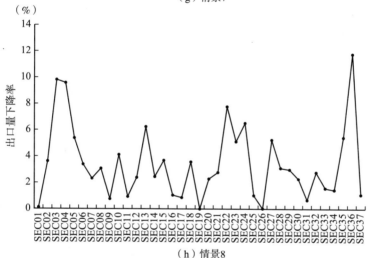

（h）情景8

图 9 – 2　多情景下碳交易后 37 个工业行业出口量变化率

9.3.2　行业出口额变化多情景模拟

　　根据我国 37 个工业细分行业出口额的历史数据，利用指数平滑法首先预测了 2030 年各行业的出口额。进而，模拟多情景下碳交易对我国工业出口额的预期影响，结果如图 9 – 3 所示。由于中国工业行业的需求价格弹性均大于 1，出口量的变化幅度会大于价格的变化幅度。因此，出口额受行业出口量下降变动的影响较大，各行业出口额都呈现下降趋势。根据历史排放量原则进行配额分配时，计算机、通信和其他电子设备制造业（SEC33）纳入碳价格核算成本后，碳交易对出口额的影响程度最大，情景1、3、5、7下，出口额分别减少了750.77亿元、736.59亿元、741.45亿元和752.85亿元，占工业出口总额减少量的17.25%、17.76%、17.68%和17.15%。通用设备制造业（SEC28）也有着类似的情况，且在依据历史产出水平分配配额的所有情景中，该行业成为出口额减少最多的行业。

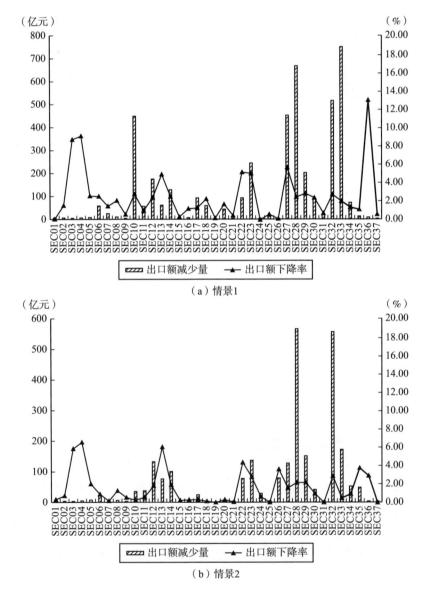

（a）情景1

（b）情景2

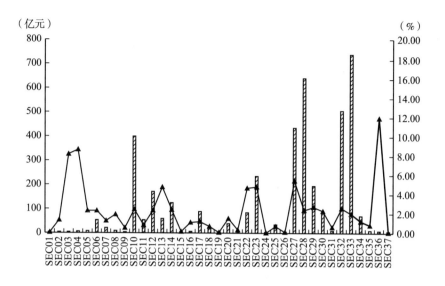

（c）情景3

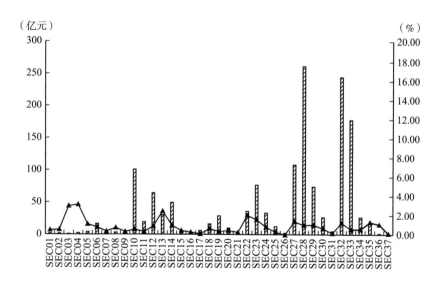

（d）情景4

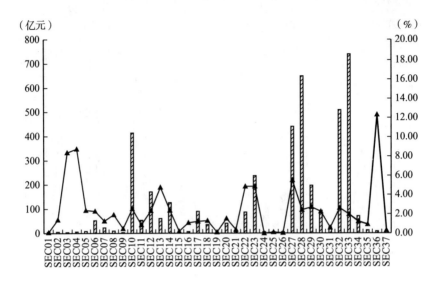

（e）情景5

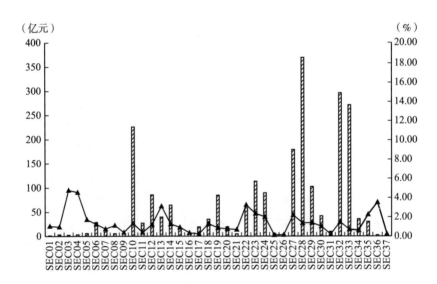

（f）情景6

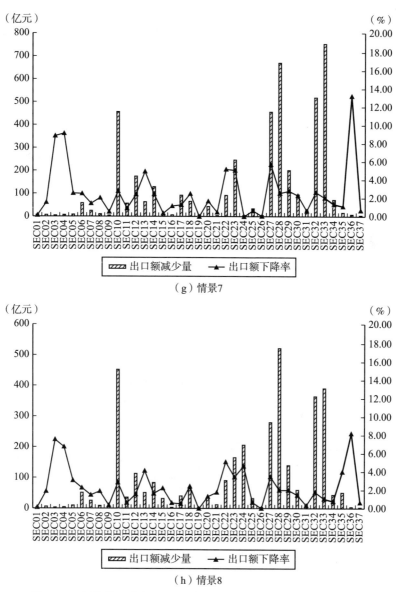

图 9 – 3　多情景下碳交易后 37 个工业行业出口额减少量及下降率

图 9 – 4 给出了 2005 ~ 2017 年 37 个工业行业的出口数据，对比图 9 – 3
和图 9 – 4 可以发现，碳交易对出口额影响最大的行业，均是目前出口额排
名最前列的行业。这是因为对于这些行业来说，出口额基数相对较大，即
便是碳交易引起的出口下降率不大，也会引起行业出口额的大幅缩减。

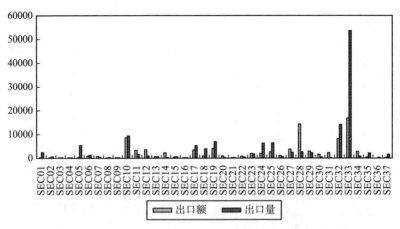

图 9 – 4 2005 ~ 2017 年 37 个工业行业平均出口额及出口量

9.4 碳交易对出口竞争力传导效应综合评估与政策比较

为了对比不同初始配额分配机制对工业品出口竞争力的总体影响，图 9 – 5 绘制了不同机制下工业品出口总额的变化情况。从基准线角度看，分别对比情景 3、5、7 和情景 4、6、8 可以看到，高基准线情景下工业品出口总额下降量最少，而低基准线下工业品出口总额下降量最大。分别对比情景 1、3、5 和情景 2、4、6 发现，相对于不设置行业减排基准线，设置适中的基准线有助于提高碳交易市场中碳配额的流动性，促进高排放行业积极减排，保障低排放行业的生产积极性，减少碳交易对工业出口的一系列冲击。情景 7 和情景 8 下出口下降幅度较大，说明针对我国碳交易市场的初期建设阶段，应谨慎采取低基准线模式，限制行业范围较广的低基准线模式会增大污染型行业的减排负担，打击其生产积极性。另外，以历史排放量为依据的配额分配方式（情景 1、3、5、7）会将碳配额更多地分给污染性行业，造成清洁行业减排任务过重，减排成本较大。由于我国出口额较大的行业都是排放量相对较小的轻工业品制造业或者是技术更前沿的设备、机械制品行业，所以历史排放量配额分配机制会给工业品出口造成较大冲击。相较之下，以历史产出量进行碳配额分配的方式（情景 2、4、6、8）对工业出口额影响更小，能充分挖掘高污染行业的减排潜力。因此，综合考量我国碳交易市场发展阶段及工业行业特点，依据历史产出量分配碳配额以及设置高基准线相结合的交易机制有利于缓解碳市场对我国工业品出口的负面冲击。

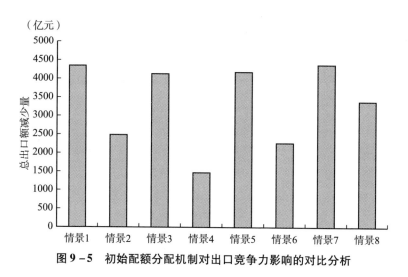

（亿元）

图 9-5 初始配额分配机制对出口竞争力影响的对比分析

9.5 本章小结

本章承接第 8 章的模拟情景及相关结论，进一步评估不同碳交易政策机制所引起的价格变动对出口竞争力的影响。首先，根据勒纳指数所呈现的成本加成率与需求价格弹性之间的关系，利用出口工业行业固定成本加成率估算各行业出口需求价格弹性，进而利用多种模拟政策情景下的出口价格变动率计算对应情景下的出口量及出口额变动。

实证模拟结果显示：中国所有工业行业的出口需求价格弹性系数均大于 1，即当出口产品价格上升 1% 时，出口量下降幅度会超过 1%，引起出口总额下降。这意味着，中国目前提升出口产品竞争力需要更多依赖价格优势。对比出口需求价格弹性与成本-价格传导效应系数可以发现两者负相关，说明出口产品市场上行业竞争力越弱，需求价格弹性越高，该行业能够将成本上涨因素通过价格转嫁给国外消费者的能力越弱，成本-价格不完全传导效应模型假说得到了经验数据的支持。

8 种配额分配机制的模拟结果显示：所有情景下，各行业出口量都有不同程度的下降，碳减排约束确实会在一定程度上降低行业的出口竞争力。同时，由于中国工业行业的出口需求价格弹性均大于 1，出口量下降的幅度会大于价格上升的幅度，各行业出口额也都呈现下降趋势。对比各种政策情景，发现设置排放基准线有助于提高碳市场中配额资源的流动性，减少碳交易对工业出口的一系列冲击。但是，碳交易市场的初期建设阶段，基准线设置过低，也会大大增加出口工业的减排负担，严重影响出口。同时，历史产量配额分配原则相比历史排放量原则对出口竞争力的冲击更小。结合我国出口结构特点，历史产出量分配原则与高基准线相结合的交易机制可能更适于现阶段保护出口竞争力的需要。

第四部分　中国统一碳交易政策创新研究

第10章 一种新型的初始碳配额双层分配模式

10.1 初始碳配额创新分配模式研究思路

碳配额的初始分配在确定减排责任方面发挥着重要作用，直接影响到减排成本的公平分担和减排政策的实施效率，是碳交易市场机制设计过程中最重要的初始环节。

10.1.1 初始碳配额分配模式梳理

10.1.1.1 基于公平原则的初始碳配额分配模式

碳交易市场建立的早期阶段，为减少经济遭受的冲击和震荡，降低制度阻力，在配额分配方案中一般会比较多地考虑公平性因素，对公平的考量一般涉及人均排放公平、历史排放公平、累积排放公平、支付能力公平、减排能力公平等多种不同准则。罗斯等（Rose et al.，1998）根据每个个体拥有平等的污染和免受污染的权利来定义平等主义。基于平等主义理论，欧文斯和格拉布（Owens and Grubb，1990）建议根据人口规模分配碳排放配额。基于历史排放量的祖父理论由于其较低的数据要求、广泛的可接受性和减少碳泄漏的潜力成为在企业层面最受欢迎的分配方案。波林格和兰芝（Böhringer and Lange，2005）设计了一个最佳的祖父计划用以分配碳配额，该计划不仅基于历史排放量，还考虑了历史的产出水平。然而，有些学者认为祖父理论会导致激励的扭曲，不利于调整产业结构和促进新能源的发展。与横向公平相比，纵向公平标准假设富裕的国家和地区相对于贫穷的国家和地区需要承担更多的减排责任，这一标准暗示了碳配额的分配应基于参与者的 GDP 水平，相对减轻了发展中国家和地区的负担。罗斯

（Rose，1990）提出了利用垂直公平标准来分配二氧化碳排放量，即具有较高支付能力的参与实体应该承担更多经济负担。温克勒等（Winkler et al.，2002）建议根据支付能力标准使用人均 GDP 进行二氧化碳排放分配。潘等（Pan et al.，2014）提出了依据人均累积碳排放量的分配方案，以实现全球公平的碳排放。与其他分配方案相比，该方案同时考虑了发达国家和发展中国家的历史排放和未来需求。朱潜挺等（2015）采用自底向上和自顶向下两种建模方法，构建了一个全球碳配额分配模型。通过对排放水平控制方案、单一原则方案和加权原则方案的情景模拟和分析，结果发现与前两类方案相比，加权原则方案更具公平性、可行性、可扩展性和可操作性。

近年来，尤其是碳交易试点陆续启动之后，对中国碳配额的初始分配的研究越来越成为焦点。周等（Zhou et al.，2013）对中国省际碳配额交易方案的经济绩效进行了模拟。模拟结果表明，在历史排放量、能源消费、GDP、人口和人均 GDP 五个备选标准中，历史排放量和人口规模更为公平，建议用于碳配额的初始分配。宋德勇和刘习平（2013）、李全生和郁璇（2013）分别提出基于人均历史累积碳排放量和人均碳排放量的分配思路。

由于公平原则涉及多种不同准则，研究人员有时也会选择将多个准则进行组合分配碳配额。韩等（Han et al.，2016）选择减排责任、减排能力和减排潜力多项反映公平的指标，并采用综合加权法来模拟京津冀地区的碳配额分配。结果表明，在上述三个准则中，减排责任具有相对较高的权重，约为 0.56。相比之下，减排能力和减排潜力的权重较低，分别为 0.13 和 0.30。另外，自承担北京和天津的职能转移以来，河北在未来的碳交易市场中应有较高的碳排放配额。张博和何明洋（2015）提出了一种综合考虑包含环境承载力在内的多因素的初始碳排放权分配方案并对政策制定者的选择偏好进行了多情景分析。

10.1.1.2 基于效率原则的初始碳配额分配模式

依据效率优先的原则，一些学者提出并校验了配额分配方案的实际效果。董等（Dong et al.，2018）采用修改后的固定成本分配模型（FCAM），根据权益原则下的省级配额分配结果，确定中国各省的允许排放量。结果表明，投入产出效率较高的省份获得较多的配额，碳排放配额从投入产出效率较低的中西部地区向投入产出效率较高的东部地区转移。

由于 DEA 方法可以设置多个投入产出参数和一些约束条件来反映碳配额分配效率，因此 DEA 及其衍生模型被广泛用于碳配额分配的研究。潘等

（Pan et al.，2015）利用 ZSGDEA 模型对碳排放配额进行再分配，目的是使所有国家获得 100% 效率并实现全球帕累托改进。张和郝（Zhang and Hao，2017）利用投入导向的 ZSGDEA 模型来衡量 2020 年中国 39 个工业部门碳配额分配的效率。结果表明，在将减排总量、减排责任和减排潜力作为碳配额分配的综合指标考虑时，减排责任对分配的影响要高于其他两个指标。另外，虽然主观、客观和线性加权方法都可用于碳配额分配，但是线性加权方法可以获得更高的分配效率。王等（Wang et al.，2013）利用改进的零和收益 DEA 优化模型，模拟中国经济增长、二氧化碳排放和能源消耗的几种情景，提出了一种新颖的省级碳配额分配方案。分配结果表明，不同的省份在减少碳强度、能源强度以及增加非化石燃料的份额方面必须承担不同的负担。邱等（Chiu et al.，2013）使用 ZSGDEA 模型探索 24 个欧盟国家的排放配额分配和再分配。宋杰鲲等（2017）利用存在非任意变化量的零和收益 NDV - DEA 模型，结合历史排放量、人口规模和 GDP 等指标，实现碳排放总量约束下的省域效率最优分配。钟蓉等（2018）采用 ZSGDEA 模型对 2020 年的碳配额进行了行业间的分配，在将不同行业做了对比和调整后，可以得出建筑业、交通运输、仓储和邮政业以及批发、零售业和住宿、餐饮业的减排潜力较大。潘伟等（2015）利用 ZSGDEA 模型对中国六大行业间碳配额分配进行了研究。

10.1.1.3　兼顾公平与效率原则的初始碳配额分配模式

碳配额作为一种新型绿色资产，其初始分配方式的公平性和效率性同等重要。孔等（Kong et al.，2019）在兼顾平等和效率原则的基础上，运用了一种结合 DEA 模型和熵方法的方案，从省份和地区的角度分析中国的碳配额分配。赵永斌等（2019）基于"共同但有区别的减排责任"原则提出历史—基准趋近法的配额分配方法，分别采用历史法、基准线法和历史—基准趋近法进行配额试分配并进行比较。结果显示，历史—基准趋近法在控排系数公平性、分配结果精准性和减排成本可行性三个方面均优于另外两种配额分配方法，有效降低了区域经济发展不平衡加剧的风险。王文举和陈真玲（2019）建立了考虑区域之间分配博弈的零和 DEA 模型，通过多次调整得到所有地区效率最大化时的初始配额分配方案。同时，通过熵值法将公平原则与效率原则的分配方案耦合形成综合配额分配方案，并通过比较分析三种不同配额分配方案的地区减排成本效应差异，甄选出兼顾责任与目标、公平与效率的省级初始碳配额分配方案。蒋惠琴（2019）在分析人际公平因素、发展阶段因素、历史责任因素、减排成本因素和当期责任因素等五大公平因素的基础上，构建了省域间配额分配多因素模型，并首先计算公平优先的省域间配额分配结果。在此基础上，选择非期望产出 SBM - DEA 模型，对分配结果进行效率优化，进一步探索碳配额的区域分配特征，提出要充分发挥碳配额的区域资本分配效应，促进区域间协调发展。陈立芸（2015）研究了如何在公平和效率两个原则权衡的视角下对我国碳排放权总量进行分配的问题。

一些学者探讨了工业部门中碳配额分配的公平与效率问题。廖等（Liao et al.，2015）利用基准法、祖父法和 Shapley 值模拟中国上海的三座发电厂的碳排放配额的初始分配，并据此提出相关建议。在实验开始阶段，利用祖父法对配额进行免费分配，然后在适当的时候采用基准线法。同时预留一部分初始配额进行拍卖，拍卖部分将在进入正式阶段后逐步提高到100%。尹和朱（Ying and Zhu，2016）和谭等（Tan et al.，2017）将玻尔兹曼分布分别用于企业和发电厂的碳排放许可分配。韩宇建立基于信息熵的多因子混合加权分配模型（IEMMA），充分考虑公平性、效率性与可行性，分别从减排责任、减排能力、减排潜力和行业特征四个方向设计历史排放量、碳强度、人均产值、盈利能力、能源强度、能源结构、科技投入、开放度 8 个指标建立我国工业碳排放权分配指标体系。

10.1.2 新型分配模式的研究思路

兼顾公平与效率的初始配额方案研究虽然取得了很大进展，但也存在一个致命缺陷，这些研究基本忽略了初始配额与交易结果之间的互动关系，仅以交易前的配额分布状态研究公平性，以假定外生的交易价格或者控排主体的影子价格衡量减排成本和减排效率，忽略了配额方案对于交易均衡的实际影响，以及减排成本内生于配额分配方案的特性。实际的情况是，当配额分配方案不同时，碳市场的交易均衡和最终的公平与效率结果也会随之发生改变。由于缺乏对碳交易市场均衡的模拟，目前研究并没有能够真正衡量出交易最终的公平与效率状态。

从碳交易市场建立的初衷看，为实现既定的减排目标，相比各控排主体自主减排而言，配额交易可以实现控排主体总体减排成本节约。因此，衡量公平与效率应着眼于碳市场的成本有效性。本章提出了一种新型的碳配额双层分配模式，并通过模拟交易证明新分配模式相比传统分配模式，在以成本节约衡量的福利效应的公平性和效率性方面都更具有优势。基本研究思路是：第一层分配综合考虑各个地区的碳排放特征，给予每个省份为自己偏好方案投票的权利，以平衡所有地区的偏好，保证分配的公平性；第二层分配对未达到效率前沿的省份进行配额调整，使所有省份均能达到完全效率，保证分配的效率性。模拟新分配模式下碳交易市场的福利效应，并与传统分配模式进行对比，证明了新模式在兼顾公平与效率方面的有效性。研究技术路线如图 10 - 1 所示。

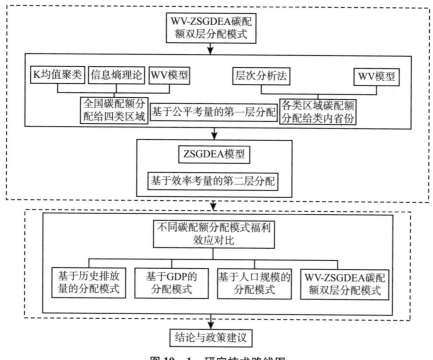

图 10 - 1   研究技术路线图

10.2   初始碳配额双层分配模式的基本架构

10.2.1   基于公平考量的第一层分配

10.2.1.1   初始碳配额的基本分配方案

本章选取三种计划作为基本分配计划，即基于历史排放的分配计划，基于 GDP 的分配计划，基于人口的分配计划，供每个地区选择。相对于其他的分配计划，所选的三种计划更加直观清晰。

10.2.1.2 碳排放特征指标

本书选取减排责任、减排潜力、减排能力、减排压力和减排动力五个指标来表示碳排放特征。表 10-1 显示了这五个指标的具体内容。选择这五项指标的原因及相关解释如下。

表 10-1   碳排放特征的 5 个指标

指标	成分	定义
减排责任（x_1）	累计碳排放量（AC）；人口（P）	AC/P
减排潜力（x_2）	每单位 GDP 能源消费（EI）；第二产业增加值比重（SEC）	$EI \cdot SEC$
减排能力（x_3）	人均 GDP（perGDP）	$perGDP$
减排压力（x_4）	人均可支配收入；城镇化水平（UL）	$perDI \cdot UL$
减排动力（x_5）	R&D 支出；GDP	$R\&D/GDP$

1. 减排责任

一个地区的累计历史碳排放量代表了其对温室效应的贡献。在"共同但有区别的责任"原则方面，中国各省都有减少碳排放的义务，但各省的减排任务应该有所区别。二氧化碳排放较多的省份应该承担更多的减排责任。因此，累计二氧化碳排放量可以作为衡量碳减排责任的关键要素之一。此外，应根据"人人享有使用自然资源的平等权利"的基本思想来考虑人口因素。综上，本书选择人均累积碳排放量作为责任指标。

2. 减排潜力

单位 GDP 的能源消费，即能源强度，可以作为评估能源效率的指标。与此同时，它也是表达减排潜力的有效指标。作为中国的支柱产业，第二产业是最大的能源消耗产业，排放的二氧化碳最多，从而产生高碳强度和高人均碳排放。因此，经济增长更多地依赖第二产业的省份有更大的减排潜力。在此基础上，本书选择能源强度和第二产业增加值占比作为代表减排潜力的指标。

3. 减排能力

富裕程度是影响中高收入水平国家和中低收入水平国家碳排放的关键因素。地区越富裕，减排的能力就越强。人均 GDP 是代表一个地区富裕的有效指标。因此，本书选择人均 GDP 来代表每个地区的减排能力。

4. 减排压力

城镇化是经济水平提高的必然过程。改革开放以来，中国经济一直在快速发展。与此同时，中国的城镇化进程也进入了加速期，从 1978 年的 17.92% 增加到 2015 年的 56.10%，年均增长率约为 3.13%。然而，与工业化国家相比，中国的城镇化水平仍然很低。所以中国的城镇化在未来的一段时间内会继续保持快速发展。较高的城镇化水平会从生产和生活两个方面产生更多的碳排放。一方面，大规模的城市建设需要消耗一定的建筑材料，如钢铁和水泥。这些建筑材料主要是在国内生产，会产生大量的二氧化碳。另一方面，与农村居民相比，城市居民拥有更多的汽车并消耗更多的能源。具体来说，城市地区的人均商业能源消耗是农村地区的 6.8 倍。由此可见，城镇化水平在中国的碳排放中发挥着重要作用。减排压力是指在人口结构方面难以减少碳排放。因此，城市化水平可以被视为代表减排压力的基本指标。此外，随着人均可支配收入的增加，人们更愿意享受舒适的生活，从而消费更多的能源。也就是说，人均可支配收入较高的地区可能会通过能源消费排放更多的二氧化碳，反之亦然。各地区人均可支配收入存在巨大差异。鉴于此，人均可支配收入可视为代表一个地区减排压力的另一指标。

5. 减排动力

创新是促进区域经济发展的重要推动力，也是影响碳排放的重要因素。创新性较高的地区更有动力开发和引进先进的生产技术，提高能源效率。因此，创新可以被视为代表减排动力的重要指标。有许多指标可以用来表示创新，根据相关研究，本书选择 R&D 支出占 GDP 的比例来反映区域创新。

历史排放量为 2005 ~ 2017 年期间的碳排放量，其余指标值均取 2017 年值。

10.2.1.3　聚类分析方法

K 均值聚类是一种基于划分的聚类方法，由于其简单、快速的运行速度，在各个领域得到了广泛应用。具体步骤如下：

步骤 1：标准化指标值

$$y_{mn} = \begin{cases} \dfrac{x^n_{\max} - x_{mn}}{x^n_{\max} - x^n_{\min}}, & n = 1,\ 2,\ 3,\ 5 \\[3mm] \dfrac{x_{mn} - x^n_{\min}}{x^n_{\max} - x^n_{\min}}, & n = 4 \end{cases} \tag{10.1}$$

$$x_{\min}^j = \min(x_{1j}, \ x_{2j}, \ x_{3j}, \ \cdots, \ x_{mj}) \tag{10.2}$$

$$x_{\max}^j = \max(x_{1j}, \ x_{2j}, \ x_{3j}, \ \cdots, \ x_{mj}) \tag{10.3}$$

其中，$x_{mn}(n=1, \ 2, \ 3, \ 4, \ 5)$ 代表第 m 省的第 n 个指标值，y_{mn} 代表其标准化后的值。$x_{\max}^n$ 和 $x_{\min}^n$ 分别代表第 n 个指标的最大值和最小值。由于本书同时采用了正向指标和逆向指标，因此对于不同的指标需采用有差异的标准化公式。其中，减排压力为正向指标，指标值越大，获得的配额越多，其余四个指标（减排责任、减排潜力、减排能力和减排动力）为逆向指标。

步骤 2：选择初始的 k 个聚类中心 $h_1(o)$，$h_2(o)$，$\cdots$，$h_k(o)$。

步骤 3：计算每个样本数据与类 C_1，C_2，$\cdots$，C_k 的聚类中心之间的距离，然后根据距离最小化原则将样本数据聚类。类 C_l 的中心可以表示为式（10.4）。

$$h_l = \frac{1}{|C_l|} \sum_{y_m \in C_l} y_m \tag{10.4}$$

另外，y_m 和其类中心 h_l 之间的距离为：

$$d(y_m, \ h_l) =$$
$$\sqrt{(y_{m1}-h_{l1})^2 + (y_{m2}-h_{l2})^2 + (y_{m3}-h_{l3})^2 + (y_{m4}-h_{l4})^2 + (y_{m5}-h_{l5})^2}$$
$$\tag{10.5}$$

步骤 4：更新每类的类中心以获得新的中心 $h_1(o')$，$h_2(o')$，$\cdots$，$h_k(o')$。

步骤 5：计算聚类标准函数 E。如 E 收敛，或者聚类结果不再变化，则算法终止；否则，转向步骤 2，继续迭代。

$$E = \sum_{l=1}^k \sum_{y_m \in C_l} d^2(y_m, h_l) \tag{10.6}$$

其中，E 为所有样本与其类中心之间的欧式距离平方和，被用来衡量样本围绕聚类中心的紧密度。E 越小，表明同类之间的样本具有更高的相似性，不同类的样本更加独立，因此聚类结果更好。

10.2.1.4 多指标综合评价方法

基于上述五个碳排放特征指标，采用多指标综合评价方法衡量综合碳排放指数，相关定义见式（10.7）。

$$Y_m = w_1 y_{m1} + w_2 y_{m2} + w_3 y_{m3} + w_4 y_{m4} + w_5 y_{m5} \tag{10.7}$$

其中，Y_m 代表 m 省的综合碳排放指数；$y_{mn}(n=1, \ 2, \ 3, \ 4, \ 5)$ 代表 m 省

的第 n 个指标的标准化值，根据式（10.1）~ 式（10.3）求得：w_n 是指标 n 的权重。

从上式可见，指标权重的确定在多指标综合评价方法中起着重要作用。通常来讲，有三种方法可以用来确定指标权重，即主观加权方法、客观加权方法和组合加权方法。其中，主观加权方法是指决策者根据自己的偏好和个人经验知识为每个指标分配权重，包括层次分析法和专家评价法。该方法可以通过持续反馈和修正机制获得令人满意的结果，然而有时由于不同专家设定的标准不同，结果具有任意性。相反，客观加权方法，例如，主成分分析方法和信息熵理论，要求通过统计分析方法根据指标的实际数据确定指标的权重。与主观加权方法相比，客观加权方法比较客观，受主观因素的影响较小。然而，由于样本规模的限制，通过该方法确定的权重可能存在偏差。因此，有研究人员综合主观加权方法和客观加权方法的优缺点，将主观方法与客观方法结合起来，提出了组合加权方法。基于此，本书采用将层次分析法和信息熵法相结合的组合加权法进行碳配额分配。这两种方法具体将在下一部分进行阐述。

10.2.1.5　*层次分析法*

层次分析法是一种结合定性和定量方法的多目标决策分析方法，由美国学者 Saaty 提出。这种方法可以优化目标数量，将多目标问题转化为单目标问题，适用于目标数量不确定的情况。AHP 可以分为两种类型，即单层次模型和多层次模型。因为本书中只有五个指标，所以这里使用单层次模型。单层次模型在确定指标权重时有三个步骤。

步骤 1：构造成对比较矩阵 B。

如表 10 - 2 所示构建成对比较矩阵，b_{ij} 表示指标 y_i 与 y_j 之间的相对重要性，依据 1 ~ 9 标度法取值，具体见表 10 - 3。b_{ij} 有以下三个基本特征：

$$b_{ii} = 1 \tag{10.8}$$

$$b_{ij} = \frac{1}{b_{ji}} \tag{10.9}$$

$$b_{ij} = b_{ik}/b_{jk} \tag{10.10}$$

步骤 2：计算指标权重，见式（3.11）。

$$B\omega = \lambda_{\max}\omega \tag{10.11}$$

其中，$\lambda_{\max}$ 是矩阵 B 的最大特征值，ω 代表相应的特征向量。

表 10 - 2   五个指标的成对比较矩阵

项目	y_1	y_2	y_3	y_4	y_5
y_1	b_{11}	b_{12}	b_{13}	b_{14}	b_{15}
y_2	b_{21}	b_{22}	b_{23}	b_{24}	b_{25}
y_3	b_{31}	b_{32}	b_{33}	b_{34}	b_{35}
y_4	b_{41}	b_{42}	b_{43}	b_{44}	b_{45}
y_5	b_{51}	b_{52}	b_{53}	b_{54}	b_{55}

表 10 - 3   1 ~ 9 标度法

$b_{ij}(i>j)$ 取值	相对重要性
1	y_i 与 y_j 相比，同等重要
3	y_i 与 y_j 相比，y_i 稍微重要
5	y_i 与 y_j 相比，y_i 明显重要
7	y_i 与 y_j 相比，y_i 强烈重要
9	y_i 与 y_j 相比，y_i 极端重要

步骤 3：矩阵的一致性检验。

本书构建的比较矩阵可能不符合一致性要求。因此，需要进行一致性检验以将比较矩阵产生的偏差限制在一定范围内。具体来说，采用比较矩阵的最大特征值来测试一致性，具体过程如下：

（a）根据式（10.12）计算一致性指数 CI。

$$CI = \frac{\lambda_{\max} - n}{n - 1} \qquad (10.12)$$

其中，n 代表比较矩阵 B 的维数。

（b）计算随机一致性指数（RI）。RI 是经过重复计算的多个随机比较矩阵的几何平均值。表 10 - 4 列出了经过 1000 次计算后的 RI。

$$RI = \frac{1}{T} \sum_{t=1}^{T} CI_t \qquad (10.13)$$

其中，T 代表重复计算的次数。

表 10 - 4   随机一致性指数

维数	1	2	3	4	5	6	7	8	9	10
（RI）	0	0	0.52	0.89	1.12	1.26	1.36	1.41	1.46	1.49

（c）计算一致性比率 CR。

$$CR = \frac{CI}{RI} \tag{10.14}$$

当 $CR < 0.1$ 时，比较矩阵被认为满足一致性要求，否则比较矩阵需要进行一些修改。

10.2.1.6 信息熵理论

信息熵的概念由香农（Shannon）提出，用于测量随机变量中包含的不确定性或信息量。熵方法基于由每个指标发送给决策者的信息量来确定指标权重。评估指标的差异越大，熵越小，权重越大。信息熵方法的实现过程如下所示：

（1）归一化指标值。

$$r_{mn} = \frac{x_{mn}}{\sum_{m=1}^{M} x_{mn}} \quad m = 1, 2, 3, \cdots, M; \ n = 1, 2, \cdots, N \tag{10.15}$$

其中，M 是研究省份的个数，N 代表指标数。

（2）计算指标 n 的熵值。

$$H_n = -\frac{1}{\ln M} \sum_{m=1}^{M} r_{mn} \ln r_{mn} \tag{10.16}$$

（3）计算指标 n 包含的信息数量。

$$d_n = 1 - H_n \tag{10.17}$$

（4）将指标 n 包含的信息数量转化为反映差异的权重。

$$w_n = \frac{d_n}{\sum_{n=1}^{N} d_n} \tag{10.18}$$

10.2.1.7 WV 模型

基于历史排放量（祖父法），人口和 GDP 的分配方案是碳排放配额的三种基本分配方案。根据式（10.19），可以计算区域 m 在不同基本分配方案下所获得的配额：

$$Q'_{cm} = \frac{N_{cm}}{\sum_{m=1}^{M} N_{cm}} Q \tag{10.19}$$

其中，$N_{cm}(c = 1, 2, 3)$ 代表区域 m 的历史排放量、GDP 和人口数量。Q 是待分配的总的配额。

不同的分配方案会产生不同的分配结果，不同的地区则倾向于选择不同的分配方案，没有一种方案可以满足所有地区的要求。因此，本书提出加权投票分配模型用以平衡区域之间的选择。每个地区通过对比三种基本分配方案（即 Q'_{1m}, Q'_{2m}, Q'_{3m}），为自己选择最佳方案。如式（10.20）所示，分配矩阵表示三个基本分配方案下的每个区域所获得的配额。

$$Q'' = \begin{pmatrix} q_{11} & q_{12} & \cdots & q_{1m} \\ q_{21} & q_{22} & \cdots & q_{2m} \\ \vdots & \vdots & \ddots & \vdots \\ q_{o1} & q_{o2} & \cdots & q_{om} \end{pmatrix} \qquad (10.20)$$

其中，$(q_{o1}, q_{o2}, \cdots, q_{om})$ 反映了分配计划 o 下区域 m 分配到的配额为 q_{om}。

每个地区都有权投票选择它们的偏好分配方案，投票权可以通过综合碳排放指数来量化。综合碳排放指数与投票权之间存在负相关关系。前者越大，后者就越小。为确保投票权总和等于 1，应对碳排放综合指数进行标准化。标准化方程如式（10.21）和式（10.22）所示。

$$R_m = \frac{1}{Y_m} \qquad (10.21)$$

$$V_m = \frac{R_m}{\sum_{m=1}^{K} R_m} \qquad (10.22)$$

其中，Y_m 代表综合碳排放指数，V_m 代表投票权。

根据式（10.20）~式（10.22），最终分配到区域 m 的配额为：

$$Q_m = \sum_{o=1}^{29} V_m q_{om} \qquad (10.23)$$

10.2.2 基于效率考量的第二层分配

10.2.2.1 DEA 模型

数据包络分析（DEA）是一种广泛使用的多投入/输出的决策单元评估效率的方法，其核心思想是使用投入和产出数据计算最大产出或最小投入的边界。最初，查恩斯（Charnes）提出了具有不变规模收益的 CCR 模型。后来，贝恩克（Banker）通过假设可变规模收益，取代了 CCR 模型中不变规模收益的假设，从而开发了所谓的 BCC 模型。BCC 模型可进一步分为产出导向型模型和投入导向型模型。例如，用于评估目标决策单位 DMU_0 相对效率的投入导向型 BCC 模型可以通过式（10.24）表示。当去掉约束条件 $\sum_i \lambda = 1$ 就成为不变规模收益的 CCR 模型。

$$\min h_0$$
$$\text{s. t. } h_0 x_0 \geqslant \sum_i \lambda_i x_i$$
$$\lambda_i y_i \geqslant y_0 \qquad\qquad (10.24)$$
$$\sum_i^I \lambda_i = 1$$
$$\lambda_i \geqslant 0$$

在该公式中，h_0 是 DMU_0 的相对效率，λ_i 是权重系数，并且 x_i 和 y_i 分别是 DMU_i 的投入量和输出量，其中 $i = 0, 1, \cdots, n$。

经典 DEA 模型的假设是所有 DMU 独立，对其他 DMU 的行为没有影响。很明显，这个假设并不适用于竞争激烈的市场，尤其是考虑到所有碳配额都具有价值这一事实时。而且，通过经典的 DEA 模型，人们可以研究每个 DMU 的 DEA 效率，但无法将它们整合到 DEA 前沿以进行碳配额重新分配。为了最大化 DEA 效率，并且满足到 2030 年碳强度下降 60% ~ 65% 的减排目标，本书采用了一种面向投入的 ZSGDEA 模型。

10.2.2.2　ZSGDEA 模型

为了解决碳配额总量的区域分配问题，林思（Lins）提出了 ZSGDEA 模型，表明通过执行投入或产出的迭代计算，使每个 DMU 达到其有效的效率边界。在本书中，分配效率最大化视为所有省份市场均衡的指标。因此，在基于加权投票模型分配碳排放配额后，我们使用 ZSGDEA 模型进一步测量每类分配结果的效率，调整所有 DMU 的效率边界。本书采用面向投入的 ZSGDEA 模型，该模型将碳配额作为投入，将 GDP 作为期望产出，能源消费作为非期望产出。在投入导向的 ZSGDEA 模型的框架中，如果想要优化低效率的 DMU，就必须减少其投入。为了使总的碳配额保持不变，其他的 DMU 必须增加其投入。在该模型中，我们假设 DMU_0 是无效的 DEA 决策单元，其 $ZSG-DEA$ 效率值为 h_{z0}。那么，我们可以通过使其投入要素 x_0 减少 $x_0(1 - h_{z0})$ 提高其效率。在 DMU_0 的投入减少后，为了保持总的要素投入不变，其余的 DMU 应该根据一定的比例 $\dfrac{x_0(1 - h_{z0})}{\sum_{i \neq 0} x_i} x_i$ 增加其投入。

根据上面的理论，我们调整所有低效率的 DMU，直到它们都到达有效的边界。也就是，所有的 DMU 效率等于或接近 1。为此，我们构建以下模型：

$$\min h_{z0}$$

$$\text{s. t. } h_{z0}x_0 \geq \sum_i \lambda_i x_i \left[1 + \frac{x_0(1 - h_{z0})}{\sum_{i \neq 0} x_i} \right]$$

$$\sum_i \lambda_i y_i \geq y_0 \qquad\qquad (10.25)$$

$$\sum_i \lambda_i = 1$$

$$\lambda_i \geq 0$$

其中，x_0 和 y_0 分别是 DMU_0 的投入量和产出量，x_i 和 y_i 分别是 DMU_i 的投入量和产出量，h_{zo} 是 ZSGDEA 方法下 DMU_0 的相对效率，λ_j 是权重系数。根据式（10.25）中的 h_{zo} 值和相关参数，可以修改 DMU 中 x_i 的分配模式，从而保持 x_i 的总量不变并提高所有 DMU 的效率。

10.2.3　兼顾公平与效率的 WV – ZSGDEA 双层分配模式

中国所有的省份均应该承担减排任务，但考虑到中国各区域之间碳排放特征的巨大差异，对所有地区采用相同的碳排放分配方案显然是不合适的。因此，本书提出了一种包含两个层次的新型分配方案，其中不同的分配方案适用于不同类别的区域。在第一层次，中国 29 个省（由于缺乏相关数据，重庆、西藏、香港、澳门和台湾除外）根据碳排放特征指标被聚成四类，经过聚类分析后，利用加权投票模型将全国碳配额分配到每类区域中，然后将区域碳配额分配给区域内的每个省（市），得到碳配额的第一层分配结果。在第二层中，利用 ZSGDEA 模型对那些尚未达到有效前沿的省份进行调整，使得所有的省份均达到 100% 效率。

在该模型中，投票权是基于方程式中的综合碳排放指数得出的，而综合碳排放指数是由指标权重计算得来。在第一层中，首先使用熵方法确定指标权重，进行四个区域间分配。在此基础上，利用 AHP 根据每个类别的碳排放特征分析确定指标权重，进行区域内的省份间分配。考虑到每个类别的碳排放特征不同，其成对比较矩阵则相应也是不同的。只要矩阵满足一致性要求（$CR < 0.1$），决策者就可以调整成对比较矩阵中的值。在对碳配额就第一层分配后，利用 ZSGDEA 模型评估每类内的效率，并调整类内分配结果以使每类都能达到最大效率。所提出的碳排放许可的双层分配方

案的流程图如图 10 - 2 所示。

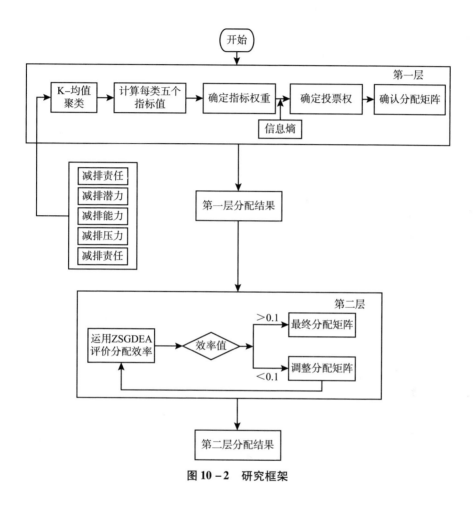

图 10 - 2　研究框架

10.3　省域间碳配额双层分配机制模拟

10.3.1　数据选取及处理

（1）能源消费。2005～2017 年的各省能源消费量来自《中国能源统计年鉴》。根据《中国能源展望 2030》，能源需求总量增长放缓，2030 年总量达到 53 亿吨标准煤。因此，以 53 亿吨标准煤为总量控制目标，假定各省份比重同 2017 年能源消耗比例，计算得出各省份 2030 年能源消费总量。

（2）劳动力人口。2005～2017 年间的各省劳动力人口数据来自《中国统计年鉴（2005～2017 年）》。根据中国近十年人口总量的变化趋势，2005～2017 年内人口总量的平均增长率为 0.50%，且保持平稳增长。在此基础上，本书假定 2018～2030 年内劳动力人口增长率为 0.50%，并假设与 2017 年各省份人口比例相同，计算出 2030 年的人口总量。

（3）资本存量。由于西藏和重庆的数据难以获得，所以排除这两个省市后，本书以中国 29 个省（市、自治区）为研究对象。资本存量无法直接获得，需要进行估算。在估算资本存量时，参考单豪杰已有的研究成果，并按照永续盘存法将资本存量序列扩展到 2017 年，如式（10.26）所示。

$$K_t = I_t + (1 - \delta_t) \times K_{t-1} \qquad (10.26)$$

其中，K_t 和 K_{t-1} 分别是 t 年和 $t-1$ 年的资本存量，I_t 是当年新增投资，δ_t 是 t 年的资产折旧率，设定为 10.96%。

（4）GDP。2005～2017 年间的各省 GDP 数据来自《中国统计年鉴（2005～2017 年）》。本书所采用的 GDP 均为以 2005 年为基准换算的实际 GDP。根据 Wind 数据库对中国经济发展的预测，2016 年与 2017 年 GDP 的增长率分别设定为 6.9% 和 6.5%。结合"十三五"规划的经济发展目标和五年计划 GDP 的控制规律，将 2018～2030 年的 GDP 增速定为 6.5%。

（5）二氧化碳排放量。二氧化碳排放量无法直接获得，需要进行估算。二氧化碳主要来自化石燃料，因此本书采用 IPCC 公布的排放量计算方法来估算各省的二氧化碳排放量，如式（10.27）所示。

$$T_{CO_2} = \sum_{k=1}^{21} E_k \times h_k \times c_k \times o_k \times \frac{44}{12} \qquad (10.27)$$

其中，T_{CO_2} 代表一个省份的二氧化碳排放量，E_k 是第 k 种能源消费量，h_k、c_k 和 o_k 分别代表平均低热值、碳含量和碳氧化率。

10.3.2 碳配额测算

为有效减少二氧化碳排放，中国政府承诺到 2030 年将碳强度在 2005 年的基础上降低 60%～65%。本书将减排目标 60%～65% 的上限和下限分别设为目标 1 和目标 2，利用减排目标可以分别测算出两个目标下 2030 年的碳排放强度。将 GDP 的年均增长率设为 6.5%，按照

2005 年不变价格计算 2030 年 GDP 值。根据预测的 GDP 值与 2030 年的碳排放强度，我们可以估算出目标 1 和目标 2 下 2030 年的碳排放分别为 2646109 万吨和 2315345 万吨，这也是本书为了实现减排目标可以分配的碳配额总量。

10.3.3　双层分配模式下初始碳配额分配结果

10.3.3.1　第一层分配结果

　　K 均值聚类可以为所研究的问题选择最佳聚类数。根据上述五项碳排放特征指标，聚类结果表明将 29 个中国省份聚为四类是最优的。图 10-3 显示了聚类结果以及每类的碳排放特征。

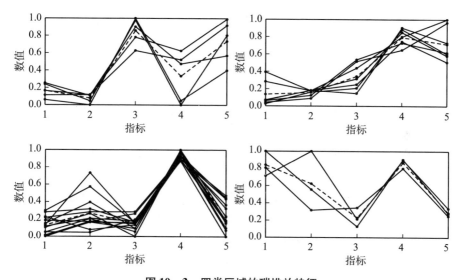

图 10-3　四类区域的碳排放特征

　　（1）第一类区域包括三个直辖市和两个经济强省，即北京、天津、上海、江苏和浙江。这些地区的人均 GDP 和人均可支配收入均高于其他省份，城市化水平和技术创新能力也相对较高。作为中国首都，北京的第三产业占比最大，达到 80% 以上，而第二产业占比不到 20%。同样，上海的第二产业占比也相对较低，约占 30%。天津、江苏和浙江的相应比例则稍高一些，达到 40% 以上。对于人均碳排放量，第一类区域的平均水平较低。因此第一类区域的总体碳排放特征是低责任、低潜力、高能力、高压力和高动力。

（2）第二类区域包含七个省份，分别是山东、湖北、湖南、广东、福建、安徽和辽宁。它们的碳排放特征与第一类相似，其中人均 GDP、人均可支配收入和城市化水平略低于第一类。基于这个分析，该类仍然具有高能力和高压力的碳减排特征。此外，这一类区域经济运行模式主要由第二产业主导，进而产生了较高的碳强度，因此其减排潜力大于第一类。

（3）第三类区域包括十四个不发达省份，分别是新疆、青海、甘肃、四川、云南、贵州、广西、海南、陕西、河南、河北、吉林、黑龙江、江西，其中大部分位于中国中西部。其人均 GDP 和可支配收入相对较低。因此，它们没有足够的能力减少碳排放。与其他三类相比，该类的城市化水平最低，表明它们所承受的减排压力并不高。与此同时，这些省份的经济结构以低附加值产业为导向，具有较高的能源强度。因此，这些省份具有巨大的减排潜力。

（4）第四类区域包含三个资源丰富的省份，即山西、内蒙古和宁夏。该区域的经济结构以重工业为主，其特点是高污染、高排放、低能源效率。因此，与其他三类区域的省份相比，这些省份的人均累积碳排放量最高。相应地，它们单位 GDP 的能源消耗也是最高的，由此导致了巨大的减排潜力。然而，过慢的经济增长削弱了它们在没有财政支持的情况下减少碳排放的能力。此外，低水平的技术创新也使它们缺乏减少排放的动力。

为响应国家政策，本书提出了一种新型的双层分配模式以研究该减排目标下的配额分配。在双层分配模式中，首先根据历史排放量、GDP 和人口规模将总的碳配额分配给四类区域，可以得到不同分配方案下区域间的配额分配，如表 10－5 所示。其中每类区域的首选方案以粗体突出显示。可以看出第一类和第二类区域首选基于 GDP 的碳配额分配方案，第三类区域首选基于人口规模的配额分配方案，而第四类首选基于历史排放量的配额分配方案。然后利用信息熵理论计算每个指标的熵值，历史碳排放量为2005~2017 年期间的碳排放量，其余指标均取 2017 年数值，得到熵值后计算权重，具体权重如表 10－6 所示。从表中可以看出，减排责任的权重最大，是最重要的指标，然后依次是减排动力、减排能力和减排潜力，而减排压力的权重最小，仅为 0.0483，是最不重要的指标。在指标权重的基础上，根据式（10.22）可以计算出各类区域的投票权，见表 10－7。

表 10 – 5　　　　　　基于三种基本分配方案的每类区域的首选方案

碳配额（万吨）目标	分配方案	第一类	第二类	第三类	第四类
目标 1	历史排放量	366758.83	812170.90	991522.12	475657.16
	GDP	693523.30	1014708.36	824671.44	113205.91
	人口	387511.88	947129.68	1176389.31	135078.14
目标 2	历史排放量	320913.98	710649.53	867581.85	416200.01
	GDP	606832.89	887869.81	721587.51	99055.17
	人口	339072.89	828738.47	1029340.64	118193.37

表 10 – 6　　　　　　　基于熵权法获得的各指标权重

指标	x_1	x_2	x_3	x_4	x_5
w_j	0.3223	0.1959	0.1981	0.0483	0.2354

表 10 – 7　　　　　　　　　每类区域的投票权

项目	第一类	第二类	第三类	第四类
v_j	0.2016	0.3463	0.3156	0.1365

　　一般来说，每类区域都会投票支持自己偏好的分配方案，以期获得更多的碳配额。根据表 10 – 5 和表 10 – 6 的结果可以获得采用加权投票模型的区域间碳配额分配结果，如表 10 – 8 所示。然后利用层次分析法和加权投票模型为同一类区域中的每个省份分配碳配额。同类区域中的省份具有类似的碳排放特征。因此，需要探讨它们在碳排放特征方面的差异以合理分配碳配额。基于此，每类区域中的各指标权重定义如下：

表 10 – 8　　　　　　　　第一层配额分配结果

配额目标	第一类	第二类	第三类	第四类
目标 1	552342.75	965734.17	958448.72	169583.38
目标 2	483299.90	845017.39	838642.63	148385.46

第一类区域中的省份经济实力最强，减排对其经济发展的影响最小，在分配碳配额时，减排能力不需要过多考虑，是最不重要的指标。同时，该类区域的可支配收入也是最高的，再加上应更加关注碳配额分配中的人口因素，因此减排压力被认为是最重要的指标，应该着重考虑。另外，这类区域的技术创新能力相对较高，有更多的动力去减排，说明减排不会过多地打击它们的动力，因此减排动力不需要过多关注。基于以上的分析，该类区域的 5 个指标的相对重要性可以定义为：$x_4 > x_2 > x_1 > x_5 > x_3$。

第二类区域包含的省份为创新型省份，具备较强的技术创新能力，减排动力是最不重要的指标。同时，它们也属于经济发达的省份，经济实力雄厚。减排不会对其经济发展造成过重的负担，减排能力不需要过多关注。但是，该类区域的高经济水平一般依赖于不同的经济发展模式，因此减排责任在省份之间存在巨大差异。沿着这一思路，减排责任应该是碳配额分配的主要关注点。总的来说，五个指标的相对重要性定义为：$x_1 > x_2 > x_4 > x_3 > x_5$。

第三类区域包含的主要为欠发达地区，经济发展缓慢，人民生活水平不高。因此在设定减排目标时需要着重考虑其对经济的不利影响。经济实力较差的省份应分配更多的碳配额，以减少减排对这些区域经济发展的不利影响。所以，减排能力应是该类区域分配碳配额时的首要关注点。同时，该类区域中各省份之间的减排潜力存在巨大差异。在这种情况下，减排潜力应当被视为第二重要指标。另外，这类地区的城市化水平和人均可支配收入相对较低，相应的减排压力也很低。因此减排压力应该是最不重要的指标。基于以上分析，本区域中的五个指标的相对重要性定义为：$x_3 > x_2 > x_1 > x_5 > x_4$。

第四类区域包括的是资源型省份，具有丰富的自然资源，以至于这些省份的生产方式多为粗放型生产，具有巨大的减排潜力和减排空间。为鼓励这些省份采用更有效的生产方式，发展现代产业，减排潜力应引起高度重视。与第三类区域相似，第四类区域内的省份也是欠发达省份，经济发展落后，为减少减排对其经济发展的不利影响，减排能力应成为第二个着重考虑的关键指标。此外，省份之间的减排责任存在巨大差异，因此该指标也需要关注。基于此，该类区域内五个指标的相对重要性定义为：$x_2 > x_3 > x_1 > x_4 = x_5$。

根据上述分析，表 10 - 9 中定义了各个指标在每一类区域中的相对重要性。为了检验各指标重要程度之间的协调性，将比较矩阵产生的偏差限制在一定范围内，需要对表 10 - 9 中构建的比较矩阵进行一致性检验。

表 10 – 9　　　　　　　　　　指标的相对重要性

(a) 第一类的成对比较矩阵

项目	x_1	x_2	x_3	x_4	x_5
x_1	1	1/3	5	1/5	3
x_2	3	1	7	1/3	5
x_3	1/5	1/7	1	1/9	1/3
x_4	5	3	9	1	7
x_5	1/3	1/7	3	1/7	1

(b) 第二类的成对比较矩阵

项目	x_1	x_2	x_3	x_4	x_5
x_1	1	3	7	5	9
x_2	1/3	1	5	3	7
x_3	1/7	1/5	1	1/3	3
x_4	1/5	1/3	3	1	5
x_5	1/9	1/7	1/3	1/5	1

(c) 第三类的成对比较矩阵

项目	x_1	x_2	x_3	x_4	x_5
x_1	1	1/3	1/5	5	3
x_2	3	1	1/3	7	5
x_3	5	3	1	9	7
x_4	1/5	1/7	1/9	1	1/3
x_5	1/3	1/5	1/7	3	1

(d) 第四类的成对比较矩阵

项目	x_1	x_2	x_3	x_4	x_5
x_1	1	1/5	1/3	3	3
x_2	5	1	3	7	7
x_3	3	1/3	1	5	5
x_4	1/3	1/7	1/5	1	1
x_5	1/3	1/7	1/5	1	1

　　表 10 – 10 展示了各比较矩阵的一致性检验结果，结果表明这些矩阵均满足一致性。根据表 10 – 9 所示的成对比较矩阵，可以计算出每一类区域中的各指标权重，计算结果见表 10 – 11，并由此可以计算各省的投票权，如表 10 – 12 所示。

表 10 – 10　　　　　　　　各矩阵的一致性检验结果

成对比较矩阵	第一类	第二类	第三类	第四类
CR	0.0425	0.0530	0.0530	0.0304

表 10 – 11　　　　　　　根据 AHP 计算的区域内各指标的权重

权重类别	x_1	x_2	x_3	x_4	x_5
第一类	0.1289	0.2618	0.0336	0.5149	0.0800
第二类	0.5128	0.2615	0.0634	0.1290	0.0333
第三类	0.1290	0.2615	0.5128	0.0333	0.0634
第四类	0.1223	0.5140	0.2580	0.0529	0.0529

表 10 – 12 各省投票权

类别	省份	投票权
第一类	北京	0.2784
	天津	0.1100
	上海	0.3922
	江苏	0.1006
	浙江	0.1188
第二类	辽宁	0.0864
	安徽	0.1480
	福建	0.1637
	山东	0.0961
	湖北	0.1451
	湖南	0.1685
	广东	0.1921
第三类	河北	0.0550
	吉林	0.0555
	黑龙江	0.0850
	江西	0.0876
	河南	0.0690
	广西	0.1034
	海南	0.0867
	四川	0.0789
	贵州	0.0635
	云南	0.1027
	陕西	0.0450
	甘肃	0.1054
	青海	0.0399
	新疆	0.0225
第四类	山西	0.3420
	内蒙古	0.4202
	宁夏	0.2378

　　根据以上分析结果，可以得到第一层下各省的碳配额分配结果，并在表 10－13 中列出。如表中所示，有 8 个省份在两个目标下的碳配额均超过 10 亿吨，即江苏、浙江、山东、湖南、广东、河北、河南和四川。其中，山东省所获得的碳排放配额最多，在两个目标下的碳配额分别为 230243.33 万吨和 201462.91 万吨。而相反的是，青海、海南、宁夏和甘肃所获得的配额最少，仅占约 2%，其中青海省最少，在目标 1 和目标 2 中仅为 9753.13 万吨和 8533.99 万吨。

表 10－13　　　　　　　　　　　　各省碳配额

类别	省份	配额	
		目标 1	目标 2
第一类	北京	50859.48	44502.04
	天津	53965.18	47219.53
	上海	83064.99	72681.87
	江苏	227624.67	199171.60
	浙江	136828.44	119724.90
第二类	辽宁	98558.31	86238.52
	安徽	104280.30	91245.26
	福建	81512.63	71323.55
	山东	230243.33	201462.90
	湖北	109156.14	95511.62
	湖南	114736.36	100394.30
	广东	227150.52	198756.70
第三类	河北	140625.41	123047.20
	吉林	51566.55	45120.73
	黑龙江	65627.39	57423.96
	江西	66534.55	58217.73
	河南	158066.33	138308.00
	广西	64963.92	56843.43
	海南	14670.88	12837.02
	四川	121991.08	106742.20
	贵州	55432.88	48503.77

续表

类别	省份	配额	
		目标1	目标2
第三类	云南	64225.12	56196.98
	陕西	76067.47	66559.04
	甘肃	22978.91	20106.54
	青海	9753.13	8533.99
	新疆	46040.95	40285.83
第四类	山西	87218.01	76315.76
	内蒙古	66718.08	58378.32
	宁夏	15647.28	13691.37

10.3.3.2 第二层分配结果

在本小节中，首先在四个区域内分别利用 ZSGDEA 模型评价第一层碳配额分配效率，如图 10-4 所示。

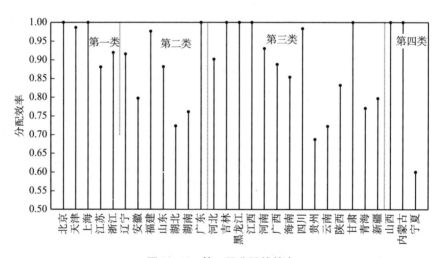

图 10-4 第一层分配的效率

从图中可以看出，整体上第一层碳配额分配效率较高。但是，在四类区域内大部分省份的碳配额分配并未达到帕累托最优状态，这表明分配结果存在一定的调整空间，可以提高整体效率。具体来说，第一类区域内的北京、上海，第二类区域内的广东，第三类区域内的吉林、黑龙江、江西、甘肃，第四类区域内的山西、内蒙古的 DEA 效率达到 100%，表明其碳排放配额分配结果是有效的，而其余 20 个省份还没有达到效率前沿，因此它们应该以这 9 个高效省份为基准，并调整其碳配额，直至所有省份都以 DEA 效率达到帕累托最优状态。

根据 29 个省份各自分配效率的结果，通过 ZSGDEA 模型对碳配额分配结果重新进行调整，调整后的配额总量保持不变，得到第一次迭代的分配效率，如表 10-14 和表 10-15 所示。可以发现，经过第一次迭代，各类区域减少了分配效率较低的省份的配额，将其按比例地增加到效率更高的省份。第一类区域内的平均分配效率提高到 0.98，相对于原始分配提升了 2.67%。除在原始 DEA 模型中已经达到有效前沿的北京和上海外，其余省市的效率均有大幅度提高，但此时仍未达到有效边界。第二类区域内的平均分配效率提高到 0.94，相对于原始分配提高了 8.25%，并且山东省继广东省外也达到了有效前沿。第三类区域内的平均分配效率提高到 0.95，相对于原始分配提高了 7.6%，除在初始分配时已经达到有效边界的吉林、黑龙江、江西和甘肃外，其余省份的效率大幅度提高，但此时大部分省份的效率值仍有待提升。第四类区域内的平均效率提高到 0.98，提高了 12.69%，其中宁夏的效率得到大幅度提升，达到 0.93。第二次调整后，各个省份的配额分配效率进一步提升，达到有效边界的省份也进一步增加。但此时尚有部分省份的效率未达到有效边界，表明配额分配结果仍有改进的空间。其中，经过二次调整后，第四类区域的省份均达到完全效率。第三次调整后，所有省份的效率值均为 100%，表明经过这次调整 29 个省份均到达了有效边界，没有更多的改善空间，碳配额分配结果达到帕累托最优。

表 10-14　　　　　　目标 1 下碳配额调整以及最终分配结果

类别	省份	第一次调整		第二次调整		第三次调整	
		配额	效率	配额	效率	配额	效率
第一类	北京	56529.32	1.00	58640.61	1.00	59521.55	1.00
	天津	59179.81	0.99	60903.97	1.00	61562.81	1.00
	上海	92325.13	1.00	95773.34	1.00	97212.11	1.00
	江苏	206886.35	0.96	201615.60	0.99	199871.79	1.00
	浙江	137422.15	0.96	135409.24	0.98	134174.49	1.00

续表

类别	省份	第一次调整		第二次调整		第三次调整	
		配额	效率	配额	效率	配额	效率
第二类	辽宁	103187.23	0.92	98619.88	0.93	91603.82	1.00
	安徽	95248.00	0.80	78578.93	0.96	76228.75	1.00
	福建	90883.61	0.99	94654.24	1.00	95625.60	1.00
	山东	226907.14	1.00	238279.08	1.00	241162.29	1.00
	湖北	90490.07	0.98	92571.92	1.00	93692.05	1.00
	湖南	99777.21	0.87	90801.63	1.00	91900.35	1.00
	广东	259144.33	1.00	272131.91	1.00	275424.74	1.00
第三类	河北	139895.96	0.95	137733.71	1.00	138485.36	1.00
	吉林	57227.49	1.00	59725.03	1.00	60050.96	1.00
	黑龙江	72831.91	1.00	76010.46	1.00	76425.27	1.00
	江西	73838.66	1.00	77061.15	1.00	77481.69	1.00
	河南	162207.06	0.99	166758.30	1.00	167313.50	1.00
	广西	64290.68	0.99	66330.49	1.00	66661.70	1.00
	海南	14094.28	0.95	14058.10	0.99	13962.66	1.00
	四川	133034.85	0.99	136920.55	0.99	136227.02	1.00
	贵州	43114.56	0.75	33833.58	0.94	31962.81	1.00
	云南	52159.55	0.98	53132.43	1.00	53422.39	1.00
	陕西	70537.21	0.87	64067.97	0.99	63770.78	1.00
	甘肃	25501.51	1.00	26614.45	1.00	26759.70	1.00
	青海	8562.47	0.96	8554.77	0.99	8554.19	1.00
	新疆	41248.38	0.88	37743.57	0.99	37466.55	1.00
第四类	山西	90733.11	1.00	91126.12	1.00	—	
	内蒙古	69406.98	1.00	69707.62	1.00		
	宁夏	9443.28	0.93	8749.64	1.00		

表 10 – 15　　　　　　　　目标 2 下碳配额调整以及最终分配结果

类别	省份	第一次调整		第二次调整		第三次调整	
		配额	效率	配额	效率	配额	效率
第一类	北京	49464.58	1.00	51311.06	1.00	52081.56	1.00
	天津	51782.84	0.99	53290.99	1.00	53867.41	1.00
	上海	80786.82	1.00	83802.53	1.00	85060.94	1.00
	江苏	181015.72	0.96	176410.34	0.99	174886.57	1.00
	浙江	120249.98	0.96	118485.03	0.98	117403.45	1.00
第二类	辽宁	90289.52	0.92	86247.77	0.93	80111.70	1.00
	安徽	83340.29	0.80	68713.40	0.96	66657.95	1.00
	福建	79520.76	0.99	82858.55	1.00	83708.26	1.00
	山东	198541.81	1.00	208392.59	1.00	210912.68	1.00
	湖北	79183.60	0.98	81198.23	1.00	82180.16	1.00
	湖南	87305.19	0.87	79520.18	1.00	80481.82	1.00
	广东	226751.68	1.00	238002.12	1.00	240880.27	1.00
第三类	河北	122408.93	0.95	120516.97	1.00	121174.65	1.00
	吉林	50074.05	1.00	52259.39	1.00	52544.58	1.00
	黑龙江	63727.92	1.00	66509.15	1.00	66872.10	1.00
	江西	64608.83	1.00	67428.50	1.00	67796.47	1.00
	河南	141931.14	0.99	145913.47	1.00	146399.27	1.00
	广西	56254.35	0.99	58039.18	1.00	58328.99	1.00
	海南	12332.49	0.95	12300.84	0.99	12217.33	1.00
	四川	116405.50	0.99	119805.48	0.99	119198.65	1.00
	贵州	37725.24	0.75	29604.38	0.94	27967.46	1.00
	云南	45639.61	0.98	46490.88	1.00	46744.59	1.00
	陕西	61720.06	0.87	56059.47	0.99	55799.44	1.00
	甘肃	22313.82	1.00	23287.65	1.00	23414.73	1.00
	青海	7492.16	0.96	7485.43	0.99	7484.92	1.00
	新疆	36092.33	0.88	33025.63	0.99	32783.23	1.00
第四类	山西	79391.47	1.00	79735.35	1.00	—	—
	内蒙古	60731.11	1.00	60994.16	1.00	—	—
	宁夏	8262.87	0.93	7655.93	1.00	—	—

利用 ZSGDEA 模型对中国 2030 年 29 个省市的碳配额进行调整后，各省市的配额出现不同幅度的增减变化，但总量保持在 2646109.02 万吨和 2315345.38 万吨，即满足 2030 年碳排放强度在 2005 年的基础上下降 60% ~ 65% 的目标。经过简单统计，需要减少碳排放配额的省份有 14 个，分别是江苏、浙江、辽宁、安徽、湖北、湖南、河北、海南、贵州、云南、陕西、青海、新疆和宁夏，余下省份的碳配额则相应增加。其中碳配额减少最多的为安徽的 28051.6 万吨和 24587.3 万吨，增加最多的为广东，高达 48274.2 万吨和 42123.6 万吨。

根据各省所获得的碳配额，可预测 2030 年中国各省的碳强度。将 2030 年各省的碳强度与 2005 年碳强度对比，计算 2005 ~ 2030 年省际碳强度的下降率。图 10 - 5 显示了各省 2005 年和 2030 年的碳强度以及 2005 ~ 2030 年碳强度下降率。结果表明，目标 1 和目标 2 下 2030 年平均碳强度分别为 1.93 吨/万元和 1.69 吨/万元。此外，2030 年各地区碳强度差异相对于 2005 年有所缩小，这意味着本书提出的方案可以平衡各省市之间的碳强度差异。将所有省份根据目标 2 下的下降率分为四类区域，即区域 A、区域 B 和区域 C 和区域 D，分类结果如表 10 - 16 所示。

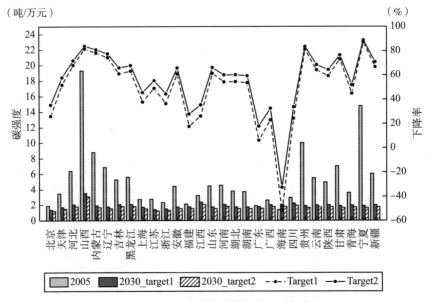

图 10 - 5　各个省市的碳强度和下降率

表 10 - 16　　　　　　　　　　根据碳强度下降率的各省市分类结果

下降率	区域	省份
<0	区域 A	海南
0 ~ 60%	区域 B	北京、天津、上海、江苏、浙江、福建、江西、河南、湖南、广东、广西、四川、青海
60% ~ 70%	区域 C	吉林、黑龙江、安徽、山东、湖北、云南、陕西
>70%	区域 D	河北、山西、内蒙古、辽宁、贵州、甘肃、宁夏、新疆

A 区只有一个省，即海南省，其碳强度下降率为负数，即 2030 年的碳强度高于 2005 年。人均 GDP 较低的海南省以第一产业和第三产业（旅游业）为经济支柱。因此，海南省 2005 年的碳排放强度在 29 个省市中最低。在本书提出的分配方案中，海南省 2030 年的碳排放强度高于 2005 年，这大大减轻了海南省减排的压力，并且海南省可以通过出售多余的碳配额来增加收入。

B 区包含 13 个省，其中大部分是位于东部沿海的发达地区。它们的碳强度下降幅度低于 60%，这表明高效率的省份在环境管制的背景下只需要承担较轻负担。

C 区包括吉林、黑龙江、安徽、山东、湖北、云南、陕西。它们的减排目标接近国家目标，减排义务在 B 区和 D 区之间。换句话说，C 区在减排方面承担着中等责任。

D 区包括 8 个省，例如河北和山西。该地区省级碳强度的下降幅度在 70% 以上，承担了减少碳排放的最大责任。统计数据显示，2005 年这 8 个省碳强度也最高，平均碳强度为 11.22 吨/万元。其中，内蒙古、贵州、宁夏和山西的碳强度的下降幅度均在 80% 以上，宁夏承担了最重的减排负担，下降率高达 88%。同时，这 4 个省在 2005 年的碳强度分别为 8.80 吨/万元、10.02 吨/万元、14.77 吨/万元和 19.30 吨/万元，远高于国家平均碳强度水平。这些省份均为资源丰富的传统省份，经济发展过度依赖自然资源，从而导致了很高的碳强度。因此，提高污染物排放标准或淘汰不符合标准的企业可能是促使这些地区减少碳排放的有效方式。

10.3.4 福利效应模拟

10.3.4.1 省域边际减排成本估算

本书利用非参数方向性距离函数估算了 29 个省市 2005 ~ 2017 年边际减排成本，如图 10 - 6 所示。从图中可以看出，边际减排成本在各省市之间存在差异，尤其是不同类区域之间的边际减排成本差异较大。整体上，从第一类区域至第四类区域边际减排成本递减，即第一类区域的边际减排成本最高，而第四类区域的边际减排成本最低。具体来说，北京市具有最高的边际减排成本，其平均值为 2291.56 万元/吨，中位数为 2249.64 万元/吨。广东省、上海市和福建省紧随其后，平均值分别为 2215.80 万元/吨、1977.96 万元/吨、1862.77 万元/吨，中位数为 2227.55 万元/吨、1867.15 万元/吨和 1828.14 万元/吨。而宁夏具有最低的边际减排成本，其平均值和中位数分别为 329.16 万元/吨和 321.67 万元/吨，大概仅为北京市的 1/7。

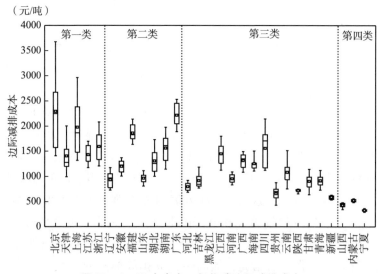

图 10 - 6　29 个省市二氧化碳边际减排成本

图 10 - 7 分别描绘了全国各省市、第一类区域、第二类区域、第三类区域和第四类区域 2005 ~ 2017 年的边际减排成本。实证结果表明，全国

区域和四类区域的平均边际减排成本均呈上升趋势。就全国区域的边际减排成本而言，除 2007 年和 2013 年相对于上年略有下降外，其余年份均上升，从 2005 年的 986.41 元/吨增加至 2017 年的 1478.22 元/吨。对于四个区域的边际减排成本而言，第一类区域处于较高水平，平均为 1738.61 元/吨，并随时间呈现出明显的上升趋势，年均增速为 5.75%。相反，第四类的边际减排成本较低，平均水平仅为 428.30 元/吨，远低于全国的平均水平，在研究期间并无明显的增加。而第二类和第三类区域边际减排成本介于第一类区域和第二类区域之间，并且在研究期间的增速较为一致，亦处于两者之间。边际减排成本的上涨表明未来减少一单位额外的二氧化碳需要付出更大的代价。边际减排成本随着时间上涨一方面是因为本书以 2005 年不变价格计算，这意味着价格上涨趋势暗含其中。另一方面，随着资源效率的提高，碳强度的下降对决策单位而言减排空间变小。因此，需要支付更加昂贵的减排成本，边际减排成本随之上涨。

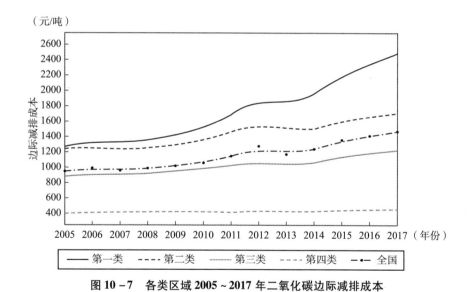

图 10-7 各类区域 2005~2017 年二氧化碳边际减排成本

10.3.4.2 省域边际减排成本曲线拟合

在得到全国各省的边际减排成本后，本书结合减排目标，利用著名经济学家诺德豪斯（Nordhaus）提出的经典对数形式拟合二氧化碳的边际减排成本曲线。图 10-8 展现了中国 29 个省市二氧化碳边际减排成本曲线

的 β 绝对值，系数 β 表示各个省份减排的难度。随着减排任务的加重，二氧化碳边际减排成本也会随着增加，所有省份的减排压力会越来越大。因此，β 值一定为负数，并且绝对值越大表明边际减排成本曲线越陡峭，上升的也就越快。从图中可以看出，各类区域的 β 值存在明显差异，整体上来说，从第一类区域向第四类区域递减。由于边际减排成本上升最快，第一类区域的省份减排更难，所付出的代价也更大。正相反，第四类区域的边际减排成本上升最慢，相对于其他区域具有更大的减排潜力，减少相同的二氧化碳时减排成本最低。因此，在碳交易市场启动的初期，为了减排成本最小化，政府应该给第四类区域的省份分配更多的减排任务。但是考虑到第四类区域多为欠发达省份，过重的减排成本会阻碍其经济发展，不利于社会和谐发展。因此，在进行省域间碳排放分配时，不能只考虑单一方面，应该综合考虑经济、环境、人口等因素，以求分配的帕累托最优。

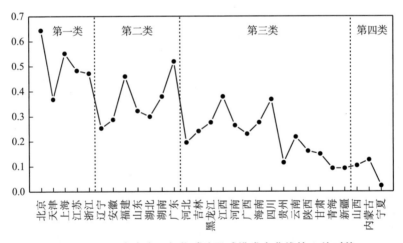

图 10-8　29 个省市二氧化碳边际减排成本曲线的 β 绝对值

10.3.4.3　省域福利效应测度

所有国家和地区在从碳交易市场获得的福利效应方面应得到平等对待，这反映了横向公平的标准；能够获得最大福利效应并使福利效应的区域差异最小的分配方法更容易被接受。因此，本节旨在从福利效应的角度讨论所提出模型的合理性和可行性。福利效应是在对碳交易市场进行模拟的基础上，利用一般市场均衡模型得出的，其结果如图 10-9 和图 10-10 所示。其中，图 10-9 描绘了各省在目标 1 下的福利效应。从图中可以看出，各个省市均可以从碳交易市场获得福利效应，但福利效应的大小存在较大差异。在目标 1 下，山西通过碳交易市场获得最多的福利，其次是上海。作为一个资源型省份，山西一直采取粗放式生产的发展道路。相应地，其边际减排成本相对较低，也就是说，它不需要为减少相同数量的二氧化碳排放而付出太多代价。因此，在碳交易市场推出时，山西可以通过出售碳配额来获得额外收入。此外，上海是全国最重要的经济、金融和贸易中心，第二产业增加值仅占 29.83%，经济主要受第三产业驱动。在此基础上，其边际减排成本相对较高，需要为完成减排目标付出很大代价。在这种情况下，上海可以以低于边际减排成本的价格从碳交易市场购买配额。因此，与没有碳交易的情况相比，上海市也可以从碳交易市场获得额外的福利。

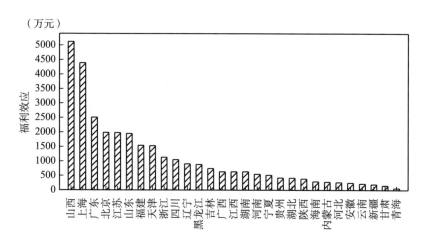

图 10-9　目标 1 下按降序排列的各省的福利效应

图 10-10 描绘了目标 2 下各省的福利效应。与目标 1 的情况类似，山西获得的福利最多，广东位居第二，而甘肃在这次碳交易中得益最少。我们可以看到，所提出的模型可以平衡具有不同碳排放特征的省份之间的福利效应。但是，基于单一指标的分配方案下的福利效应在碳排放特征方面具有一定的趋势。例如，基于历史排放量的配额分配方案将为二氧化碳排放量较多的省份带来更多福利，这对其他有效利用资源的省份是不公平的，不利于节能减排。如果按国内生产总值分配配额，经济实力强的省份将从碳交易市场获得更多福利。但是，它将给欠发达省份带来过重的负担，不

利于经济发展，从而导致贫富差距扩大。以人口为基础的分配方案将使人口更多的省份受益，但是它忽视了经济发展的内在需要。因此，基于单一指标的基本方案难以满足所有省份的要求。基于此，本书提出了一种基于加权投票模型和 ZSGDEA 模型的双层分配模式，综合考虑了各种指标的优缺点。在这个模型中，每个省份都可以通过投票来选择它们的偏好方案，而不是像单一指标分配方案那样只关注单个指标的高低。接下来，我们将继续探索这个模型的优越性。

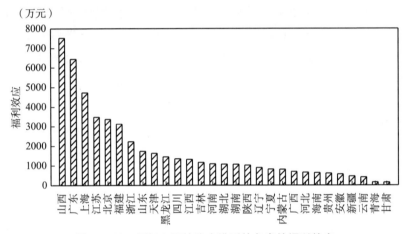

图 10 - 10　目标 2 下按降序排列的各省的福利效应

10.4　新型双层分配模式与传统模式比较研究

首先利用测算得到的碳配额总量，以 GDP 比例、历史排放量比例和人口数量比例作为初始碳配额分配的依据，分别得到各个省基于 GDP/历史排放量/人口单一分配模式的碳配额分配结果。GDP 和人口取 2017 年数值，历史排放量为 2005～2017 年期间的累计碳排放量。然后从碳配额分配和福利效应两个方面对比了基于 GDP/历史排放量/人口的三种基本分配模式与 WV - ZSGDEA 双层分配模型的优劣。

10.4.1　初始碳配额分布

图 10 - 11 和图 10 - 12 分别描述了目标 1 和目标 2 下 WV - ZSGDEA

模型与基于 GDP/历史排放量/人口的分配模型的比较结果。可以发现，在基于 GDP 的分配模式下，中国东部地区在目标 1 和目标 2 下的碳配额总量为 152 亿吨和 133 亿吨，占全国碳配额总量的 57.49%，而中部和西部地区仅占碳配额总量的 25.29% 和 17.22%。在这种模式下，经济发达地区可以获得更多的碳配额，而那些欠发达地区则获得较少的碳配额，这无疑会给经济落后地区带来较大的减排负担，阻碍其经济发展。相比之下，按照历史排放量的分配原则，中国东部的碳配额比例略有下降，降至 44.28%，但仍高达 117 亿吨和 98 亿吨。相反，中部地区的碳配额比例增加到 31.64%，西部地区增加至 24.09%。在这种分配模式下，历史排放量较大的省份则获得更多的碳配额，历史排放量较少的省份的碳配额则较少。而历史排放量较少的省份多为经济落后的省份，所以这种分配制度依然会使那些欠发达地区承受巨大的减排压力，不利于其经济发展和社会和谐。另外，科技水平高、利用清洁能源的创新型省份同样会获得较少的碳配额，承担较大的减排压力，而排放较多二氧化碳的省份则会获得较大的碳配额。这种模式在一定程度上会阻碍创新发展，不利于节能减排政策的实施。至于基于人口的分配模式，虽然东部、中部、西部的配额比重差异进一步缩小，但东部仍旧领先于中部和西部，占 42.63%。并且人口平等主义者确保人口稠密的省份会获得更多的生活和发展碳配额；但是，配额不足将阻碍一些人口较少、经济落后的省份进一步发展。而在本书提出的WV-ZSGDEA 模型下，中国东部、中部和西部的碳配额差距会进一步缩小，一个经济区域获得的配额彼此相对接近。WV-ZSGDEA 模型综合考虑了上述三种传统分配模型的优点，改善了单一分配模型的不足。中国是一个幅员辽阔的大国，资源分布不均，各省之间的碳排放特征存在差异。所以本书将所有的省份聚成了四类区域，先利用信息熵理论和加权投票模型将碳配额分配到这四个区域，考虑了不同地区之间的碳排放特征的差异。然后利用层次分析法和加权投票模型将区域碳排放总量分配给区域内每个省份，充分考虑了每个省份的发展需要，保证了分配的公平性。最后在各个区域内利用 ZSGDEA 模型测算第一层的分配效率并对分配结果进行相应调整，以使每个省份的分配效率均达到 1，保证了分配的效率性。所以本书提出的分配模型不仅考虑了分配的公平性，也考虑了分配的效率，而且在这种分配模型，每个省份都有权为其偏好方案投票，可以平衡各个省份之间的偏好，更易于为所有省份所接受。

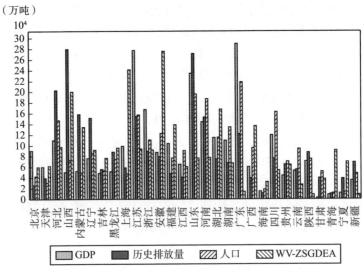

图 10 – 11   目标 1 下 WV – ZSGDEA 模型与基于 GDP/历史
排放量/人口分配模型的结果比较

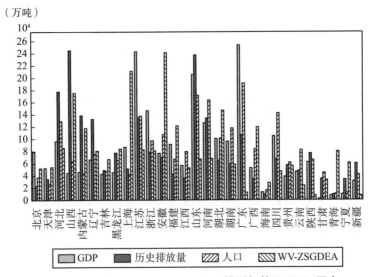

图 10 – 12   目标 2 下 WV – ZSGDEA 模型与基于 GDP/历史
排放量/人口分配模型的结果比较

10.4.2   福利效应及其分布

为对 WV – ZSGDEA 分配模型进行公平与效率验证，我们从福利效应的总量及其分布两个方面对比了该模型与三种传统分配模型的差异。图 10-13 描述了目标 1 和目标 2 下不同配额分配方案的总福利。从图中可以看出，该模型在目标 1 和目标 2 下均产生了最多的福利，基于历史排放量的分配方案次之，基于 GDP 的分配方案产生的福利效应最少，在目标 1 和目标 2 下分别为 2.4 亿元和 3.7 亿元，仅占 WV – ZSGDEA 分配模型的 76% 和 74%。另外，在目标 2 下，双层分配模型相对于其他传统模型在福利效应总量方面的优势更加凸显，这表明存在严格环境管制的背景下，利用 WV – ZSGDEA 分配碳配额更有效率优势。

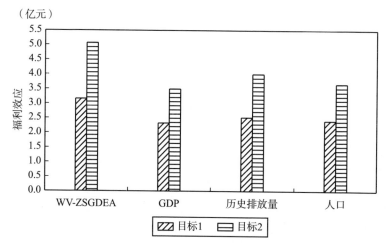

图 10-13 目标 1 和目标 2 下不同配额分配方案的福利效应总量

采用洛伦兹曲线可以衡量各省从碳交易市场获得的福利效应的分布状况。图 10-14 显示了目标 1 下 WV – ZSGDEA 模型，以及基于 GDP/历史排放量/人口三种碳配额分配方案的洛伦兹曲线。从图中可以看出，与其他三种方案相比，WV – ZSGDEA 模型的洛伦兹曲线更接近于绝对公平曲线，其他三种分配方案的洛伦兹曲线离绝对公平曲线的距离相差不大。也就是说，在 WV – ZSGDEA 模型下，各省所得到的福利效应最公平，其他三种传统的分配模型会带来更大的不公平。图 10-15 描绘了目标 2 下的四种分配方案的洛伦兹曲线和绝对公平曲线。与图 10-14 相似，WV – ZSGDEA 模型的洛伦兹曲线最接近绝对公平曲线。从以上分析可以看出，采用 WV – ZSGDEA 模型可以使全国各省从碳交易市场得到的福利效应最大，并且各省之间的福利效应差异最小。由此证明，WV – ZSGDEA 双层分配模型不仅保证了分配的效率，而且兼顾了分配的公平。

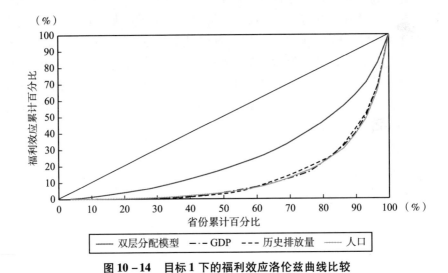

图 10 – 14　目标 1 下的福利效应洛伦兹曲线比较

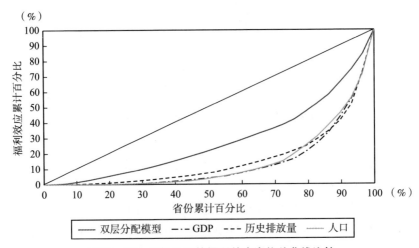

图 10 – 15　目标 2 下的福利效应洛伦兹曲线比较

10.5　本 章 小 结

　　本章基于对公平与效率的双重考量建立了一种新型的双层碳配额分配
机制。第一层分配机制——加权投票分配模型 WV 主要着眼于配额分配的公平性。根据中国 29 个省市 2005 ~ 2017 年间在减排责任、减排潜力、减排能力、减排压力和减排动力五大指标的实际表现进行聚类分析，29 个省市被分成四大类。分别利用熵权法和层次分析法对各区域及区域内各省份的五大指标进行赋权，计算各区域及各省份的综合碳排放指数，作为计算配额方案偏好投票权的依据。投票主要针对三种传统配额分配模式，即按照各区域或各省份历史排放量、人口数量和 GDP 比例等原则分配。第二层分配机制——ZSGDEA 模型主要着眼于配额分配的效率。通过将配额从非效率决策单元向有效率单元转移的方式，通过多次迭代最终实现所有决策单元均为有效的帕累托最优。

实证研究以 2030 年碳排放强度相比 2005 年下降 60% 和 65% 作为减排目标，依据 WV – ZSGDEA 双层分配机制将目标配额总量分配给中国 29 个省市，并模拟区域间碳市场出清结果。分析结果表明，与传统历史排放量原则、人口数量原则和 GDP 分配原则相比较，WV – ZSGDEA 双层分配机制下碳交易市场均衡时实现的福利效应总量更大，表明这一新型分配模式具有更高的效率。同时，根据 29 个省市福利效应描绘的洛伦兹曲线表明，新型双层配额分配机制比传统的分配方案福利分布更为均衡。这意味着，WV – ZSGDEA 配额分配模型是一种兼顾了效率与公平的创新模式。

参 考 文 献

[1] 陈德湖, 潘英超, 武春友. 中国二氧化碳的边际减排成本与区域差异研究 [J]. 中国人口·资源与环境, 2016, 26 (10): 86-93.

[2] 陈红蕾, 聂文丽. 中国碳排放影子价格度量及空间计量 [J]. 生态学报, 2018 (14): 1-8.

[3] 陈立芸. 公平与效率权衡下的碳排放权初始分配及减排成本研究 [D]. 天津: 天津大学, 2015.

[4] 陈立芸, 刘金兰, 王仙雅, 等. 基于 DDF 动态分析模型的边际碳减排成本估算——以天津市为例 [J]. 系统工程, 2014 (9): 74-80.

[5] 陈诗一. 边际减排成本与中国环境税改革 [J]. 中国社会科学, 2011 (003): 85-100.

[6] 陈诗一. 工业二氧化碳的影子价格: 参数化和非参数化方法 [J]. 世界经济, 2010 (8): 95-113.

[7] 陈诗一. 中国工业分行业统计数据估算: 1980—2008 [J]. 经济学 (季刊), 2011 (3): 735-776.

[8] 陈文颖, 高鹏飞, 何建坤. 用 MARKAL-MACRO 模型研究碳减排对中国能源系统的影响 [J]. 清华大学学报 (自然科学版), 2004 (3): 342-346.

[9] 崔连标, 范英, 朱磊, 等. 碳排放交易对实现我国"十二五"减排目标的成本节约效应研究 [J]. 中国管理科学, 2013 (1): 37-46.

[10] 戴淑芬, 郝雅琦, 张超. 我国钢铁企业污染物影子价格估算研究 [J]. 价格理论与实践, 2014 (010): 48-50.

[11] 丁丁, 冯静茹. 论我国碳交易配额分配方式的选择 [J]. 国际商务 (对外经济贸易大学学报), 2013, 卷缺失 (4): 83-92.

[12] 董梅, 徐璋勇, 李存芳. 碳强度约束对城乡居民福利水平的影响: 基于 CGE 模型的分析 [J]. 中国人口·资源与环境, 2018, 28 (2): 94-105.

[13] 范英，张晓兵，朱磊．基于多目标规划的中国二氧化碳减排的宏观经济成本估计 [J]．气候变化研究进展，2010，6（2）：130-135．

[14] 冯雪珺．应对气候变化，中国展现引导力 [N]．人民日报，2017-11-19（003）．

[15] 冯玉婧．从波恩气候大会看中国生态文明新亮点 [N]．中国能源报，2017-11-20（019）．

[16] 傅京燕，代玉婷．碳交易市场链接的成本与福利分析——基于MAC 曲线的实证研究 [J]．中国工业经济，2015（9）：84-98．

[17] 傅京燕，李丽莎．环境规制、要素禀赋与产业国际竞争力的实证研究——基于中国制造业的面板数据 [J]．管理世界，2010（010）：87-98．

[18] 傅京燕，邹海英．碳价格对我国工业部门竞争力及减排效应 [J]．科技管理研究，2017，37（7）：234-241．

[19] 公欣．波恩气候大会将启 中国态度"非常明确" [N]．中国经济导报，2017-11-03．

[20] 郭茹，吕爽，曹晓静，等．基于ZSG-DEA 模型的中国六大行业碳减排分配效率研究 [J]．生态经济，2020（1）：13-18．

[21] 国家统计局，国家能源局．中国能源统计年鉴2016 [M]．北京：中国统计出版社，2016．

[22] 韩一杰，刘秀丽．中国二氧化碳减排的增量成本测算 [J]．管理评论，2010（6）：100-105．

[23] 韩宇．我国工业分行业碳排放权分配研究 [D]．北京：中国矿业大学，2017．

[24] 何建武，李善同．节能减排的环境税收政策影响分析 [J]．数量经济技术经济研究，2009（1）：31-44．

[25] 贺菊煌，沈可挺，徐嵩龄．碳税与二氧化碳减排的CGE 模型 [J]．数量经济技术经济研究，2002，19（10）：39-47．

[26] 侯伟丽，吴亚芸，郑肖南．碳税的三重效应分析——碳税政策实施效应的比较 [J]．中国环境管理，2016，8（3）：84-89．

[27] 黄德春，刘志彪．环境规制与企业自主创新——基于波特假设的企业竞争优势构建 [J]．中国工业经济，2006（3）：100-106．

[28] 吉丹俊．中国省域二氧化碳边际减排成本估计：基于参数化的方法 [J]．常州大学学报（社会科学版），2017，18（1）：52-62．

[29] 蒋惠琴．碳排放权初始配额分配研究 [D]．杭州：浙江工业大

学，2019.

[30] 今日早报. 中国承诺 2030 年左右二氧化碳到达峰值 [N]. 碳排放交易网，2014 - 11 - 14.

[31] 李桂芝，崔红艳，严伏林，等. 全面两孩政策对我国人口总量结构的影响分析 [J]. 人口研究，2016，40 (4)：52 - 59.

[32] 李怀政. 环境规制、技术进步与出口贸易扩张——基于我国 28 个工业大类 VAR 模型的脉冲响应与方差分解 [J]. 国际贸易问题，2011 (12)：130 - 137.

[33] 李怀政，林杰. 出口贸易的碳排放效应：源于中国工业证据 [J]. 国际经贸探索，2013，029 (003)：4 - 17.

[34] 李凯杰，曲如晓. 碳排放配额初始分配的经济效应及启示 [J]. 国际经济合作，2012 (3)：21 - 24.

[35] 李全生，郁璇. 我国省级区域的人均碳排放研究 [J]. 西安电子科技大学学报 (社会科学版)，2013 (2)：103 - 111.

[36] 李陶，陈林菊，范英. 基于非线性规划的我国省区碳强度减排配额研究 [J]. 管理评论，2010 (6)：54 - 60.

[37] 李小平，卢现祥，陶小琴. 环境规制强度是否影响了中国工业行业的贸易比较优势 [J]. 世界经济，2012，000 (004)：62 - 78.

[38] 李岩岩，兰玲，陆敏. 碳税对工业企业节能减排影响的模拟分析 [J]. 统计与决策，2017 (16)：174 - 177.

[39] 李玉楠，李廷. 环境规制、要素禀赋与出口贸易的动态关系——基于我国污染密集产业的动态面板数据 [J]. 国际经贸探索，2012 (1)：36 - 44.

[40] 刘洁，李文. 征收碳税对中国经济影响的实证 [J]. 中国人口·资源与环境，2011，21 (9)：99 - 104.

[41] 刘明磊，朱磊，范英. 我国省级碳排放绩效评价及边际减排成本估计：基于非参数距离函数方法 [J]. 中国软科学，2011 (3)：106 - 114.

[42] 刘楠峰，范莉莉，陈肖琳. 碳交易机制下以技术投入为导向的边际减排成本曲线研究——以水泥、火电、煤炭和钢铁行业为例 [J]. 中国科技论坛，2017 (7)：57 - 63.

[43] 刘小敏，付加锋. 基于 CGE 模型的 2020 年中国碳排放强度目标分析 [J]. *Resources Science*，2011，33 (4).

[44] 刘学之，黄敬，郑燕燕，等. 碳交易背景下中国石化行业 2020

年碳减排目标情景分析 [J]. 中国人口·资源与环境，2017，27（10）：
103 – 114.

[45] 娄峰. 碳税征收对我国宏观经济及碳减排影响的模拟研究 [J].
数量经济技术经济研究，2014（10）.

[46] 陆旸. 环境规制影响了污染密集型商品的贸易比较优势吗？[J].
经济研究，2009（4）：30 – 42.

[47] 吕可文，苗长虹，尚文英. 工业能源消耗碳排放行业差异研
究——以河南省为例 [J]. 经济地理，2012，32（12）：15 – 20.

[48] 骆瑞玲，范体军，李淑霞，等. 我国石化行业碳排放权分配研究
[J]. 中国软科学，2014（2）：176 – 183.

[49] 潘伟，吴婷，王凤侠. 中国行业碳排放分配效率研究 [J]. 统计
与决策，2015（18）：142 – 144.

[50] 潘勋章，滕飞，王革华. 不同碳排放权分配方案下各国减排成本
的比较 [J]. 中国人口·资源与环境，2013（12）：16 – 21.

[51] 钱浩祺，吴力波，任飞州. 从"鞭打快牛"到效率驱动：中国区
域间碳排放权分配机制研究 [J]. 经济研究，2019，54（3）：88 – 104.

[52] 任松彦，戴瀚程，汪鹏，赵黛青，增井利彦. 碳交易政策的经济
影响：以广东省为例 [J]. 气候变化研究进展，2015，11（1）：61 – 67.

[53] 茹蕾. 能源与环境视角下中国制糖业经济效率研究 [D]. 北京：
中国农业大学，2016.

[54] 单豪杰. 中国资本存量 K 的再估算：1952 ~ 2006 年 [J]. 数量经
济技术经济研究，2008，25（10）：17 – 31.

[55] 沈利生. 我国对外贸易结构变化不利于节能降耗 [J]. 管理世界，
2007（10）：43 – 50，171 – 172.

[56] 时佳瑞. 基于 CGE 模型的中国能源环境政策影响研究 [D]. 北
京：北京化工大学，2016.

[57] 宋德勇，刘习平. 中国省际碳排放空间分配研究 [J]. 中国人口·
资源与环境，2013，23（5）：7 – 13.

[58] 宋杰鲲，曹子建，张凯新. 我国省域二氧化碳影子价格研究 [J].
价格月刊，2016（6）：76 – 79.

[59] 宋杰鲲，张凯新，曹子建. 省域碳排放配额分配——融合公平和
效率的研究 [J]. 干旱区资源与环境，2017（5）：7 – 13.

[60] 苏东水. 产业经济学（第二版）　[M]. 北京：高等教育出版

社，2005.

[61] 苏明，傅志华，许文，王志刚，李欣，梁强. 碳税的国际经验与借鉴 [J]. 环境经济，2009（9）：28 – 32.

[62] 孙睿，况丹，常冬勤. 碳交易的"能源 – 经济 – 环境"影响及碳价合理区间测算 [J]. 中国人口·资源与环境，2014，24（7）：82 – 90.

[63] 孙振清，张楠，贾旭，等. 中国区域碳排放权配额分配机制研究 [J]. 环境保护，2014（1）：44 – 46.

[64] 谭彦，何建坤. 温室气体减排项目评估方法探讨 [J]. 重庆环境科学，1999，21（2）：21 – 23.

[65] 涂正革，谌仁俊. 传统方法测度的环境技术效率低估了环境治理效率？——来自基于网络 DEA 的方向性环境距离函数方法分析中国工业省级面板数据的证据 [J]. 经济评论，2013（5）：89 – 99.

[66] 涂正革. 工业二氧化硫排放的影子价格：一个新的分析框架 [J]. 经济学（季刊），2010（1）：259 – 282.

[67] 汪秋月. 基于参数化双曲距离函数模型的中国省级环境技术效率研究 [D]. 杭州：浙江大学，2015.

[68] 王兵，吴延瑞，颜鹏飞. 环境管制与全要素生产率增长：APEC 的实证研究 [J]. 经济研究，2008，043（005）：19 – 32.

[69] 王兵，朱晓磊，杜敏哲. 造纸企业污染物排放影子价格的估计——基于参数化的方向性距离函数 [J]. 环境经济研究，2017，2（003）：79 – 100.

[70] 王灿，陈吉宁，邹骥. 基于 CGE 模型的 CO_2 减排对中国经济的影响 [J]. 清华大学学报（自然科学版），2005（12）：1621 – 1624.

[71] 王传宝，刘林奇. 我国环境管制出口效应的实证研究 [J]. 国际贸易问题，2009，318（006）：83 – 90.

[72] 王丹舟，王心然，李俞广. 国外碳税征收经验与借鉴 [J]. 中国人口·资源与环境，2018，28（S1）：20 – 23.

[73] 王金营，戈艳霞. 全面二孩政策实施下的中国人口发展态势 [J]. 人口研究，2016，40（6）：3 – 21.

[74] 王思斯. 基于随机前沿分析的二氧化碳排放效率及影子价格研究 [D]. 南京：南京航空航天大学，2012.

[75] 王文举，陈真玲，中国省级区域初始碳配额分配方案研究——基于责任与目标、公平与效率的视角 [J]. 管理世界，2019，35（3）：81 – 98.

[76] 王鑫, 滕飞. 中国碳市场免费配额发放政策的行业影响 [J]. 中国人口·资源与环境, 2015, 25 (2): 129 – 134.

[77] 王志文, 张方. 我国开征碳税的碳减排效果分析 [J]. 沈阳工业大学学报 (社会科学版), 2012, 05 (1): 40 – 44.

[78] 魏楚. 中国城市 CO_2 边际减排成本及其影响因素 [J]. 世界经济, 2014, 037 (007): 115 – 141.

[79] 魏涛远, 格罗姆期洛德. 征收碳税对中国经济与温室气体排放的影响 [J]. 世界经济与政治, 2002 (8): 47 – 49.

[80] 吴洁, 范英, 夏炎, 等. 碳配额初始分配方式对我国省区宏观经济及行业竞争力的影响 [J]. 管理评论, 2015 (12): 18 – 26.

[81] 吴力波, 钱浩祺, 汤维祺. 基于动态边际减排成本模拟的碳排放权交易与碳税选择机制 [J]. 经济研究, 2014, 49 (9): 48 – 61.

[82] 吴贤荣, 张俊飚, 朱烨, 等. 中国省域低碳农业绩效评估及边际减排成本分析 [J]. 中国人口·资源与环境, 2014, 24 (010): 57 – 63.

[83] 夏炎, 范英. 基于减排成本曲线演化的碳减排策略研究 [J]. 中国软科学, 2012, 255 (3): 17 – 27.

[84] 谢传胜, 董达鹏, 贾晓希, 陈英杰. 中国电力行业碳排放配额分配——基于排放绩效 [J]. 技术经济, 2011, 30 (11): 57 – 62.

[85] 邢贞成, 王济干, 张婕. 行业异质下全国性碳交易市场定价研究——基于非参数 Meta – frontier DDF 动态分析模型 [J]. 软科学, 2017, 31 (12): 124 – 128.

[86] 许倩楠. 基于省际面板数据的碳减排成本分析 [D]. 保定: 华北电力大学, 2014.

[87] 宣晓伟, 张浩. 碳排放权配额分配的国际经验及启示 [J]. 中国人口·资源与环境, 2013 (12): 10 – 15.

[88] 闫冰倩, 乔晗, 汪寿阳. 碳交易机制对中国国民经济各部门产品价格及收益的影响研究 [J]. 中国管理科学, 2017, 25 (7): 1 – 10.

[89] 姚云飞, 梁巧梅, 魏一鸣. 主要排放部门的减排责任分担研究: 基于全局成本有效的分析 [J]. 管理学报, 2012, 9 (8): 1239 – 1245.

[90] 袁鹏, 程施. 我国工业污染物的影子价格估计 [J]. 统计研究, 2011, 028 (009): 66 – 73.

[91] 袁永娜, 李娜, 石敏俊. 我国多区域 CGE 模型的构建及其在碳交易政策模拟中的应用 [J]. 数学的实践与认识, 2016, 46 (3): 106 – 116.

[92] 袁永娜，石敏俊，李娜，等．碳排放许可的强度分配标准与中国区域经济协调发展——基于30省区CGE模型的分析 [J]．气候变化研究进展，2012（1）：60 - 67．

[93] 岳文，韩剑．加成率估算方法研究述评与展望 [J]．产业经济评论（山东大学），2018（2）．

[94] 张博，何明洋．基于全国统一碳市场下的中国各省市初始碳排放权分配方案研究 [J]．云南财经大学学报，2015，176（6）：104 - 115．

[95] 张明喜．我国开征碳税的CGE模拟与碳税法条文设计 [J]．财贸经济，2010（3）：61 - 66．

[96] 张蔚然．美国宣布应对气候变化新规，收紧重型车碳排放标准 [N]．中心新闻网，2016 - 11 - 12．

[97] 张新林，赵媛，王长建．基于投入 - 产出原理的新疆能源消费碳排放行业差异研究 [J]．资源与产业，2017（1）：85 - 92．

[98] 张益纲，朴英爱．世界主要碳排放交易体系的配额分配机制研究 [J]．环境保护，2015（10）：55 - 59．

[99] 张志强．环境管制、价格传递与中国制造业企业污染费负担——基于重点监控企业排污费的证据 [J]．产业经济研究，2018，000（004）：65 - 75．

[100] 赵静．城市碳减排成本及其影响因素研究 [D]．广州：暨南大学，2017．

[101] 赵静敏，赵爱文．碳减排约束下国外碳税实施的经验与启示 [J]．管理世界，2016（12）：174 - 175．

[102] 赵巧芝，闫庆友．中国省域二氧化碳边际减排成本的空间演化轨迹 [J]．统计与决策，2019（14）．

[103] 赵文会，高姣倩，宋亚君．基于Cournot模型的电力行业初始碳排放权分配策略研究 [J]．软科学，2017（1）．

[104] 赵永斌，丛建辉，杨军，等．中国碳市场配额分配方法探索 [J]．资源科学，2019，41（5）：50 - 61．

[105] 赵玉焕，范静文．碳税对能源密集型产业国际竞争力影响研究 [J]．中国人口·资源与环境，2012，22（6）：45 - 51．

[106] 中华人民共和国国务院新闻办公室．国家应对气候变化规划（2014 - 2020年）[N]．国家发展和改革委员会，2014 - 11 - 12．

[107] 钟蓉，张庭婷，谢晓敏，等．基于ZSG - DEA模型的上海六大

行业碳排放权分配效率研究 [J]. 生态经济, 2018, 34 (2): 37 -41.

[108] 周迪, 王文捷, 陈梓佳. 基于配额指标重要性视角的中国碳排放配额再分配 [J]. 中国环境科学, 2020, 40 (12): 5551 -5560.

[109] 周鹏, 周迅, 周德群. 二氧化碳减排成本研究述评 [J]. 管理评论, 2014, 26 (11): 20 -27.

[110] 周晟吕, 石敏俊, 李娜, 袁永娜. 碳税政策的减排效果与经济影响 [J]. 气候变化研究进展, 2011, 07 (3): 210 -216.

[111] 朱启荣. 我国出口贸易与工业污染: 环境规制关系的实证分析 [J]. 世界经济研究, 2007, 000 (008): 47 -51.

[112] 朱潜挺, 吴静, 洪海地, 等. 后京都时代全球碳排放权配额分配模拟研究 [J]. 环境科学学报, 2015, 35 (1): 329 -336.

[113] 朱永彬, 刘晓, 王铮. 碳税政策的减排效果及其对我国经济的影响分析 [J]. 中国软科学, 2010 (4): 1 -9.

[114] 祝树金, 钟腾龙, 李仁宇. 中间品贸易自由化与多产品出口企业的产品加成率 [J]. 中国工业经济, 2018, (001): 41 -59.

[115] Aigner D. J., Chu S. F.. On Estimating the Industry Production Function [J]. *American Economic Review*, 1968, 58 (4): 826 -839.

[116] Aiken D. V., Jr C. A. P.. Adjusting the Measurement of US Manufacturing Productivity for Air Pollution Emissions Control [J]. *Resource & Energy Economics*, 2003, 25 (4): 329 -351.

[117] Allan G., Lecca. P., Mcgregor P., et al. The Economic and Environmental Impact of a Carbon Tax for Scotland: A Computable General Equilibrium Analysis [J]. *Ecological Economics*, 2014, 100 (100): 40 -50.

[118] Badau F., Färe R., Gopinath M.. Global Resilience to Climate Change: Examining Global Economic and Environmental Performance Resulting from a Global Carbon Dioxide Market [J]. *Resource & Energy Economics*, 2016, 45: 46 -64.

[119] Barker T., Baylis S., Madsen P.. A UK carbon/energy tax: The Macroeconomics Effects [J]. *Energy Policy*, 1993, 21 (3): 296 -308.

[120] Baumol W. J., Oates W. E.. The Theory of Environmental Policy [J]. *Cambridge Books*, 1988, 27 (1): 127 -128.

[121] Böhringer C., Lange A.. On the Design of Optimal Grandfathering Schemes for Emission Allowances [J]. *European Economic Review*, 2003, 49

(8): 2041 – 2055.

[122] BP Statistical Review of World Energy. 2019. https://www. bp. com/ content/dam/bp/businesssites/en/global/corporate/pdfs/energy-economics/statist ical-review/bp-stats-review – 2019-full-report. pdf.

[123] Brandt L. , Biesebroeck J. V. , Wang L. , et al. WTO Accession and Performance of Chinese Manufacturing Firms [J]. *Cepr Discussion Papers*, 2012, 107 (9): 2784 – 2820.

[124] Bresnahan T. F. . Empirical Studies of Industries with Market Power [J]. *Handbook of Industrial Organization*, 1989, 2 (89): 1011 – 1057.

[125] Brian R. Copeland, M. Scott Taylor. Trade, Growth and the Environment [J]. *NBER Working Papers*, 2003, 42 (1): 7 – 71.

[126] Bruvoll A. , Larsen B. M. . Greenhouse Gas Emissions in Norway: Do Carbon Taxes Work? [J]. *Energy Policy*, 2004, 32 (4): 493 – 505.

[127] Caves D. W. , Christensen L. R. , Diewert W. E. . The Economic Theory of Index Numbers and the Measurement of Input, Output, and Productivity [J]. *Econometrica*, 1982, 50 (6): 1393 – 1414.

[128] Chang. K, Zhang C. , Chang H. . Emissions Reduction Allocation and Economic Welfare Estimation through Interregional Emissions Trading in China: Evidence from Efficiency and Equity [J]. *Energy*, 2016, 113 (OCT. 15): 1125 – 1135.

[129] Chen L. Y. , Liu J. L. , Wang X. Y. , et al. Marginal Carbon Abatement Cost Estimation Based on the DDF Dynamic Analysis Model——Taking Tianjin for Example [J]. *Systems Engineering*, 2014.

[130] Chen, S. . Shadow Price of Industrial Carbon Dioxide: Parametric and Non Parametric Method [J]. *World Economy*, 2010, 33 (8): 93 – 111.

[131] Chen Y. , Wang J. G. , Zhang J. , et al. The Regional Initial Allocation Model of Carbon Emissions Permits in Power Industry [C]//Advanced Materials Research. Trans Tech Publications, 2014, 869: 399 – 403.

[132] Cheng F. L. , Lin S. J. , Lewis C. . Analysis of the Impacts of Combining Carbon Taxation and Emission Trading on Different Industry Sectors [J]. *Energy Policy*, 2008, 36 (2): 722 – 729.

[133] Chiu Y. , Lin J. C. , Hsu C. C. , et al. Carbon Emission Allowances of Efficiency Analysis: Application of Super SBM ZSG – DEA Model [J]. *Polish*

Journal of Environmental Studies, 2013, 22 (3).

[134] Choi, Y. , Zhang, N. , Zhou, P. . Efficiency and Abatement Costs of Energy-related CO_2 Emissions in China: A Slacks-based Efficiency Measure. Appl. Energy, 2012, 98 (5): 198 –208.

[135] Ciscar J. C. , Saveyn B. , Soria A. , et al. A Comparability Analysis of Global Burden Sharing GHG Reduction Scenarios [J]. *Energy Policy*, 2013, 55: 73 –81.

[136] Coggins J. S. , Swinton J. R. . The Price of Pollution: A Dual Approach to Valuing SO_2 Allowances [J]. *Journal of Environmental Economics & Management*, 1996, 30 (1): 58 –72.

[137] Cong R. G. , Wei Y. M. . Potential Impact of (CET) Carbon Emissions Trading on China's Power Sector: A Perspective from Different Allowance Allocation Options [J]. *Energy*, 2010, 35 (9): 3.

[138] Cuesta R. A. , Lovell C. , Zofio J. L. . Environmental Efficiency Measurement with Translog Distance Functions: A Parametric Approach [J]. *Ecological Economics*, 2009, 68 (8 –9): 2232 –2242.

[139] Cullen J. A. , Mansur E. T. . Inferring Carbon Abatement Costs in Electricity Markets: A Revealed Preference Approach Using the Shale Revolution [J]. *Nber Working Papers*, 2014, 9 (3): 106 –133.

[140] Dan W. , Sl A. , Li L. C. , et al. Dynamics of Pollutants' Shadow Price and Its Driving Forces: An Analysis on China's Two Major Pollutants at Provincial Level [J]. *Journal of Cleaner Production*, 2020.

[141] Dang T. , Mourougane A. . Estimating Shadow Prices of Pollution in OECD in OECD Economies [J]. *General Information*, 2014.

[142] Delarue E. DEllermanetal. . Robust MACCs The Topography of Abatement by Fuel Switching in the European Power Sector [J]. *Energy*, 2010, 35 (3): 1465 –1475.

[143] Dong F. , Long R. , Yu. B, et al. How can China Allocate CO_2 Reduction Targets at the Provincial Level Considering Both Equity and Efficiency? Evidence from Its Copenhagen Accord Pledge [J]. *Resources Conservation & Recycling*, 2018, 130: 31 –43.

[144] Dong F. , Yu B. , Hadachin T, et al. Drivers of Carbon Emission Intensity Change in China [J]. *Resources Conservation & Recycling*, 2018,

129: 187 – 201.

［145］ Du L. , Hanley A. , Wei C.. Estimating the Marginal Abatement Cost Curve of CO_2, Emissions in China: Provincial Panel Data Analysis ［J］. *Energy Economics*, 2015, 48: 217 – 229.

［146］ Du L. , Hanley A. , Wei C.. Marginal Abatement Costs of Carbon Dioxide Emissions in China: A Parametric Analysis ［J］. *Environmental & Resource Economics*, 2015, 61 (2): 191 – 216.

［147］ Du L. , Mao. J.. Estimating the Environmental Efficiency and Marginal CO_2, Abatement Cost of Coal-fired Power Plants in China ［J］. *Energy Policy*, 2015, 85 (11): 347 – 356.

［148］ Du, L. M. , Hanley, A. , Wei, C. , 2015b. Marginal Abatement Costs of Carbon Dioxide Emissions in China: A Parametric Analysis. Environ. Resour. Econ. 61 (2): 191 – 216.

［149］ Edwards T. H. , Hutton J. P.. Allocation of Carbon Permits Within a Country: A General Equilibrium Analysis of the United Kingdom ［J］. *Energy Economics*, 2001, 23 (4): 371 – 386.

［150］ Emission Quota from the Perspective of Welfare Effect ［J］. *Energies*, 2019, 12 (11).

［151］ Eva Camacho-cuena, Till Requate, Israel Waichman. Investment Incentives Under Emission Trading an Experimental Study ［J］. *Springer Netherlands*, 2012, 53 (2): 229 – 249.

［152］ Fabian Kesicki. , Neil Strachan. Marginal Abatement Cost (MAC) Curves: Confronting Theory and Practice ［J］. *Environmental Science and Policy*, 2011, 14 (8).

［153］ Fan Y. , Wu J. , Xia Y. , et al. How Will a Nationwide Carbon Market Affect Regional Economies and Efficiency of CO_2, Emission Reduction in China? ［J］. *China Economic Review*, 2016, 38: 15.

［154］ Fang G. , Liu M. , Tian L, et al. Optimization Analysis of Carbon Emission Rights Allocation Based on Energy Justice—The Case of China ［J］. *Journal of Cleaner Production*, 2018, 202: 748 – 758.

［155］ Fang G, Tian L. , Fu M. , et al. The Impacts of Carbon Tax on Energy Intensity and Economic Growth – A Dynamic Evolution Analysis on the Case of China ［J］. *Applied Energy*, 2013, 110 (5).

[156] Färe R. , Grosskopf. . Theory and Application of Directional Distance Functions [J]. *Journal of Productivity Analysis*, 2000, 13 (2): 93 – 103.

[157] Färe R. , Grosskopf S. , Lovell Cak et al. . Derivation of Shadow Prices for Undesirable Outputs A Distance Function Approach [J]. *The Review of Economics and Statistics*, 1993, 75 (2): 374 – 380.

[158] Färe R. , Grosskopf S. , Noh D. W. , et al. Characteristics of a Polluting Technology: Theory and Practice [J]. *Journal of Econometrics*, 2005, 126 (2): 469 – 492.

[159] Feng. , Dong, et al. How can China Allocate CO_2 Reduction Targets at the Provincial Level Considering Both Equity and Efficiency? Evidence from Its Copenhagen Accord Pledge [J]. *Resources Conservation & Recycling*, 2018.

[160] Fischer C. , Morgenstern R. . Carbon Abatement Costs: Why the Wide Range of Estimates? [J]. *Energy Journal*, 2006, Vol. 27 (2).

[161] Floros N. , Vlachou A. . Energy Demand and Energy-related CO_2 Emissions in Greek Manufacturing: Assessing the Impact of a Carbon Tax [J]. *Energy Economics*, 2005, 27 (3): 387 – 413.

[162] Frankel J. A. . The Environment and Globalization [J]. *NBER Working Papers*, 2003, 55 (2): 161 – 210.

[163] Fujimori S. , Masui T. , Matsuoka Y. Gains from Emission Trading under Multiple Stabilization Targets and Technological Constraints [J]. *Energy Economics*, 2015, 48: 306 – 315.

[164] Gale Boyd John Molburg Raymond Prince. Alternative Methods of Marginal Abatement Cost Estimation Non – Parametric Distance Functions [J]. *Sage Publications*, 1996, 3 (2): 145.

[165] Galinato G I. , Yoder J K. . Revenue – Neutral Tax – Subsidy Policy for Carbon Emission Reduction [J]. *Working Papers*, 2009, 33 (2008 – 22): 497.

[166] Golombek R. , Kittelsen S. A. C. , Rosendahl K. E. . Price and Welfare Effects of Emission Quota Allocation [J]. *Social Science Electronic Publishing*, 2013, 36 (3): 568 – 580.

[167] Grossman G. M. , Krueger A. B. . Environmental Impacts of a North American Free Trade Agreement [J]. *CEPR Discussion Papers*, 1992, 8 (2): 223 – 250.

[168] Hailu A. , Veeman T. S. . Environmentally Sensitive Productivity

Analysis of the Canadian Pulp and Paper Industry, 1959 – 1994: An Input Distance Function Approach [J]. *Journal of Environmental Economics and Management*, 2000, 40 (3): 251 –274.

[169] Han R, Tang B. J., Fan J. L., et al. Integrated Weighting Approach to Carbon Emission Quotas: An Application Case of Beijing – Tianjin – Hebei Region [J]. *Journal of Cleaner Production*, 2016, 131 (Complete): 448 –459.

[170] He X. Regional Differences in China's CO_2, Abatement Cost [J]. *Energy Policy*, 2015, 80: 145 – 152.

[171] Hermeling C., Löschel A., Mennel T. A New Robustness Analysis for Climate Policy Evaluations: A CGE Application for the EU 2020 Targets [J]. *Energy Policy*, 2013, 55 (4): 27 –35.

[172] Hernández – Sancho F., Molinos – Senante M, Sala – Garrido R.. Economic Valuation of Environmental Benefits from Wastewater Treatment Processes: An Empirical Approach for Spain [J]. *Science of the Total Environment*, 2010, 408 (4): 953 –957.

[173] Hojeong Park, Jaekyu Lim. Valuation of Marginal CO_2 Abatement Options for Eectric Power Plants in Korea [J]. *Energy Policy*, 2009, 37 (5).

[174] Hong T., Koo C., Lee S.. Benchmarks As a Tool for Free Allocation Through Comparison with Similar Projects: Focused on Multi-family Housing Complex [J]. *Applied Energy*, 2014, 114: 663 –675.

[175] http://www.cankaoxiaoxi.com/world/20160817/1270481.shtml.

[176] http://www.tanjiaoyi.com/article –23238 –1.html.

[177] http://www.tanpaifang.com/tanguihua/2014/1113/40057.html.

[178] Huang H., Roland – Holst D., Springer C., et al. Emissions Trading Systems and Social Equity: A CGE Assessment for China [J]. *Applied Energy*, 2019, 235: 1254 –1265.

[179] Huang, S. K., Kuo, L., Chou, K. L.. The Applicability of Marginal Abatement Cost Approach: A Comprehensive Review. J. Clean. Prod, 2016, 127, 59 –71.

[180] Hübler, Michael, Voigt S., et al. Designing an Emissions Trading Scheme for China—An Up-to-date Climate Policy Assessment [J]. *Energy Policy*, 2014, 75: 57 –72.

[181] 2006 IPCC Guidelines for National Greenhouse Gas Inventories Vol-

ume 2 Energy. Available Online: https: //www. ipcc-nggip. iges. or. jp/public/ 2006gl/vol2. html (accessed on 1 April 2018), 2118.

[182] IPCC. IPCC Guidelines for National Greenhouse Gas Inventories [R]. IPCC National Greenhouse Gas Inventory Program, Japan, 2006.

[183] Jeong – Dong Lee, Jong – Bok Park, Tai – Yoo Kim. Estimation of the Shadow Prices of Pollutants with Production/Environment Inefficiency Taken into Account: A Nonparametric Directional Distance Function Approach [J]. Journal of Environmental Management, 2002, 64 (4).

[184] Kaneko S. , Fujii H. , Sawazu N. , et al. Financial Allocation Strategy for the Regional Pollution Abatement Cost Ofreducing Sulfur Dioxide Emissions in the Thermal Power Sector in China [J]. Energy Policy, 2010, 38 (5): 2131 – 2141.

[185] Klepper G. , Peterson S. . Marginal Abatement Cost Curves in General Equilibrium: The Influence of World Energy Prices [J]. Resource & Energy Economics, 2006, 28 (1): 1 – 23.

[186] Klette, T. J. , Market Power, Scale Economies and Productivity: Estimates from a Panel of Establishment Data [J]. Journal of Industrial Economics, 1999.

[187] Klimenko V V, Mikushina O V, Tereshin A G. Do We Really Need a Carbon Ttax? [J]. Applied Energy, 1999, 64 (1 –4): 311 – 316.

[188] Kong Y. , Zhao T. , Yuan R. , et al. Allocation of Carbon Emission Quotas in Chinese Provinces Based on Equality and Efficiency Principles [J]. Journal of Cleaner Production, 2019, 211: 222 – 232.

[189] Korhonen J. , Patari S. , Toppinen A. , et al. The Role of Environmental Regulation in the Future Competitiveness of the Pulp and Paper Industry: The Case of the Sulfur Emissions Directive in Northern Europe [J]. Journal of Cleaner Production, 2015, 108 (DEC. 1PT. A): 864 – 872.

[190] Kwon O. S. , Yun W. C. . Estimation of the Marginal Abatement Costs of Airborne Pollutants in Korea's Power Generation Sector [J]. Energy Economics, 1999, 21 (6): 547 – 560.

[191] Lee C. Y. , Zhou P. . Directional Shadow Price Estimation of CO_2, SO_2 and NO_x, in the United States Coal Power Industry 1990 – 2010 [J]. Energy Economics, 2015, 51: 493 – 502.

[192] Lee J. D., Park J. B., Kim T. Y.. Estimation of the Shadow Prices of Pollutants with Production/Environment Inefficiency Taken into Account: A Nonparametric Directional Distance Function Approach [J]. *Journal of Environmental Management*, 2002, 64 (4): 365 – 375.

[193] Lee M.. Potential Cost Savings from Internal/External CO_2 Emissions Trading in the Korean Electric Power Industry [J]. *Energy Policy*, 2011, 39 (10): 6162 – 6167.

[194] Lee M. The Shadow Price of Substitutable Sulfur in the US Electric Power Plant: A Distance Function Approach [J]. *Journal of Environmental Management*, 2005, 77 (2): 104 – 110.

[195] Lee M., Zhang N.. Technical Efficiency, Shadow Price of Carbon Dioxide Emissions and Substitutability for Energy in the Chinese Manufacturing Industries [J]. *Energy Economics*, 2012, 34 (5): 1492 – 1497.

[196] Lee Sang-choon, Oh Dong-hyun, Lee Jeong-dong. A New Approach to Measuring Shadow Price Reconciling Engineering and Economic Perspectives [J]. *Energy Economics*, 2014, 46 (6): 66 – 77.

[197] Leleu Hervé. Shadow Pricing of Undesirable Outputs in Nonparametric Analysis [J]. *European Journal of Operational Research*, 2013, 231 (2): 474 – 480.

[198] Li W., Jia Z.. The Impact of Emission Trading Scheme and the Ratio of Free Quota: A Dynamic Recursive CGE Model in China [J]. *Applied Energy*, 2016, 174: 1 – 14.

[199] Liang Peng Wu, Chen Y., Feylizadeh M. R.. Study on the Estimation, Decomposition and Application of China's Provincial Carbon Marginal Abatement Costs [J]. *Journal of Cleaner Production*, 2019.

[200] Liang Q. M., Fan Y., Wei Y. M.. Carbon Taxation Policy in China: How to Protect Energy-and Trade-intensive Sectors? [J]. *Journal of Policy Modeling*, 2007, 29 (2): 311 – 333.

[201] Liao Z., Zhu X., Shi J.. Case Study on Initial Allocation of Shanghai Carbon Emission Trading Based on Shapley Value [J]. *Journal of Cleaner Production*, 2015, 103: 338 – 344.

[202] Limin Du, Chu Wei, Shenghua Cai. Economic Development and Carbon Dioxide Emissions in China: Provincial Panel Data Analysis [J]. *China*

Economic Review, 2012, 23 (2).

[203] Lin, Shen, Wang, et al. The Potential Influence of the Carbon Market on Clean Technology Innovation in China [J]. *Climate Policy*, 2018.

[204] Lin B. , Jia Z. . The Impact of Emission Trading Scheme (ETS) and the Choice of Coverage Industry in ETS: A Case Study in China [J]. *Applied Energy*, 2017: 205.

[205] Linde P. . Toward a New Conception of the Environment-Competitiveness Relationship [J]. *Journal of Economic Perspectives*, 1995, 9 (4): 97 – 118.

[206] Liu H. , Lin B. . Cost-based Modelling of Optimal Emission Quota Allocation [J]. *Journal of Cleaner Production*, 2017, 149 (Complete): 472 – 484.

[207] Liu J. Y. , Xia Y. , Fan Y. , et al. Assessment of a Green Credit Policy Aimed at Energy-intensive Industries in China Based on a Financial CGE Model [J]. *Journal of Cleaner Production*, 2015: 163.

[208] Loecker J. D. , Goldberg P. K. , Khandelwal A. K. , et al. Prices, Markups and Trade Reform [J]. *Econometrica*, 2016, 84 (2): 445 – 510.

[209] Loecker J. D. , Warzynski F. . Markups and Firm – Level Export Status [J]. *American Economic Review*, 2009, 102 (6).

[210] M. Ghosh. Production-based Versus Demand-based Emissions Targets: Implications for Developing and Developed Economies [J]. *Environment & Development Economics*, 2014, 19 (5): 585 – 606.

[211] M. N. Murty, Surender Kumar, Kishore K. . Dhavala. Measuring Environmental Efficiency of Industry: A Case Study of Thermal Power Generation in India [J]. *Environmental and Resource Economics*, 2007, 38 (1): 31 – 50.

[212] Ma C. , Hailu A. . The Marginal Abatement Cost of Carbon Emissions in China [J]. *Working Papers*, 2015, 37 (1Spec.): 111 – 127.

[213] Mardones C. , Baeza N. . Economic and Environmental Effects of a CO_2 tax in Latin American Countries [J]. *Energy Policy*, 2018, 114: 262 – 273.

[214] Marklund P. O. , Samakovlis E. . What is Driving the EU Burden-sharing Agreement: Efficiency or Equity? [J]. *Journal of Environmental Management*, 2007, 85 (2): 317 – 329.

[215] Matsushita K. , Yamane F. . Pollution from the Electric Power Sector

in Japan and Efficient Pollution Reduction [J]. *Energy Economics*, 2012, 34 (4): 1124 –1130.

[216] Mcguire M. C.. Regulation, Factor Rewards, and International Trade [J]. *Journal of Public Economics*, 1982: 17.

[217] Mekaroonreung M., Johnson A. L.. Estimating the Shadow Prices of SO_2 and NO_x for US Coal Power Plants: A Convex Nonparametric Least Squares Approach [J]. *Energy Economics*, 2012, 34 (3): 723 –732.

[218] Molinos-Senante M., Guzmán C.. Reducing CO_2 Emissions from Drinking Water Treatment Plants: A Shadow Price Approach [J]. *Applied Energy*, 2018, 210: 623 –631.

[219] Molinos-Senante M., Hanley N., Sala-Garrido R., Measuring the CO_2 Shadow Price for Wastewater Treatment: A Directional Distance Function Approach [J]. *Applied Energy*, 2015, 144: 241 –249.

[220] Moran D., Macleod M., Wall E., et al. Marginal Abatement Cost Curves for UK Agricultural Greenhouse Gas Emissions [J]. *Proceedings Issues*, 2010: Climate Change in World Agriculture: Mitigation, Adaptation, Trade and Food Security, June 2010, Stuttgart – Hohenheim, Germany, 2010, 62 (1): 93 –118.

[221] Murty M. N., Kumar S., Dhavala K. K.. Measuring Environmental Efficiency of Industry: A Case Study of Thermal Power Generation in India [J]. *Environmental & Resource Economics*, 2007, 38 (1): 31 –50.

[222] Murty M. N., Kumar S., Paul M.. Environmental Regulation, Productive Efficiency and Cost of Pollution Abatement: A Case Study of the Sugar Industry in India [J]. *Journal of Environmental Management*, 2006, 79 (1): 1 –9.

[223] Nakata T., Lamont A.. Analysis of the Impacts of Carbon Taxes on Energy Systems in Japan [J]. *Energy Policy*, 2001, 29 (2): 159 –166.

[224] Nordhaus W. D.. The Cost of Slowing Change: A Survey [J]. *Energy Journal*, 1991 (12): 37 –65.

[225] Okada, A.. *International Negotiations on Climate Change: A Noncooperative Game Analysis of the Kyoto Protocol* [M]. Berlin: Springer Publisher, 2007.

[226] Orlov A., Grethe H.. Carbon Taxation and Market Structure: A

CGE Analysis for Russia [J]. *Energy Policy*, 2012, 51 (6): 696 – 707.

[227] Owens S. , Grubb M.. The Greenhouse Effect: Negotiating Targets [J]. *International Affairs*, 1990, 66 (4): 810.

[228] P. Zhou, X. Zhou, L. W. Fan. On Estimating Shadow Prices of Undesirable Outputs with Efficiency Models: A Literature Review [J]. *Applied Energy*, 2014: 130.

[229] Paltsev S. , Reilly J. M. , Jacoby H. D. , et al. Assessment of U. S. Cap-and-trade Proposals [J]. *Working Papers*, 2007, 8 (4): 395 – 420.

[230] Paltsev S. , Reilly J. M. , Jacoby H. D. , et al. MIT Joint Program on the Science and Policy of Global Change Assessment of U. S. Cap-and – Trade Proposals [J]. *Energy Economics*, 2010, 33 (6): 20 – 33.

[231] Pan X. , Teng F. , Wang G.. A Comparison of Carbon Allocation Schemes: On the Equity-efficiency Tradeoff [J]. *Energy*, 2014, 74: 222 – 229.

[232] Pan X. , Teng F. , Wang G.. Sharing Emission Space at an Equitable Basis: Allocation Scheme Based on the Equal Cumulative Emission Per Capita Principle [J]. *Applied Energy*, 2014, 113: 1810 – 1818.

[233] Pang R. , Deng Z. , Chiu Y.. Pareto Improvement Through a Reallocation of Carbon Emission Quotas [J]. *Renewable and Sustainable Energy Reviews*, 2015, 50: 419 – 430.

[234] Park H. , Lim J.. Valuation of Marginal CO_2, Abatement Options for Electric Power Plants in Korea [J]. *Energy Policy*, 2009, 37 (5): 1834 – 1841.

[235] Park J. W. , Kim C. U. , Isard W.. Permit Allocation in Emissions Trading Using the Boltzmann Distribution [J]. *Physica A: Statistical Mechanics and Its Applications*, 2012, 391 (20): 4883 – 4890.

[236] Peace J. , Juliani T.. The Coming Carbon Market and Its Impact on the American Economy [J]. *Policy & Society*, 2009, 27 (4): 305 – 316.

[237] Peng J. , Yu B. Y. , Liao H. , et al. Marginal Abatement Costs of CO_2 Emissions in the Thermal Power Sector: A Regional Empirical Analysis from China [J]. *Journal of Cleaner Production*, 2018: S0959652617322540.

[238] Peper V. , Stingl K. , Thuemler H. , et al. Measuring the Cost of Environmentally Sustainable Industrial Development in India: A Distance Function Approach [J]. *Environment and Development Economics*, 2006, 7 (3): 467 – 486.

［239］Pethig R.. Pollution, Welfare and Environmental Policy in the Theory of Comparative Advantage ［J］. *Journal of Environmental Economics and Management*, 1976, 2 (3): 160 – 169.

［240］Pittman, R. W.. Multilateral Productivity Comparisons with Undesirable Outputs ［J］. *Economic Journal*, 1983, 93 (372): 883 – 891.

［241］Qunli Wu, Chunxiang Li, Hongjie Zhang, Jinyu Tian. Macro and Structural Effects of Carbon Tax in China Based on ECGE Model ［J］. *Polish Journal of Environment Studies*, 2018 (2).

［242］Racl Zofío. Hyperbolic Efficiency and Parametric Distance Functions: With Application to Spanish Savings Banks ［J］. *Journal of Productivity Analysis*, 2005, 24 (1): 31 – 48.

［243］Ralf Martin, Laure B. de Preux, Ulrich J. Wagner. The Impact of a Carbon Tax on Manufacturing: Evidence from Microdata ［J］. *Journal of Public Economics*, 2014: 117.

［244］Reig-Martinez E, Picazo-Tadeo A, Hernandez-Sancho F. The Calculation of Shadow Prices for Industrial Wastes Using Distance Functions: An Analysis for Spanish Ceramic Pavements Firms ［J］. *International Journal of Production Economics*, 2001, 69 (3): 277 – 285.

［245］Rivers N.. Impacts of Climate Policy on the Competitiveness of Canadian Industry: How Big and How to Mitigate? ［J］. *Energy Economics*, 2010, 32 (5): 1092 – 1104.

［246］Robert, E. , Hall. The Relation between Price and Marginal Cost in U. S. Industry ［J］. *Journal of Political Economy*, 1988, 96 (5): 921 – 947.

［247］Rødseth KennethLøvold. Capturing the Least Costly Way of Reducing Pollution A Shadow Price Approach ［J］. *Ecological Economics*, 2013, 92 (10): 16 – 24.

［248］Roeger W. Can Imperfect Competition Explain the Difference between Primal and Dual Productivity Measures ［J］. *Journal of Political Economy*, 1995, 103 (2): 316 – 330.

［249］Rolf Färe, Shawna Grosskopf, Carl A. Pasurka Jr, et al. Substitutability Among Undesirable Outputs ［J］. *Applied Economics*, 2012, 44 (1): 39 – 47.

［250］Rolf Färe, Shawna Grosskopf, Dong – Woon Noh, et al. Characteristics of a Polluting Technology: Theory and Practice [J]. *Journal of Econometrics*, 2005, 126 (2): 469 –492.

[251] Rolf Färe, Shawna Grosskopf, William L. Weber. Shadow Prices and Pollution Costs in U. S. Agriculture [J]. *Ecological Economics*, 2004, 56 (1).

[252] Rose A. Reducing Conflict in Global Warming Policy: the Potential of Equity as a Unifying Principle [J]. *Energy Policy*, 1990, 18 (10): 927 –935.

[253] Rose A. , Stevens B. , Edmonds J. , et al. International Equity and Differentiation in Global Warming Policy [J]. *Environmental and Resource Economics*, 1998.

[254] Rubashkina Y. , Galeotti M. , Verdolini E. . Environmental Regulation and Competitiveness: Empirical Evidence on the Porter Hypothesis from European Manufacturing Sectors [J]. *Energy Policy*, 2015, 83 (Aug.): 288 –300.

[255] Scherer F. M. , Ross D. . Industrial Market Structure and Economic Performance [J]. *Social Science Electronic Publishing*

[256] Sheng P. F. , Yang J. . The Heterogeneity and Convergence of Energy's Shadow Price in China—The Estimation of Nonparametric Input Distance Function [J]. *Industrial Economics Research*, 2014 (1): 70 –80.

[257] Shephard R W. *Theory of Cost and Production Functions* [M]. Princeton University Press, 2015.

[258] Shuai C, Shen L, Jiao L, et al. Identifying Key Impact Factors on Carbon Emission: Evidences from Panel and Time-series Data of 125 Countries from 1990 to 2011 [J]. *Applied Energy*, 2017, 187: 310 –325.

[259] Siebert, Horst. Environmental Quality and the Gains from Trade [J]. *Kyklos*, 1977, 30 (4): 657 –673.

[260] S Kverndokk. Tradeable CO_2 Emission Permits Initial Distribution as a Justice Problem [J]. *Environmental Values*, 1995, 4 (2): 1357 –1378.

[261] T. Nauclér, P. – A. Enkvist. Pathways to a Low-carbon Economy: Version 2 of the Global Greenhouse Gas Abatement Cost Curve. 192, McKinsey & Company (2009).

[262] Tan W. , Xu W. , Yu G. , et al. Initial Allocation of Carbon Emission Permits in Power Systems [J]. *Journal of Modern Power Systems and Clean Energy*, 2017, 5 (2): 239 –247.

[263] Tang L. , Shi J. , Bao Q. . Designing an Emissions Trading Scheme

for China with a Dynamic Computable General Equilibrium Model [J]. *Energy Policy*, 2016, 97: 507 – 520.

[264] Tang L., Wu J., Yu L., et al. Carbon Emissions Trading Scheme Exploration in China: A Multi-agent-based Model [J]. *Energy Policy*, 2015, 81: 152 – 169.

[265] Taylor B. Trade, Spatial Separation, and the Environment [J]. *Journal of International Economics*, 1999.

[266] Tietenberg T H. *Emissions Trading: An Exercise in Reforming Pollution Policy* [M]. Washington: Resources for the Future, 1985.

[267] Tu, Z.. The Shadow Price of Industrial SO_2 Emission: A New Analytic Framework. China Economic Quarterly (Jing – Ji – Xue Ji – Kan), 2009, 9, 259 – 282.

[268] Vaillancourt K., Loulou R., Kanudia A. The Role of Abatement Costs in GHG Permit Allocations: A Global Stabilization Scenario Analysis [J]. *Environmental Modeling & Assessment*, 2008, 13 (2): 169 – 179.

[269] Victoria Alexeeva. The Globalization of the Carbon Market: Welfare and Competitiveness Effects of Linking Emissions Trading Schemes [J]. *Mitigation & Adaptation Strategies for Global Change*, 2016, 21 (6): 905 – 930.

[270] W. Chen. The Costs of Mitigating Carbon Emissions in China: Findings from China MARKAL – MACRO Modeling [J]. *Energy Policy*, 2005, 33 (77): 885 – 896.

[271] Wang A. D., Tan W., France N.. The Impact of China's Carbon Allowance Allocation Rules on the Product Prices and Emission Reduction Behaviors of ETS – covered Enterprises [J]. *Energy Policy*, 2015, 86 (1): 176 – 185.

[272] Wang J., Li L., Zhang F., et al. Carbon Emissions Abatement Cost in China: Provincial Panel Data Analysis [J]. *Sustainability*, 2014, 6 (5): 2584 – 2600.

[273] Wang K., Che L., Ma C., et al. The Shadow Price of CO_2, Emissions in China's Iron and Steel Industry [J]. *Science of the Total Environment*, 2017, 598: 272 – 281.

[274] Wang K., Wei Y. M., Zhang X.. Energy and Emissions Efficiency Patterns of Chinese Regions: A Multi-directional Efficiency Analysis [J]. *Applied Energy*, 2013, 104: 105 – 116.

[275] Wang K., Zhang X., Wei Y. M., et al. Regional Allocation of CO_2 Emissions Allowance Over Provinces in China By 2020 [J]. *Energy Policy*, 2013, 54: 214 – 229.

[276] Wang Q., Cui Q., Zhou D., et al. Marginal Abatement Costs of Carbon Dioxide in China: A Nonparametric Analysis [J]. *Energy Procedia*, 2011, 5 (5): 2316 – 2320.

[277] Wang Q., Zhou P., Zhou D.. Efficiency Measurement with Carbon Dioxide Emissions: The Case of China [J]. *Applied Energy*, 2012, 90 (1): 161 – 166.

[278] Wang S.. Marginal Abatement Costs of Carbon Dioxide in China: A Nonparametric Analysis. Energy Proc 2011, 5: 2316 – 2320.

[279] Wang Y., Wang Q., Hang Y., et al. CO_2 Emission Abatement Cost and Its Decomposition: A Directional Distance Function Approach [J]. *Journal of Cleaner Production*, 2018: 170.

[280] Wei C., Löschel A., Liu B.. An Empirical Analysis of the CO_2 Shadow Price in Chinese Thermal Power Enterprises [J]. *Energy Economics*, 2013, 40 (18): 22 – 31.

[281] Winkler H., Spalding – Fecher R., Tyani L.. Comparing Developing Countries under Potential Carbon Allocation Schemes [J]. *Climate Policy*, 2002, 2 (4): 303 – 318.

[282] Wissema W., Dellink R.. AGE Analysis of the Impact of A Carbon Energy Tax on the Lrish Economy [J]. *Ecological Economics*, 2007, 61 (4): 671 – 683.

[283] X. He. Regional Differences in China's CO_2, Abatement Cost [J]. *Energy Policy*, 2015, 80 (8): 145 – 152.

[284] Xiao, Bowen, Niu, et al. Marginal Abatement Cost of CO_2 in China Based on Directional Distance Function: An Industry Perspective [J]. *Sustainability*, 2017.

[285] Xiao W., Ytc B., Okk B., et al. Potential Gains of Trading CO_2 Emissions in the Chinese Transportation Sector [J]. *Transportation Research Part D: Transport and Environment*, 90.

[286] Xie B. C., Duan N., Wang Y. S.. Environmental Efficiency and Abatement Cost of China's Industrial Sectors Based on a Three-stage Data Envelop-

ment Analysis [J]. *Journal of Cleaner Production*, 2017, 153: 626 – 636.

[287] Xie H., Shen M., Wei C.. Technical Efficiency, Shadow Price and Substitutability of Chinese Industrial SO$_2$ Emissions: A Parametric Approach [J]. *Journal of Cleaner Production*, 2016, 112: 1386 – 1394.

[288] Y. H. Chung, R. Färe, S.. Grosskopf. Productivity and Undesirable Outputs: A Directional Distance Function Approach [J]. *Journal of Environmental Management*, 1997, 51 (3).

[289] Yang L., Yao Y., Zhang J., et al. A CGE Analysis of Carbon Market Impact on CO$_2$, Emission Reduction in China: A Technology-led Approach [J]. *Natural Hazards*, 2016, 81 (2): 1107 – 1128.

[290] Ying K., Zhu D. S.. A Carbon-intensity Based Carbon Allowance Allocation Scheme Among Enterprises in Shenzhen [J]. *Ecological Economy*, 2016 (1): 1.

[291] Yuan P., Liang W., Cheng S.. The Margin Abatement Costs of CO$_2$ in Chinee Industrial Sectors [J]. *Energy Procedia*, 2012, 14: 1792 – 1797.

[292] Yu S., Wei Y. M., Wang K.. Provincial Allocation of Carbon Emission Reduction Targets in China: An Approach Based on Improved Fuzzy Cluster and Shapley Value Decomposition [J]. *Energy Policy*, 2014, 66: 630 – 644.

[293] Zaim O., F. Taskin. A Kuznets Curve in Environmental Efficiency: An Application on OECD Countries [J]. *Environmental and Resource Economics*, 2000, 17 (1): 21 – 36.

[294] Zaim O., Taskin F.. Environmental Efficiency in Carbon Dioxide Emissions in the OECD: A Non-parametric Approach [J]. *Journal of Environmental Management*, 2000, 58 (2): 95 – 107.

[295] Zeng S., Jiang X., Su B., et al. China's SO$_2$ Shadow Prices and Environmental Technical Efficiency at the Province Level [J]. *International Review of Economics & Finance*, 2018, 57: 86 – 102.

[296] Zetterberg L., Wråke M., Sterner T., et al. Short-run Allocation of Emissions Allowances and Long-term Goals for Climate Policy [J]. *Ambio*, 2012, 41 (1): 23 – 32.

[297] Zhang L., Li Y., Jia Z.. Impact of Carbon Allowance Allocation on Power Industry in China's Carbon Trading Market: Computable General Equilibrium Based Analysis [J]. *Applied Energy*, 2018, 229: 814 – 827.

[298] Zhang X. , Xu Q. , Fan Z. , et al. Exploring Shadow Prices of Carbon Emissions at Provincial Levels in China [J]. *Ecological Indicators*, 2014, 46 (nov.): 407 –414.

[299] Zhang, X. , Xu, Q. , Zhang, F. , Guo, Z. , Rao, R. . Exploring Shadow Prices of Carbon Emissions at Provincial Levels in China. Ecol. Indic, 2014, 46, 407 –414.

[300] Zhang Y. J. , Hao J. F. . Carbon Emission Quota Allocation Among China's Industrial Sectors Based on the Equity and Efficiency Principles [J]. *Annals of Operations Research*, 2017, 255 (1 –2): 117 –140.

[301] Zhang Z. X. , Baranzini A. . What do We Know about Carbon Taxes? An Inquiry into Their Impacts on Competitiveness and Distribution of Income [J]. *Energy Policy*, 2004, 32 (4): 507 –518.

[302] Zhang Z. X. , Folmer H. . Economic Modeling Approaches to Cost Estimates for the Control of Carbon Dioxide Emissions [J] . *Energy Economics*, 1998, 20 (1): 101 –120.

[303] Zhou P. , Zhang L. , Zhou D. Q. , et al. Modeling Economic Performance of Interprovincial CO_2 Emission Reduction Quota Trading in China [J]. *Applied Energy*, 2013, 112 (16): 1518 –1528.

[304] Zhou P. , Zhou X. , Fan L. W. . On Estimating Shadow Prices of Undesirable Outputs with Efficiency Models: A Literature Review [J]. *Applied Energy*, 2014, 130: 799 –806.

[305] Zhou X. , Fan L. W. , Zhou P. . Marginal CO_2, Abatement Costs: Findings from Alternative Shadow Price Estimates for Shanghai Industrial Sectors [J]. *Energy Policy*, 2015, 77: 109 –117.

[306] Zhou X. , James G. , Liebman A. , et al. Partial Carbon Permits Allocation of Potential Emission Trading Scheme in Australian Electricity Market [J]. *IEEE Transactions on Power Systems*, 2009, 25 (1): 543 –553.

[307] Zhou, Y. , Study on the Shadow Price of Environmental Pollutants—A Case Study of Guangdong Industry [J]. *Industrial Economic Review*, 2017, 8 (2): 93 –107.